JN023880

田中善英
Yoshihide Tanaka

つぶやきの
フランス語
基本語ドリル

白水社

執筆協力　Team IG (大川彩月＋高橋汐里＋松本卓也 + 渡邉修吾)
イラスト　多田昭彦
装丁・本文デザイン　森デザイン室

はじめに

　本書に収録した単語・成句は、朝倉季雄先生の『朝倉フランス基本単語集』（白水社刊）に収録されたものを基準としています。ただ、『朝倉フランス基本単語集』の初版は 1959 年、時代に合わせて訳語に手直しをされたのが 1988 年でした。この『朝倉フランス基本単語集』に収録する語彙の選定において、朝倉先生が参考にされた論文や研究データはさらに昔のもの。当然、当時はよく使われていたが今ではあまり使われなくなったもの、逆に当時はあまり使われていなかったが今ではよく使われるものもあります。そのため、本書では、『朝倉フランス基本単語集』収録語・成句を基本としながらも、若干の調整を加えています。

　外国語学習において、単語を覚えていくことは必要不可欠です。しかも、語彙力は一朝一夕には身につきません。時間をかけつつ、何度も繰り返して鍛えていく必要があります。そこで、本書は「ドリル」形式にしました。問題文中に何度も出てくるものもあります。

　また本書には姉妹書『みんなの疑問に答える　つぶやきのフランス語文法』と『1 日 5 題　文法ドリル　つぶやきのフランス語』があります。文法事項に不安のある方は前者、文法事項をある程度理解しているのでそれを練習問題で確かめたいという方は後者を手に取ってみてください。外国語学習において、語彙力と文法力はいわば両輪のようなもので、どちらかが不安定だと、前へ進むことはできません。

　語彙力強化において、本書が少しでもお役に立ててれば、これほど嬉しいことはありません。

2024 年 4 月

著　者

本書の使い方

　本書は、30 問の「課」が 50、5 課ごとに挿入されていて同じく 30 問の「まとめ」が 10、つまり、30 問×60 セットの合計 1800 問から成っています。

　「はじめに」にも記したとおり、収録語は『朝倉フランス基本単語集』に掲載されたものをベースに、おおよそ、『朝倉フランス基本単語集』でのレベル分けを踏襲し、まず最初に覚えておくべき「レベル 1」と、それに続く「レベル 2」に分けています。

　語彙力に自信がない方の場合には、まず巻頭の「本書で扱う基本語一覧」で、各課で対象となる語・表現をご確認頂いてから、実際に問題を解いてみるとよいでしょう。自信がある方であれば、いきなり問題を解く、ということでも構いません。なお、カッコに入る語・表現（＝問題の解答）は、本書での「レベル 1」または「レベル 2」に限定しているため、示したもの以外の語・表現が入る可能性もゼロではありません。

　フランス語をまったく学んだことがない方の場合、たとえば、動詞を答える問題の場合には動詞を活用できないといけませんから、姉妹書『みんなの疑問に答える　つぶやきのフランス語文法』の活用形の作り方に関する説明、あるいは巻末の活用表などでご確認頂く必要があります。本書でも必要に応じて、文法的な説明を加えてはいますが、本書は語彙力強化が目的ですので、お手元に何らかの文法書をご用意頂いたほうがよろしいでしょう。

　単語の覚え方に「これが唯一の正解」という方法はないと思いますが、それでも、何回か実際に書いてみたほうがよいと思います。漢字の練習に似ているかもしれません。

凡例

|名|　名詞　　　　|男|　男性名詞　　　　|女|　女性名詞
|形|　形容詞　　　|副|　副詞　　　　　　|動|　動詞
派生　派生した語、または派生する元になった語
反意　反意語、反意表現
参考　関連する語、表現

目次

はじめに　3

本書の使い方　4

各課で扱う基本語一覧　7

各課で扱う基本語一覧

1

aller	行く
avoir	～を持っている
dire	言う
donner	与える
être	～である
faire	作る、なす
pouvoir	～できる
prendre	とる、選ぶ、のる、食べる
savoir	知っている
venir	来る
voir	見る、会う、訪問する
vouloir	～したい

2

ce	これ、この
elle [elles]	彼女、彼女たち
en	それを、その、そこから
enfant	子ども
femme	女、妻
homme	人間、男
il [ils]	彼、彼ら
je	私は
jour	日
leur	彼らに
lui	彼に、彼女に
me	私に、私を
moi	私
nous	私たち、私たちが
on	人が、誰かが、私たちが
où	(関係代名詞)
qui	(関係代名詞)
qui	(疑問代名詞)
se	自分を、自分に
te	君を、君に
tu	君が
y	そこに

3

elle [elles]	彼に、彼女に
enfant	子ども
femme	女、妻
homme	人間、男
il [ils]	彼、彼ら

(右段)

je	私は
jour	日
leur	彼らに
lui	彼に、彼女に
me	私に、私を
nous	私たち、私たちが
on	人が、誰かが、私たちが
où	(疑問代名詞)
que	(関係代名詞)
que	(疑問代名詞)
qui	(疑問代名詞)
se	自分を、自分に
te	君を、君に
toi	君
un, une	1つ、1人
vous	あなたが、あなたたちが、あなたを
y	そこに

4

autre	別の、ほかの
beaucoup	たくさん
bien	よく
bon	よい、善良な
ce	この
deux	2
grand	大きい
mon [ma,mes]	私の
notre [nos]	私たちの
pas	～でない
petit	小さな
plus	よりもっと多く
si	とても
son [sa,ses]	彼の、彼女の
ton [ta, tes]	君の
un, une	1つ、1人
un de	～のうちの1つ
votre [vos]	あなたの

5

à	に、で
au	=à + le
avec	～といっしょに
comme	～のように

dans	～の中に
de	～から、～の
du	=de + le
en	～に、～で
et	～と
mais	しかし
ou	または
par	～を通って
pour	～ために
que	（接続詞）
si	もし
sur	～の上

まとめ❶

aller	行く
avec	～といっしょに
avoir	～を持っている
bien	よく
dans	～の中に
deux	2
donner	与える
en	～に、～で
enfant	子ども
et	～と
faire	作る、なす
grand	大きい
homme	人間、男
jour	日
moi	私
mon [ma,mes]	私の
où	（疑問代名詞）
plus	よりもっと多く
pouvoir	～できる
prendre	とる、選ぶ、のる、食べる
que	（関係代名詞）
qui	（疑問代名詞）
savoir	知っている
toi	君
tu	君が
venir	来る
voir	見る、会う、訪問する
vouloir	～したい
vous	あなたが、あなたたちが、あなたを

❻

abandonner	見捨てる、放棄する
arrêter	止める、捕まえる
arriver	到着する、起こる

changer	変える、変わる
couper	切る
courir	走る
déshabiller (se déshabiller)	
	服を脱ぐ
empêcher	妨げる、邪魔をする
employer	使う、雇う
exister	存在する
expliquer	説明する
jouer	遊ぶ、楽器を弾く
juger	裁判する、批判する
mourir	死ぬ
naître	生まれる
passer	移る、通る、越す、過ごす
payer	払う
prêter	貸す
refuser	拒否する
regarder	見る、眺める
rester	残る
sembler	～のようにみえる
tenir	手に持つ、握る、つかむ
tirer	引く、引っ張る

❼

accepter	受け取る、承諾する
appeler	呼ぶ、名付ける
arriver	到着する、起こる
chanter	歌う
courir	走る
coûter	値段が～である
devenir	～になる
employer	使う、雇う
emporter	持って行く
expliquer	説明する
faire	作る、なす
falloir	必要である
juger	裁判する、批判する
laisser	残しておく、～のままにしておく
naître	生まれる
nommer	名付ける
payer	払う
penser	考える
prévenir	予告する、知らせる
regarder	見る、眺める
relever	起こす、起き上がらせる
retenir	引き留める、予約する、記憶にとどめる
sentir	感じる、臭いをかぐ、におう

tirer	引く、引っ張る	retourner	帰って来る、裏返す
tomber	落ちる、倒れる	serrer	締め付ける
utiliser	使う	toucher	触れる、触る、〜に近付く
		tourner	回る、回す

❽

accompagner	同行する
asseoir (s')	座る
chercher	探す
coûter	値段が〜である
couvrir	おおう
deviner	見抜く
emporter	持って行く
enlever	取り除く、脱ぐ
falloir	必要である
laisser	残しておく、〜のままにしておく
nommer	名付ける
obliger	強いる
penser	考える
prier	祈る
relever	起こす、起き上がらせる
remarquer	気づく、注意する
retirer	引き出す
séparer	分ける、隔てる
tomber	落ちる、倒れる
toucher	触れる、触る、〜に近付く

❾

acheter	買う
asseoir (s')	座る
attacher	結びつける、くくる
causer	原因となる
choisir	選ぶ
couvrir	おおう
craindre	恐れる、心配する
devoir	借りている、〜に違いない、〜ねばならない
enlever	取り除く、脱ぐ
entendre	聞く、聞こえる
fermer	閉める
jeter	投げる、投げ捨てる
lancer	投げる
obliger	強いる
obtenir	得る
perdre	失う
produire	生産する、生む
remarquer	気づく、注意する
remettre	元の場所に置く、手渡す、延期する

❿

achever	終える
aider	助ける、手伝う
attacher	結びつける、くくる
atteindre	届く、到達する
commencer	はじまる、はじめる
craindre	恐れる、心配する
devoir	借りている、〜に違いない、〜ねばならない
entendre	聞く、聞こえる
entourer	取り巻く、取り囲む
finir	終える、終わる
lever	上げる
obtenir	得る
occuper	占める
permettre	許す、〜を可能にする
promener	散歩させる
remettre	元の場所に置く、手渡す、延期する
remplacer	取り替える、代理をする
retrouver	みつける
servir	仕える、奉仕する、料理等を出す、役立つ
travailler	働く、勉強する

まとめ❷

acheter	買う
asseoir (s')	座る
chanter	歌う
chercher	探す
choisir	選ぶ
courir	走る
couvrir	おおう
devenir	〜になる
devoir	借りている、〜に違いない、〜ねばならない
expliquer	説明する
naître	生まれる
passer	移る、通る、越す、過ごす
perdre	失う
regarder	見る、眺める
rentrer	帰る、再び入れる
rester	残る
retenir	引き留める、予約する、記憶

	にとどめる
retourner	帰って来る、裏返す
revenir	再び来る、戻る
sentir	感じる、臭いをかぐ、におう
serrer	締め付ける
servir	仕える、奉仕する、料理等を出す
suivre	～に続く
tenir	手に持つ、握る、つかむ
tirer	引く、引っ張る
tomber	落ちる、倒れる
tourner	回る、回す
traverser	横切る、貫く
trouver	見つける、～と思う
vendre	売る
vivre	生きる、暮らす

11

aider	助ける、手伝う
aimer	愛する、好む
atteindre	届く、到達する
attendre	待つ
comprendre	理解する、わかる、含む
crier	叫ぶ
diriger	指揮する、取り締まる
entourer	取り巻く、取り囲む
entrer	入る
finir	終える、終わる
forcer	強制する
lever	上げる
lire	読む
occuper	占める
occuper (s')	没頭する、世話をする
plaire	気に入る
promettre	約束する
remplacer	取り替える、代理をする
remplir	満たす、果たす
réussir	成功する
sortir	出る、出す
traverser	横切る、貫く
tromper	だます、あざむく

12

aimer	愛する、好む
ajouter	付け加える
attendre	待つ
comprendre	理解する、わかる、含む
compter	数える
crier	叫ぶ

croire	信じる、思う
disparaître	消える
entrer	入る
forcer	強制する
former	形作る、作り上げる
lire	読む
occuper (s')	没頭する、世話をする
offrir	あげる、贈る
pleurer	泣く
prononcer	発音する
remplir	満たす、果たす
rencontrer	～に出会う
revenir	再び来る、戻る
sortir	出る、出す
souffrir	苦しむ
tromper	だます、あざむく
trouver	見つける、～と思う

13

ajouter	付け加える
allumer	火を付ける
avancer	前に進む、進んでいる、主張する
compter	数える
conduire	導く、運転する
croire	信じる、思う
disposer	自由に使える
envoyer	送る
former	形作る、作り上げる
frapper	なぐる、ノックする
manger	食べる
offrir	あげる、贈る
oser	思い切って～する
ouvrir	開ける
porter	持って行く、身につけている
prononcer	発音する
quitter	別れる、去る
rencontrer	～に出会う
rendre	返す、～にする
rêver	夢を見る
souffrir	苦しむ
sourire	ほほえむ
trouver	見つける、～と思う
tuer	殺す

14

allumer	火を付ける
amener	連れて行く、連れてくる
avancer	前に進む、進んでいる、主張

	する
battre	たたく、なぐる
conduire	導く、運転する
connaître	知る、知っている
décider	決める
distinguer	区別する、見分ける
espérer	期待する、希望する
frapper	なぐる、ノックする
gagner	かせぐ、儲ける、勝つ
manquer	欠ける、欠く
oser	思い切って〜する
oublier	忘れる
porter	持って行く、身につけている
poser	置く
quitter	別れる、去る
raconter	語る
rendre	返す、〜にする
revoir	再び会う
sourire	ほほえむ
soutenir	支える、扶養する
taper	たたく
tuer	殺す
valoir	〜の価値がある

15

amener	連れて行く、連れてくる
apercevoir	認める、見つける
battre	たたく、なぐる
blesser	ケガをさせる
connaître	知る、知っている
considérer	注視する、〜とみなす
déclarer	宣言する、はっきり言う
dormir	眠る
essayer	試す、試みる
gagner	かせぐ、儲ける、勝つ
garder	保管する、番をする、〜のままにする
marquer	印を付ける、示す
oublier	忘れる
poser	置く
posséder	所有する
raconter	語る
ranger	並べる、整列させる
regarder	見る、眺める
rentrer	帰る、再び入れる
rire	笑う
soutenir	支える、扶養する
suffire	〜に十分だ
valoir	〜の価値がある

vendre	売る

まとめ❸

aimer	愛する、好む
atteindre	届く、到達する
attendre	待つ
avancer	前に進む、進んでいる、主張する
battre	たたく、なぐる
commencer	はじまる、はじめる
conduire	導く、運転する
connaître	知る、知っている
croire	信じる、思う
disparaître	消える
entrer	入る
espérer	期待する、希望する
former	形作る、作り上げる
gagner	かせぐ、儲ける、勝つ
lire	読む
manquer	欠ける、欠く
offrir	あげる、贈る
oser	思い切って〜する
pleurer	泣く
poser	置く
quitter	別れる、去る
raconter	語る
rencontrer	〜に出会う
rendre	返す、〜にする
revoir	再び会う
rire	笑う
sortir	出る、出す
souffrir	苦しむ
travailler	働く、勉強する
tuer	殺す

16

apercevoir	認める、見つける
apparaître	現れる、姿を現す、見える
blesser	ケガをさせる
boire	飲む
conduire	導く、運転する
considérer	注視する、〜とみなす
continuer	続ける
découvrir	発見する、覆いをとる
dormir	眠る
éclairer	照らす
essayer	試す、試みる
éteindre	消す
garder	保管する、番をする、〜のま

まにする

habiter	住む
mener	導く、連れて行く
ouvrir	開ける
posséder	所有する
pousser	押す、伸びる、生える
ranger	並べる、整列させる
rappeler	思い出させる
regarder	見る、眺める
répéter	繰り返す、繰り返していう
rouler	ころがる、（車が）走る
suffire	〜に十分だ
suivre	〜に続く
vendre	売る
vivre	生きる、暮らす

17

apparaître	現れる、姿を現す、見える
appeler	呼ぶ、名付ける
boire	飲む
cacher	隠す
continuer	続ける
convenir	適する
défendre	守る、擁護する、禁止する
éclairer	照らす
écouter	聞く
éteindre	消す
étonner	驚かす
habiter	住む
ignorer	知らない
interdire	禁止する
mettre	置く、着る
paraître	現れる、〜のように見える
pousser	押す、伸びる、生える
préférer	〜の方が好きだ
rappeler	思い出させる
recevoir	受け取る、迎える
répondre	答える
saisir	捕まえる、握る、つかむ
sembler	〜のようにみえる
suivre	〜に続く
taire (se)	だまる
voir	見る

18

appeler	呼ぶ、名付ける
apporter	持ってくる
assurer	保証する
cacher	隠す

causer	原因となる
coller	貼る
convenir	適する
coucher	寝かす
demander	頼む、願う、訪ねる
écouter	聞く
écrire	書く
entendre	聞く、聞こえる
étonner	驚かす
étudier	勉強する
garantir	保証する
ignorer	知らない
intéresser	興味を抱かせる
mettre	置く、着る
monter	あがる、あげる
montrer	見せる、示す
parler	話す
préférer	〜の方が好きだ
préparer	準備する、用意する
recevoir	受け取る、迎える
recommencer	再び始める、再び始まる
reprendre	再びとる、また続ける
saluer	挨拶する、お辞儀をする
taire (se)	だまる
témoigner	示す

19

apporter	持ってくる
apprendre	学ぶ、習う、教える
causer	原因となる
cesser	やめる、やむ
coucher	寝かす
couler	流れる、沈む
demander	頼む、願う、訪ねる
descendre	降りる、おろす
écrire	書く
embrasser	キスをする
étudier	勉強する
éviter	避ける
faire	作る、なす
intéresser	興味を抱かせる
jeter	投げる、投げ捨てる
lancer	投げる
marquer	印を付ける、示す
mélanger	まぜる
monter	あがる、あげる
montrer	見せる、示す
neiger	雪が降る
partir	出発する

porter	持って行く、身につけている
préparer	準備する、用意する
recommencer	再び始める、再び始まる
reconnaître	認める、承認する
reprendre	再びとる、また続ける
représenter	表現する、代理・代表する
sauter	飛ぶ、飛び跳ねる
témoigner	示す
tendre	ぴんと張る、さしのべる

20

apprendre	学ぶ、習う、教える
arrêter	止める、捕まえる
cesser	やめる、やむ
changer	変える、変わる
couler	流れる、沈む
couper	切る
descendre	降りる、おろす
embrasser	キスをする
empêcher	妨げる、邪魔をする
éviter	避ける
exister	存在する
jeter	投げる、投げ捨てる
jouer	遊ぶ、楽器を弾く
lancer	投げる
montrer	見せる、示す
mourir	死ぬ
passer	移る、通る、越す、過ごす
présenter	見せる、紹介する
reconnaître	認める、承認する
refuser	拒否する
repasser	アイロンをかける
ressembler	似ている
résumer	要約する
sauver	助ける
tendre	ぴんと張る、さしのべる
tenir	手に持つ、握る、つかむ

まとめ❹

apparaître	現れる、姿を現す、見える
appeler	呼ぶ、名付ける
apprendre	学ぶ、習う、教える
cacher	隠す
continuer	続ける
convenir	適する
couler	流れる、沈む
découvrir	発見する、覆いをとる
défendre	守る、擁護する、禁止する
demander	頼む、願う、訪ねる

descendre	降りる、おろす
dormir	眠る
écouter	聞く
éviter	避ける
jeter	投げる、投げ捨てる
mettre	置く、着る
monter	あがる、あげる
montrer	見せる、示す
ouvrir	開ける
posséder	所有する
préparer	準備する、用意する
recevoir	受け取る、迎える
répondre	答える
représenter	表現する、代理・代表する
saisir	捕まえる、握る、つかむ
sauter	飛ぶ、飛び跳ねる
sauver	助ける
suffire	〜に十分だ
tendre	ぴんと張る、さしのべる
voir	見る

21

accident	事故
amour	愛
art	芸術
bout	端、先端
cas	場合
chaîne	鎖、チェーン
cheveu	髪の毛
compte	計算
coup	打撃、打つこと
dieu	神
droit	権利、法律
ennemi	敵
face	顔、面、外観
fer	鉄
fois	回、度、倍
gomme	消しゴム
honneur	名誉、光栄
journal	新聞、日記
ligne	線、列、行
mal	悪、害、痛み、つらさ
milieu	中央、環境
mort	死
nuit	夜
ordre	命令、秩序、等級
parole	言葉
personne	誰も〜ない
plume	羽、ペン

quoi	（疑問代名詞）
robe	ドレス
santé	健康

22

affaire	問題、事件、取引、商売、事業
arbre	木
bas	ストッキング
bruit	音、雑音、騒音
ceci	これ、それ
cela	それ、あれ
champ	畑
ciel	空
conseil	忠告
couteau	ナイフ
dîner	夕飯
école	学校
esprit	精神、才気
fait	事実、事件、行為
feuille	紙、葉
force	力
guerre	戦争
instant	瞬間
langue	言語、舌
loi	法律
matin	朝
mois	月
moment	瞬間、時
mur	壁
océan	大洋
ouvrier	労働者
pays	国
sol	床、地面、土地
tasse	カップ
tout	すべて
victime	犠牲者
voyageur	旅行客、旅客

23

âme	魂、精神、心
arme	武器
boisson	飲み物
café	コーヒー、喫茶店
celui-ci,celui-là	（指示代名詞）
chemin	小道、道
coin	角、隅
côte	丘、海岸
début	初め

dont	（関係代名詞）
effort	努力
eux	彼ら
faute	間違い、誤り
fin	終わり
frigo	冷蔵庫
heure	時間、時刻
jardin	庭
lèvre	唇
maintien	維持
mère	母親
monde	世界、人々
pied	足
porte	ドア、門
reste	残り、あまり
route	道、街道
sens	感覚、意味、方向
sorte	種類
terre	地球、土地、土
université	大学
vin	ワイン

24

action	活動、行動
an	年、歳
attention	注意
bout	端、先端
cas	場合
chaise	イス
Chine	中国
compte	計算
coup	打撃、打つこと
différence	違い、相違
droit	権利、法律
façon	やり方
fête	祭り、祝日、誕生日
fond	底、奥
gouvernement	政府
hôtel	ホテル
manière	方法、やり方
Noël	クリスマス
oignon	タマネギ
papier	紙、書類
peine	苦悩、骨折り
place	場所、広場、座席
quelqu'un	誰か
rêve	夢
salle	ホール
signe	記号、身振り、合図

suite	続き、連続	face	顔、面、外観
tort	間違い、誤り	fête	祭り、祝日、誕生日
vent	風	fois	回、度、倍
voix	声	gens	人々
		hiver	冬

25

âge	年齢、時代	homme	人間、男
arbre	木	journal	新聞、日記
bête	(人以外の) 動物、馬鹿者	lieu	場所
bruit	音、雑音、騒音	mal	悪、害、痛み、つらさ
celui	(指示代名詞)	milieu	中央、環境
champ	畑	morceau	一切れ、一片
classe	階級、授業、教室	nuit	夜
construction	建設	ordinateur	コンピュータ
cravate	ネクタイ	parent	親
directeur	支配人、校長	personne	人
école	学校	plume	羽、ペン
esprit	精神、才気	question	問題
journée	1日	risque	リスク
ligne	線、列、行	santé	健康
malheur	不幸	voiture	車
million	100万		
mort	死		
objet	物、対象、目的

26

ordre	命令、秩序、等級	âme	魂、精神、心
part	部分、分け前	armée	軍隊
personne	誰も~ない	bord	縁
poche	ポケット	camarade	仲間、友達
quoi	(疑問代名詞)	celui-ci,celui-là	(指示代名詞)
robe	ドレス	chemin	小道、道
science	科学	coin	角、隅
soldat	兵士	côté	わき、側 (がわ)
taxi	タクシー	famille	家族
train	電車、列車	figure	顔、図
vie	命、生活、生涯	forme	形
voyageur	旅行客、旅客	habitude	習慣
		intérêt	興味、利益

まとめ❺

amour	愛	lequel	(関係代名詞)
art	芸術	Londres	ロンドン
bouche	口	matin	朝
caractère	性質、性格	moitié	半分
chacun	おのおのの	nature	自然、性質
cheveu	髪の毛	œil	目 (→ yeux)
collègue	同僚、仲間	pain	パン
couleur	色	pays	国
devoir	義務、宿題	pied	足
doute	疑い	présence	存在、いること
ennemi	敵	reste	残り、あまり
		route	道、街道
		septembre	9月
		sorte	種類

tête	頭、先頭
vacances	バカンス
vin	ワイン

27

action	活動、行動
an	年、歳
attention	注意
bras	腕
départ	出発、発車
dont	（関係代名詞）
élections	選挙
eux	彼ら
fenêtre	窓
fin	終わり
front	額
histoire	歴史、物語
jardin	庭
lèvre	唇
maison	家
mère	母親
monsieur	紳士
nom	名前
ombre	陰
parapluie	傘
pensée	考え
plage	浜辺、海辺
quelque chose	何か
rien	何も～ない
salle	ホール
silence	沈黙、無言
table	テーブル、食卓
tour	塔
vent	風
voix	声

28

cause	原因
chaise	イス
chose	物事
condition	条件、状態
cour	中庭
dimanche	日曜日
épaule	肩
façon	やり方
feu	火、照明
fond	底、奥
football	サッカー
gouvernement	政府

hôtel	ホテル
journée	1日
lit	ベッド
malheur	不幸
minute	分
mot	語
objet	物、対象、目的
oreille	耳
partie	部分、遊び
peur	恐怖、恐れ
point	点
raison	理由、理性、道理
roi	王
soldat	兵士
temple	寺
travail	仕事
vie	命、生活、生涯

29

âge	年齢、時代
argent	銀、お金
bêtise	愚かなこと、ささいなこと
ça	これ、それ
celui	（指示代名詞）
chance	運、幸運
classe	階級、授業、教室
conversation	会話
croissant	クロワッサン
dix	10
effet	結果、効果
état	状態、国家 (État)
famille	家族
fille	女の子、娘
fils	息子
forme	形
habitude	習慣
intérêt	興味、利益
lequel	（関係代名詞）
madame	夫人
médecin	医者
moitié	半分
nature	自然、性質
œuvre	作品
paix	平和
paysan	農夫
pierre	石
prix	値段、価格、賞
résultat	結果
rue	通り

vue	視力、展望

30

ami	友人
arrêt	停止、バス停
bord	縁
campagne	田舎（⇔都市）
certain	いくつかの
cheval	馬
colère	怒り
côté	わき、側（がわ）
départ	出発、発車
dos	背
endroit	場所
exemple	例、手本、模範
fenêtre	窓
fleur	花
garçon	男の子、ボーイ
histoire	歴史、物語
jeu	遊び
liberté	自由
maison	家
mesure	はかること、措置、手段
moral	士気
nombre	数
ombre	陰
parapluie	傘
père	父親
service	勤務、奉仕、部・課
sourire	ほほえみ
tête	頭、先頭
vacances	バカンス
visage	顔、顔つき

まとめ❻

arrêt	停止、バス停
bord	縁
bras	腕
ça	これ、それ
chance	運、幸運
feu	火、照明
fin	終わり
front	額
gouvernement	政府
habitude	習慣
journée	1日
mère	母親
moitié	半分
nombre	数

objet	物、対象、目的
pierre	石
plage	浜辺、海辺
semaine	週
service	勤務、奉仕、部・課
soir	晩
tasse	カップ
tête	頭、先頭
tour	塔
tout	すべて
travail	仕事
vacances	バカンス
verre	ガラス、コップ
vie	命、生活、生涯
vin	ワイン
voyage	旅行

31

aéroport	空港
année	年
aucun	だれも・どれも〜ない
bras	腕
cause	原因
chambre	部屋
chose	物事
condition	条件、状態
courage	勇気
dimanche	日曜日
eau	水
équipe	チーム
fait	事実、事件、行為
feu	火、照明
football	サッカー
grammaire	文法
idée	考え
justice	正義
livre	本
manière	方法、やり方
minute	分
plaisir	喜び、楽しみ
quelque chose	何か
rien	何も〜ない
sang	血
sœur	姉・妹
table	テーブル、食卓
tour	塔
vérité	真実、事実
vol	飛行

32

air	空気、様子、メロディー
argent	銀、お金
bois	森、薪、材木
ça	これ、それ
celui	（指示代名詞）
chapeau	帽子
cœur	心臓、心
conversation	会話
dame	婦人
doigt	指
effet	結果、効果
état	状態、国家（État）
fatigue	疲れ、疲労
fils	息子
fraise	イチゴ
hasard	偶然
mouvement	動き
occasion	好機、機会
oreille	耳
partie	部分、遊び
peur	恐怖、恐れ
portable	携帯電話
raison	理由、理性、道理
rôle	役割
semaine	週
soleil	太陽、日光
temps	時間、天気
travail	仕事
village	村
vue	視力、展望

33

ami	友人
arrêt	停止、バス停
bouche	口
campagne	田舎（⇔都市）
chacun	おのおのの
cheval	馬
colère	怒り
couleur	色
devoir	義務、宿題
dos	背
endroit	場所
exemple	例、手本、模範
invitation	招待
lettre	文字、手紙
main	手
mer	海

moment	瞬間、時
neveu	甥
œuvre	作品
paix	平和
pêche	釣り
pierre	石
quart	4分の1
résultat	結果
rue	通り
siècle	世紀
souvenir	思い出、記憶
théâtre	劇場、演劇、芝居
vélo	自転車
voiture	車

34

affaire	問題、事件、取引、商売、事業
année	年
aucun	だれも・どれも〜ない
briquet	ライター
ceci	これ、それ
chambre	部屋
ciel	空
conseil	忠告
fer	鉄
fleur	花
garçon	男の子、ボーイ
hiver	冬
jeu	遊び
lieu	場所
maître	主人、先生
mesure	はかること、措置、手段
morceau	一切れ、一片
nouvelle	ニュース、知らせ
or	金（きん）
parent	親
personne	人
plaisir	喜び、楽しみ
question	問題
rire	笑い
sang	血
soin	注意、心遣い、世話、手当
tableau	絵、黒板
tour	一周、順番
vérité	真実、事実
voyage	旅行

35

air	空気、様子、メロディー
arme	武器
bois	森、薪、材木
courage	勇気
dîner	夕飯
eau	水
équipe	チーム
feuille	紙、葉
fille	女の子、娘
force	力
groupe	グループ
idée	考え
langue	言語、舌
livre	本
mari	夫
mois	月
moyenne	平均値
occasion	好機、機会
ouvrier	労働者
pas	一歩
pièce	個、硬貨、部屋
porte	ドア、門
regard	視線、まなざし
roman	小説
sens	感覚、意味、方向
somme	総計、金額
terre	地球、土地、土
trou	穴
ville	町、都会
zoo	動物園

まとめ❼

ami	友人
bois	森、薪、材木
campagne	田舎（⇔都市）
chambre	部屋
chose	物事
couleur	色
dîner	夕飯
eau	水
état	状態、国家（État）
exemple	例、手本、模範
grammaire	文法
hiver	冬
lettre	文字、手紙
livre	本
main	手
moyenne	平均値

paix	平和
plaisir	喜び、楽しみ
portable	携帯電話
porte	ドア、門
quelque chose	何か
rôle	役割
sens	感覚、意味、方向
siècle	世紀
table	テーブル、食卓
tour	一周、順番
trou	穴
vélo	自転車
village	村
vol	飛行

36

café	コーヒー、喫茶店
celui	（指示代名詞）
chef	長（ちょう）
cœur	心臓、心
commencement	初め、始まり
corps	体、肉体
début	初め
doigt	指
effort	努力
étudiant	学生
faute	間違い、誤り
fils	息子
frère	兄弟
heure	時間、時刻
jambe	脚
lettre	文字、手紙
main	手
mer	海
monde	世界、人々
niveau	水準
oignon	タマネギ
papier	紙、書類
peine	苦悩、骨折り
place	場所、広場、座席
quelqu'un	誰か
rêve	夢
sac	袋、かばん
signe	記号、身振り、合図
suite	続き、連続
théâtre	劇場、演劇、芝居
vélo	自転車

37

abord (d')	まず
alors	そのとき
aujourd'hui	今日
aussitôt	すぐに
beau	美しい
bref	短い
calme	静かな、平静さ
certain	いくつかの
cinquante	50
court	短い
davantage	もっとたくさん
demi	半分の
doux	甘い、快い、おだやかな、易しい
dur	堅い、厳しい、辛い
étranger	外国の
froid	冷たい、寒い
haut	高い
inutile	無益な
là	そこに
là-bas	あそこに
mal	へたに、悪く
même	同じ
naturellement	自然に、当然
plus	よりもっと多く
plusieurs	いくつも
presque	ほぼ
quinze	15
sept	7
souvent	しばしば、たびたび
tel	そのような
tranquille	静かな、安心した
trois	7
vif	活発な、鋭い、短気な

38

agréablement	心地よく
assis	座っている
autrement	別のやり方で
blanc	白い
chaud	暑い、熱い
comment	どのようにして
déjà	もう、もはや、すでに
différent	違った、異なった
enfin	ついに
facile	容易な、やさしい
fort	強い
grave	まじめな、重大な

hier	昨日
impossible	不可能な
joli	きれい
libre	自由な、暇な
longtemps	長い間
malheureux	不幸な
mille	1000
mondial	世界の
noir	黒い
peu	あまり～ない
pourquoi	なぜ
quarante	40
riche	金持ちな、豊かな
sérieux	まじめな、重大な
soixante	60
surtout	とくに
trente	30
utile	役立つ、有益な
vraiment	本当に、実際

39

assis	座っている
aujourd'hui	今日
blanc	白い
cent	100
comment	どのようにして
court	短い
difficile	難しい
douze	12
faible	弱い
fou	ばかげた
ici	ここ
impossible	不可能な
libre	自由な、暇な
longtemps	長い間
moderne	現代的な、近代的な
mort	死んでいる
pareil	同じような、似たような
partout	いたるところで
peut-être	おそらく
profond	深い
public	公の
quel	(疑問代名詞)
seulement	ただ、～だけ
simple	簡単な、単純な、素朴な
soixante	60
toujours	いつも、常に
tout	すべての
très	非常に

voici	ここに～がある
voilà	あそこに～がある
voisin	隣の、近所の

40

abord (d')	まず
ailleurs	他の場所で
ancien	古くからの、昔の、元の
autant	同じだけ
avant-hier	おととい
beaucoup	たくさん
cependant	しかしながら
certainement	確実に、きっと
cher	高い、親愛なる
clair	明るい、はっきりした
debout	立って
déjà	もう、もはや、すでに
demi	半分の
ensemble	いっしょに
étranger	外国の
grand	大きい
grave	まじめな、重大な
haut	高い
juste	正しい、正当な、公平な
large	幅の広い
mauvais	悪い、まずい
même	～さえ
noir	黒い
oui	はい
pourtant	それでも
presque	ほぼ
sec	乾いた
sérieux	まじめな、重大な
sûrement	確実に、きっと
tant	非常に
terrible	恐ろしい、ひどい
véritable	真実の、本当の
vingt	20
vrai	本当の、真実の、本物の

まとめ❽

assez	十分に、かなり
aujourd'hui	今日
aussitôt	すぐに
blanc	白い
certain	確実な
combien	いくつかの
davantage	もっとたくさん
dès	～すぐに

différent	違った、異なった
dur	堅い、厳しい、辛い
facile	容易な、やさしい
fort	強い
froid	冷たい、寒い
hier	昨日
inutile	無益な
libre	自由な、暇な
maintenant	今
mauvais	悪い、まずい
mille	1000
naturellement	自然に、当然
pareil	同じような、似たような
plusieurs	いくつも
profond	深い
quinze	15
seulement	ただ、～だけ
souvent	しばしば、たびたび
sûr	確かな、確実な
toujours	いつも、常に
très	非常に
trois	3

41

absent	欠席の
ailleurs	他の場所で
autant	同じだけ
bas	低い
certainement	確実に、きっと
cher	高い、親愛なる
debout	立って
déjà	もう、もはや、すでに
économique	経済の
encore	まだ、さらに、もっと
ensemble	いっしょに
gauche	左の
gros	太った、大きな
jamais	決して～ない
juste	正しい、正当な、公平な
mal	へたに、悪く
malade	病気の、病人
mauvais	悪い、まずい
ne	～ない
plutôt	むしろ
rapide	早い
supérieur	～より上の、～より優れた
sûrement	確実に、きっと
troisième	3番目の

42

ancien	古くからの、昔の、元の
assis	座っている
beaucoup	たくさん
bleu	青い
clair	明るい、はっきりした
content	満足した
dernier	最後の、最新の
difficile	難しい
étroit	狭い
faible	弱い
grave	まじめな、重大な
heureux	幸せな
horrible	恐ろしい、とてもひどい
ici	ここ
large	幅の広い
loin	遠くに
mieux	よりよく
moderne	現代的な、近代的な
non	いいえ
oui	はい
partout	いたるところで
pas	～でない
premier	一番の、最初の
prochain	次の、今度の
public	公の
sec	乾いた
sérieux	まじめな、重大な
simple	簡単な、単純な、素朴な
tant	非常に
terrible	恐ろしい、ひどい
tout	すべての
véritable	真実の、本当の
vingt	20
vrai	本当の、真実の、本物の

43

ainsi	このように、そのように
aucun	いかなる … もない
aujourd'hui	今日
bas	低い
bleu	青い
cent	100
chinois	中国の、中国語
content	満足した
court	短い
demain	明日
double	二倍の
douze	13

ensuite	それから
faible	弱い
fou	ばかげた
important	重大な、莫大な
interdit	禁止されている
loin	遠くに
lourd	重い
moderne	現代的な、近代的な
mort	死んでいる
partout	いたるところで
peut-être	おそらく
puis	それから
quel	(疑問形容詞)
simplement	簡単に、単に
soixante	60
tranquille	静かな、安心した
très	非常に
voisin	隣の、近所の
vrai	本当の、真実の、本物の

44

ancien	古くからの、昔の、元の
aussi	同じく
bientôt	まもなく、すぐに
cependant	しかしながら
combien	いくつかの
curieux	好奇心の強い、珍しい
dernier	最後の、最新の
droit	まっすぐな、右の
ensuite	それから
étroit	狭い
facile	容易な、やさしい
français	フランスの
gros	太った、大きな
heureux	幸せな
intérieur	内部の
justement	正当に、ちょうど
léger	軽い
lourd	重い
meilleur	よりよい
mieux	よりよく
naturel	自然な、当然な
nouveau	新しい
ouvert	開いている
plein	～でいっぱいの
pourtant	それでも
premier	一番の、最初の
puis	それから
quelque	いくらかの

second	二番目の
sombre	暗い、陰気な
tard	後で、遅く
triste	悲しい、寂しい
vieux	年を取った、古い

45

absent	欠席の
ainsi	このように、そのように
autrefois	かつて、昔
beau	美しい
chaque	おのおのの
chinois	中国の、中国語
debout	立って
demain	明日
encore	まだ、さらに、もっと
entier	全部の
général	一般的な、全般的な
guère	ほとんど～ない
jeune	若い
là	そこに
malade	病気の、病人
meilleur	よりよい
nécessaire	必要な
nouveau	新しい
possible	可能な、ありうる
près	近くに
prochain	次の、今度の
rare	まれな
second	二番目の
seul	唯一の
sûr	確かな、確実な
tard	後で、遅く
tôt	早い、すぐに
trop	～すぎる
vieux	年を取った、古い
vite	速く

まとめ❾

ancien	古くからの、昔の、元の
aujourd'hui	今日
aussi	同じく
autrefois	かつて、昔
clair	明るい、はっきりした
combien	いくつかの
debout	立って
déjà	もう、もはや、すでに
demain	明日
difficile	難しい

double	二倍の
droit	まっすぐな、右の
heureux	幸せな
jamais	決して～ない
jeune	若い
justement	正当に、ちょうど
mieux	よりよく
mort	死んでいる
nouveau	新しい
partout	いたるところで
premier	一番の、最初の
prochain	次の、今度の
quel	（疑問形容詞）
quelque	いくらかの
rapide	早い
tard	後で、遅く
très	非常に
vingt	20
vite	速く

46

assez	十分に、かなり
aucun	いかなる ... もない
aussi	同じく
bientôt	まもなく、すぐに
bleu	青い
certain	確実な
combien	いくつかの
contraire	反対の
curieux	好奇心の強い、珍しい
dernier	最後の、最新の
double	二倍の
droit	まっすぐな、右の
européen	ヨーロッパの
fort	強い
heureux	幸せな
important	重大な、莫大な
léger	軽い
long	長い
mille	1000
moins	より少ない
ouvert	開いている
pauvre	貧乏な、かわいそうな
prochain	次の、今度の
quand	～の時
seul	唯一の
six	6
sûr	確かな、確実な
tôt	早い、すぐに

tranquille	静かな、安心した
vite	速く
vrai	本当の、真実の、本物の

47

absolument	絶対的に
autrefois	かつて、昔
autrement	別のやり方で
certain	確実な
chaque	おのおのの
chaud	暑い、熱い
dehors	外で、戸外で
encore	まだ、さらに、もっと
enfin	ついに
français	フランスの
général	一般的な、全般的な
gratuit	無料の
intérieur	内部の
jeune	若い
joli	きれい
maintenant	今
malade	病気の、病人
malheureux	不幸な
naturel	自然な、当然な
nécessaire	必要な
noir	黒い
plein	～でいっぱいの
possible	可能な、ありうる
quelque	いくらかの
rare	まれな
sombre	暗い、陰気な
sûr	確かな、確実な
triste	悲しい、寂しい
trop	～すぎる

48

alors	そのとき
aucun	いかなる … もない
beau	美しい
calme	静かな、平静さ
cinq	5
contraire	反対の
demain	明日
doux	甘い、快い、おだやかな、易しい
entier	全部の
fort	強い
guère	ほとんど～ない
ici	ここ

important	重大な、莫大な
là	そこに
long	長い
même	同じ
moins	より少ない
occupé	忙しい、ふさがっている（あいていない）
peu	あまり～ない
pourquoi	なぜ
près	近くに
quarante	40
riche	金持ちな、豊かな
sept	7
six	6
surtout	とくに
tel	そのような
tranquille	静かな、安心した
trente	30
utile	役立つ、有益な
vif	活発な、鋭い、短気な
vraiment	本当に、実際

49

après	後で
autour de	～のまわりで
avant	前に、先に
avoir besoin de	～が必要である
car	というのは
contre	～に対して、～に反して
depuis	～以来
derrière	後ろに
dès	～すぐに
devant	～前に
entre	～の間に
envie (avoir envie de)	～がほしい
lorsque	～の時
malgré	～にもかかわらず
ni	～もない
nulle part	どこにも～ない
parce que	なぜなら
parmi	～のなかで
pas	～でない
pendant	～の間
pendant que	～の間
pour que	～するために
près de	～の近くに
quand	～の時
quant à	～については
sans	～なしに

sous	〜の下
tout à coup	突然
tout à fait	全部、すっかり
tout à l'heure	ついさっき、ほどなく
travers (à)	〜を横切って
vers	〜のほうへ、〜頃

50

alors que	〜である時、一方
après	後で
avant	前に、先に
avoir (il y a)	〜がある
avoir besoin de	〜が必要である
contre	〜に対して、〜に反して
depuis	〜以来
derrière	後ろに
devant	〜前に
donc	つまり
entre	〜の間に
envie (avoir envie de)	〜がほしい
jusque	〜まで
lorsque	〜の時
malgré	〜にもかかわらず
ni	〜もない
nulle part	どこにも〜ない
pendant	〜の間
peu (un peu)	少し
puisque	なぜなら
quand	〜の時
quant à	〜については
rapport (par rapport à)	〜と比べて
sans	〜なしに
sous	〜の下
tandis que	〜である時、一方
tout à fait	全部、すっかり
tout à l'heure	ついさっき、ほどなく
tout de suite	ただちに

tout le monde	だれでも
travers (à)	〜を横切って
vers	〜のほうへ、〜頃

まとめ⑩

après	後で
assez	十分に、かなり
aucun	いかなる ... もない
aussi	同じく
autrement	別のやり方で
avant	前に、先に
avoir (il y a)	〜がある
avoir besoin de	〜が必要である
beau	美しい
contraire	反対の
contre	〜に対して、〜に反して
depuis	〜以来
dernier	最後の、最新の
devant	〜前に
entier	全部の
entre	〜の間に
européen	ヨーロッパの
fort	強い
français	フランスの
même	同じ
mille	1000
moins	より少ない
nécessaire	必要な
occupé	忙しい、ふさがっている（あいていない）
plein	〜でいっぱいの
sans	〜なしに
sous	〜の下
tout à coup	突然
utile	役立つ、有益な
vers	〜のほうへ、〜頃

Leçon 1　（　　）の中に動詞を適切な形にして入れてみましょう。

☐ **1.** Quelle heure (　　　　)-il ? — Il (　　　　) midi.　「何時？」「正午だよ」

☐ **2.** Ça (　　　) combien en tout ?　全部でおいくら？

> 🐤 ça は être の主語にはなることができないよ。「これ、美味しい」は C'est
> bon ! であって Ça est bon ! はダメ。「元気？」は ça va ? というけど、
> ce va ? とはいわないよね。➡ つぶやきの仏文法 p.81-82

☐ **3.** Michael et John (　　　　) beaucoup d'amis.

マイケルとジョンにはたくさん友だちがいる（←たくさん友だちを持っている）

☐ **4.** Il pleut ! (　　　　) votre parapluie !

雨が降ってるよ、傘を持っていってください！

> 🐤 カッコの中には動詞が入るけれど、主語がないから命令形（正確には命令
> 法現在形 ➡ つぶやきの仏文法 p.166）が入るね。あと、votre に注目して。

☐ **5.** Cet homme nous (　　　　) toujours : « Combien avez-vous
gagné récemment ? »

この男はいつも僕たちに「最近いくら稼いだ？」と言う。

☐ **6.** Je (　　　) te poser cent questions ?　100 の質問をしてもよい？

☐ **7.** Vous (　　　) fatigué ? — Oui, un peu.

「お疲れですか？」「ええ、ちょっと」

☐ **8.** Nous (　　　) à Tenjin tous les jours.　天神には毎日行っています。

☐ **9.** Je (　　　) rentrer maintenant !　いま帰りたい！

☐ **10.** (　　　) chez nous !　うちへおいでよ！

☐ **11.** J'(　　　) quatre-vingt-dix ans. Et vous ?　私は 90 歳だ。あなたは？

> 🐤 フランス語では年齢を表すのに être は使わないよ。
> Je ではなく J' になっていることにも注意して。

☐ **12.** Nous allons (　　　) les lézards.

僕たち、トカゲさんたちに会いに行くの。

☐ **13.** Namihei a dit : « Vous (　　　) utiliser mon sèche-cheveux. »

波平は「わしのドライヤーをお使いいただいてかまいません」と言った。

☐ **14.** (　　　)-vous des fraises ?

イチゴいかがですか？（←イチゴ欲しくないですか？）

☐ **15.** Je (　　　) que Kamakura est au bord de la mer.

鎌倉が海沿いにあることは知っているよ。

□ **16. Tu (**) **de la fièvre ?** 君、熱があるの？

□ **17. D'ici, on (**) **le Ushiku Daibutsu.** ここから牛久大仏が見える。

□ **18. Un écureuil (**) **dans notre jardin tous les jours.**
リスが1匹毎日我が家の庭へやってくる。

□ **19. (**)**-vous que les becs-en-sabot mangent aussi des grenouilles ?** ハシビロコウがカエルも食べるってご存じ？

□ **20. Ils (**) **français ? — Non, ils (**) **suisses.**
「彼らはフランス人？」「いや、スイス人だよ」

> 「スイス」という国名は la Suisse。「スイスの」という形容詞は suisse。「スイス人」という名詞も suisse。女性でも suisse だよ。

□ **21. (**)**-moi un peu de temps.** 少しお時間をください。

□ **22. Vous (**) **combien d'hippopotames chez vous ?**
— Nous ( ) **un hippopotame.**
「家で何頭カバを飼っていらっしゃる？」「1頭」

□ **23. Ma femme ne m'a pas (**) **le lieu et l'heure du rendez-vous.** 妻は私に待ち合わせの場所と時刻をいわなかった。

□ **24. Je te (**) **ma brosse à dents.**
君にわしの歯ブラシを授けよう（←あげよう）。

□ **25. Satoshi a (**) **la ligne Tokaido.** 哲は東海道線に乗った。

> 「乗る」というと monter を想像した人もいるかもしれないけれど、monter は「乗り込む」に近く、monter dans un/le train のように乗物には何らかの前置詞が付くよ。カッコの前に助動詞 a があるから、カッコには過去分詞を入れて。

□ **26. Masami (**) **faire du vélo.** マサミはサイクリングをしに行く。

□ **27. Si je (**)**, j'irai.** 行けたら行くよ。

□ **28. Chez nous, c'est toujours moi qui (**) **la cuisine.**
我が家では、料理をするのはいつも私だ。

□ **29. Ils (**) **vraiment des efforts !** あいつらは本当に努力しているよ。

□ **30. Nous (**) **le 19 août.** 今日は8月19日です。

□ 1. Quelle heure (est)-il ? — Il (est) midi.

□ 2. Ça (fait) combien en tout ?

　成句 en tout　全部

□ 3. Michael et John (ont) beaucoup d'amis.

□ 4. Il pleut ! (Prenez) votre parapluie !

> 🐦 Tenez (< tenir) は「握る」に近いかな。

□ 5. Cet homme nous (dit) toujours : « Combien avez-vous gagné récemment ? »

> 🐦 récemment「最近」の発音に注意。-emment の em は鼻母音にならないよ。➡ つぶやきの仏文法 p.11

□ 6. Je (peux) te poser cent questions ?

> 🐦 Je peux を Je pourrais と条件法現在形にすると、少し丁寧な表現になるよ。➡ つぶやきの仏文法 p.157

□ 7. Vous (êtes) fatigué ? — Oui, un peu.

> 🐦 fatigué に s が付いていないから、この文の vous は 1 人だということが分かるね。

□ 8. Nous (allons) à Tenjin tous les jours.

> ちょっと文法の復習。助動詞に être を用いる動詞の場合、過去分詞は主語の性と数に一致させるね。たとえば、Haruna et Makiko sont allées au Parc Hirakata.「春菜と真紀子はひらパーへ行った」のようにね。

□ 9. Je (veux) rentrer maintenant !

> 🐦 Je veux はいい方としてはだいぶ強め。「帰りたいのですが」のように少し丁寧にするなら Je voudrais のように vouloir を条件法現在形にするよ。➡ つぶやきの仏文法 p.157

□ 10. (Viens/Venez) chez nous !

> 🐦 Venons はこの場面ではおかしいかな。

□ 11. J'(ai) quatre-vingt-dix ans. Et vous ?

> 🐦 フランス語では年齢を表すのに、英語と違って avoir を使うね。

□ 12. Nous allons (voir) les lézards.

□ 13. Namihei a dit : « Vous (pouvez) utiliser mon sèche-cheveux. »

> 🐦 pouvoir を tu や vous などの 2 人称で使うと、許可を表すことがあるよ。

□ 14. (Voulez)-vous des fraises ?

□ 15. Je (sais) que Kamakura est au bord de la mer.

☐ 16. Tu (as) de la fièvre ?

🐦 「38 度の熱がある」は J'ai 38 [degrés] de fièvre. というよ。

☐ 17. D'ici, on (voit) le Ushiku Daibutsu.

☐ 18. Un écureuil (vient) dans notre jardin tous les jours.

☐ 19. (Savez)-vous que les becs-en-sabot mangent aussi des grenouilles ?

☐ 20. Ils (sont) français ? — Non, ils (sont) suisses.

☐ 21. (Donnez)-moi un peu de temps.

☐ 22. Vous (avez) combien d'hippopotames chez vous ?

    — Nous (avons) un hippopotame.

☐ 23. Ma femme ne m'a pas (dit) le lieu et l'heure du rendez-vous.

☐ 24. Je te (donne) ma brosse à dents.

☐ 25. Satoshi a (pris) la ligne Tokaido.

☐ 26. Minoru (va) faire du vélo.

☐ 27. Si je (peux), j'irai.

> 前半は「もし私ができれば」で、何ができるのかは明示されていないけれど、文脈で明らかだよね。中性代名詞 le を使って Si je le peux. とすることはできるけど、省略することが多いかな。➡ つぶやきの仏文法 p.74

☐ 28. Chez nous, c'est toujours moi qui (fais) la cuisine.

> faire が fais と je の活用になるのは、qui の前にある moi のせいだね。主語を強調する文では、qui の直後の動詞は qui の直前の語句（ここでは moi）に合わせて活用するよ。主語を強調したい時は、c'est ... qui の構文を使って主語を挟むんだ。➡ つぶやきの仏文法 p.200

☐ 29. Ils (font) vraiment des efforts !

☐ 30. Nous (sommes) le 19 août.

🐿 口語では、Nous sommes の代わりに On est とよくいうよ。

Leçon 2 （　　）の中に適切な名詞や代名詞を入れてみましょう。

□ **31.** (　　) est tous égaux devant la loi.　人は法の下にみな平等である。

□ **32. Tu es sorti avec** (　　)**?**　誰とお出かけしたの？

□ **33. Deux fois quatre font dix-neuf ?** — (　　) **est faux !**
「2 かける 4 は 19 ？」「それは間違いだ」

□ **34.** (　　) **sommes le 1ᵉʳ avril.**　今日は 4 月 1 日です。

□ **35. Keiko et Takashi** (　　) **regardent.**　圭子と崇は見つめ合っている。

□ **36.** (　　) **cachent quelque chose.**　あいつら、何か隠している。

□ **37.** (　　) **crois que c'est du café ?**　君はこれ、コーヒーだと思う？

□ **38.** (　　) **est quoi ?** — (　　) **sont des champignons.**
「これ、なあに？」「これはキノコだよ」

> カッコには同じ語が入るけれど、カッコの直後に注目して。
> カッコに入る語のスペルに注意して。

□ **39. Ce sont les Japonais** (　　) **ont inventé le cosplay ?**
コスプレを考え出したのは日本人？

> これは、いわゆる強調構文だね。

□ **40. J'ai acheté cette encyclopédie des oiseaux. Parce que j'** (　　) **ai besoin.**
私はこの鳥類図鑑を買った。なぜならこれが必要だからだ。

成句 avoir besoin de 名　「〜が必要だ」

□ **41.** (　　) **ne sais pas nager.**　ぼく、泳げないんだよ。

> 「〜できる」を表す savoir と pouvoir の違いは微妙だけど、savoir は「〜する」ためのすべを知っているイメージ。Je ne sais pas nager. といえばいわゆる「金づち」状態。Je ne peux pas nager. といえば「泳ぐためのすべ＝泳ぎ方」は知っているけれど、いまは怪我をしていたり、風邪を引いているので泳ぐことができない、のように、pouvoir は外的条件によって「〜できる」「できない」を表すよ。ただし、savoir は主語が「もの」の場合には使えない。だから「この古い車はまだ走る（←走ることができる）」は Cette vieille voiture peut encore rouler. とはいうけど、Cette vieille voiture sait encore rouler. とはいえないよ。➡ つぶやきの仏文法 p.130

□ **42. Viens avec** (　　)**. On va sauver la Terre.**
私と一緒に来てくれたまえ。地球を守るんだ！

> 後半の文の on va は nous allons に近いかな。aller + 不定詞は近接未来形だね。➡ つぶやきの仏文法 p.155

□ 43. Je (　　) ai offert des cactus.　彼らにサボテンを贈りました。

□ 44. Koichi et Naoyo (　　　　) promenaient tous les jours.
光一と直世は毎日散歩をしていた。

promener という動詞は「散歩する」ではなく「散歩させる」の意味だよ。これを、「毎日散歩していた」にするにはどうしたらよいかな。主語と動詞の間だから代名詞だよね。

□ 45. J'aime bien cette fille et je (　　　) téléphone souvent.
僕はこの子のことが大好きで、しょっちゅう電話をかけているんだ。

□ 46. J'aime Sendai et j'(　　) vais souvent.
僕は仙台の街が好きで、しょっちゅう仙台へ行くんだ。

□ 47. C'est un homme (　　) craint sa femme.　妻を恐れている男性だ。

□ 48. Marseille est la ville (　　) est né le footballeur Zidane.
マルセイユは、サッカー選手のジダンが生まれた町だ。

est né の主語は倒置された le footballeur Zidane だよ。

□ 49. On (　　) a prêté notre voiture.　彼らに車を貸してあげました。

□ 50. Alors, (　　) y va !　そろそろ行こうか。

□ 51. Voici Minoru et sa (　　) Aya.　こちら、実さんと、その奥さんの文さん。

□ 52. Je (　　) conseille de bien dormir.
よく寝ることを君におすすめするよ。

□ 53. Chaque (　　　　), plus de 300 shinkansen circulent entre Tokyo et Osaka.　毎日300本以上の新幹線が東京・大阪間を走行している。

□ 54. (　　) danse bien !　彼女、ダンスが上手いねぇ！

□ 55. Qu'est-ce qu'(　　) font ici ?　彼女たちはここで何をしているんだろう？

□ 56. En 1969, les (　　) ont marché sur la Lune pour la première fois.　1969年、人類ははじめて月の上を歩いた。
成句 pour la première fois　はじめて

□ 57. (　　) me fais rire !　笑わせるね（←君は私を笑わせる）。

□ 58. Vous avez des (　　　) ?　お子さんいらっしゃいます？

□ 59. Tu (　　) rendras les photos de Rie Miyazawa le plus vite possible.　宮沢りえの写真をできるだけ早く僕に返してくれよ。
成句 le plus vite possible　できるだけ早く

□ 60. Il vient de Tokorozawa ? — Oui, il (　　) vient.
「彼は所沢から来たの？」「そう、所沢から来たよ」

☐ 31. (On) est tous égaux devant la loi.

この on は「人間一般」を表しているけれど、on が表す人間は文脈によって異なるから注意が必要だよ。動詞 est の主語として il や elle を入れてしまうと、特定の男性または女性 1 人を指してしまうので、この文脈ではおかしいね。➡ つぶやきの仏文法 p.102

☐ 32. Tu es sorti avec (qui) ?

☐ 33. Deux fois quatre font dix-neuf ? ―(C') est faux !

c' の代わりに ça は使えないよ。原則として、être の主語としては ce、être 以外の動詞の主語としては ça を使うんだ。➡ つぶやきの仏文法 p.82

☐ 34. (Nous) sommes le 1er avril.

☐ 35. Keiko et Takashi (se) regardent.

se は再帰代名詞といい、主語と同じ人や物を指すことばだよ。ここでは「お互いを」のような意味になっているね。再帰代名詞が付いた動詞を代名動詞というよ。➡ つぶやきの仏文法 p.132

☐ 36. (Ils) cachent quelque chose.

☐ 37. (Tu) crois que c'est du café ?

☐ 38. (C')est quoi ? ― (Ce) sont des champignons.

☐ 39. Ce sont les Japonais (qui) ont inventé le cosplay ?

☐ 40. J'ai acheté cette encyclopédie des oiseaux. Parce que j'(en) ai besoin.

j'ai besoin de cette encyclopédie と encyclopédie を繰り返さないようにするために、de cette encyclopédie を代名詞 en で置き換えているよ。➡ つぶやきの仏文法 p.76

☐ 41. (Je) ne sais pas nager.

☐ 42. Viens avec (moi). On va sauver la Terre.

☐ 43. Je (leur) ai offert des cactus.

☐ 44. Koichi et Naoyo (se) promenaient tous les jours.

この se promenaient という直説法半過去形は、過去における習慣を表しているよ。➡ つぶやきの仏文法 p.145

☐ 45. J'aime bien cette fille et je (lui) téléphone souvent.

téléphoner の間接目的語 à cette fille の代わりに lui が使われているね。

☐ 46. J'aime Sendai et j'(y) vais souvent.

je vais à Sendai の à Sendai の代わりに中性代名詞 y が使われているね。➡ つぶやきの仏文法 p.75

□ 47. C'est un homme (qui) craint sa femme.

> craint が動詞。est も動詞。この文には活用している動詞が2つあるから、それをつなぐために関係代名詞が必要だね。➡ つぶやきの仏文法 p.85

□ 48. Marseille est la ville (où) est né le footballeur Zidane.

> où の後で、疑問文でもないのに主語が倒置されることは珍しくないよ。où の使い方は ➡ つぶやきの仏文法 p.87

□ 49. On (leur) a prêté notre voiture.

□ 50. Alors, (on) y va !

> この on は、この場面にいる人たち、つまり nous の意味で使われているね。➡ つぶやきの仏文法 p.102

□ 51. Voici Minoru et sa (femme) Aya.

> femme は所有形容詞をつけ ma femme などといえば「私の妻」のように「妻」の意味にもなるけど、homme は所有形容詞を付けて mon homme のようにしても「私の夫」にはならないよ。「私の夫」は mon mari というのが普通。

□ 52. Je (te) conseille de bien dormir.

□ 53. Chaque (jour), plus de 300 shinkansen circulent entre Tokyo et Osaka.

> jour を複数形にすると、「日々」→「人生、生涯」のような意味にもなるよ。finir ses jours à la maison「家で生涯を終える」

□ 54. (Elle) danse bien !

□ 55. Qu'est-ce qu'(elles) font ici ?

□ 56. En 1969, les (hommes) ont marché sur la Lune pour la première fois.

> les hommes といっても、「全ての人間」ではないよね。les hommes という表現は文脈により、「2人の人」から「全ての人間」を表すことができるんだ。➡ つぶやきの仏文法 p.25-28

□ 57. (Tu) me fais rire !

□ 58. Vous avez des (enfants) ?

> 男の子も女の子も同じ形だよ。前に付ける冠詞などで区別するしかないんだ。un enfant / une enfant のようにね。

□ 59. Tu (me) rendras les photos de Rie Miyazawa le plus vite possible.

□ 60. Il vient de Tokorozawa ? — Oui, il (en) vient.

> 答えの文の en は、de Tokorozawa の代わりになっているね。➡ つぶやきの仏文法 p.76

Leçon 3　(　　) の中に適切な語を入れてみましょう。

□ **61.** (　　) **déteste les tomates.**　俺、トマト嫌い。

□ **62.** (　　) **veux-tu ? Du lait à la fraise ?**

何が望みだ（←何が欲しいのか）？　イチゴ牛乳か？

□ **63. Ce sont des élastiques** (　　) **il m'a donnés.**

これは、彼が私にくれた輪ゴムです。

□ **64.** (　　) **aimons les voitures allemandes.**　ドイツ車が好き。

□ **65.** (　　) **te demande au téléphone.**

君に電話だよ（←誰かが君を電話で求めているよ）。

□ **66. Nous avons deux** (　　). **Un garçon et une fille.**

子どもは2人います。男の子1人と女の子1人です。

□ **67. Où est ton père ?** — (　　) **est dans la cave.**

「君のお父さんはどこ？」「地下倉にいるよ」

□ **68. Cet** (　　) **a l'air fatigué.**　この男は疲れていそうだ。

> 🐦 カッコの直前が cet であることに注目してね。これは男性第二形と呼ばれている形だよね。次に母音または無音の h で始まる男性名詞が来るという印。
> ➡ つぶやきの仏文法 p.42

□ **69. Quel** (　　) **sommes-nous aujourd'hui ?** — **Nous sommes jeudi.**「今日は何曜日？」「木曜日だよ」

□ **70. Tu connais cette** (　　)**-là ?**　あの女性知ってる？

□ **71. Je ne sors pas avec** (　　).　あいつとは出かけないよ。

□ **72. Mon chien** (　　) **attend dans la salle de bain.**

犬が私をお風呂場で待っている。

□ **73. On va** (　　) **?** — **À Dotonbori.**「どこ行こうか？」「道頓堀」

□ **74.** (　　) **a mangé mon bavarois à la fraise ?**

誰だ、俺様のイチゴババロアを食べたの？

□ **75. Je** (　　) **donne mes poulets.**　君に、私のヒヨコちゃんたちをあげよう。

> 🐦 mes poulets が直接目的語なので、カッコに入るのは間接目的語の形。

□ **76. C'est un livre de cuisine** (　　) **mon mari a acheté hier.**

これは、夫が昨日買った料理の本です。

> 🐦 このままだと、a acheté から見た直接目的語がないよ。

□ **77.** (　　) **êtes énervé ?**　イライラしてますか？

□ **78. C'est pour (　　　) !** これ、君の（←君のためのもの）。

□ **79. Philippe est (　　) de mes meilleurs amis.**
フィリップは私の親友の一人です。

□ **80. Tu connais Kishiwada ?　— Oui, parce que mon frère (　　) habite.** 「岸和田知ってる?」「知ってるよ、兄貴がそこに住んでるから」

> 「そこに」にあたる語が入るよね。でも、主語と動詞の間だから、là は入らないよ。là なら mon frère habite là のように動詞の後になる。

□ **81. Regarde ! Les morses (　　) suivent !**
見ろ! セイウチが僕たちについてきてるぞ!

□ **82. Junichi (　　) lève à 8 heures.** 順一は 8 時に起きる。

□ **83. Tu parles à (　　) ? Il n'y a personne !**
おまえ、誰に話しかけているの?　誰もいないじゃないか!

□ **84. La pleine lune (　　) éclaire.** 満月は私を照らす。

> 形容詞 plein を使った表現をいくつかあげておくよ。un travail à plein temps「フルタイムの仕事」、en pleine nuit「真夜中に」、en plein hiver「真冬に」、en plein air「野外で、屋外で」。

□ **85. Pour (　　), un verre de lait à la fraise.** 彼にはイチゴ牛乳を 1 杯。

□ **86. (　　) suis un chat.** 吾輩は猫である。

□ **87. (　　) sont tous motivés.** 彼らはみんなやる気があるね。

> tous は不定代名詞で語末の s も発音するよ。ここでは主語（カッコに入る語）の同格になっているよ。➡ つぶやきの仏文法 p.101

□ **88. On (　　) livre 20 pizzas.** 彼らにピザを 20 枚届けます。

□ **89. (　　) fais-tu sous mon bureau ?**
人のデスクの下で何をしているんだ?

□ **90. Hier, je suis sorti avec (　　) de mes filles.**
昨日は娘の 1 人（←私の娘たちの 1 人）と外出した。

☐ 61. (Je) déteste les tomates.

☐ 62. (Que) veux-tu ? Du lait à la fraise ?

> 答えは疑問代名詞だね。疑問代名詞は語順によって使う形が変わるよ。Que ではなく Qu'est-ce que（複合形）だと Qu'est-ce que tu veux ? になるね。➡ つぶやきの仏文法 p.93-95

☐ 63. Ce sont des élastiques (qu') il m'a donnés.

> 過去分詞より前に直接目的語があると、過去分詞はその性数に一致させるよ。élastiques は男性複数だね。➡ つぶやきの仏文法 p.176

☐ 64. (Nous) aimons les voitures allemandes.

☐ 65. (On) te demande au téléphone.

> ここでの On は、Quelqu'un みたいな意味だね。➡ つぶやきの仏文法 p.102

☐ 66. Nous avons deux (enfants). Un garçon et une fille.

> 「子ども」に関係する語をまとめるよ。「親」に対して「子」は enfant。さらに「親」に対して fils「息子」、fille「娘」。「大人」に対して「男の子」は garçon、「女の子」は fille。

☐ 67. Où est ton père ? — (Il) est dans la cave.

> 食料品やお酒などを保管するための地下室を cave というよ。一般的な「地下室」は sous-sol。

☐ 68. Cet (homme) a l'air fatigué.

> **成句** avoir l'air 形　～のようである

☐ 69. Quel (jour) sommes-nous aujourd'hui ? — Nous sommes jeudi.

> quel jour du mois と聞けば日付を聞くことになるよ。また、Quel jour ! とすれば「なんて日だ！」となり、感嘆文になるよ。➡ つぶやきの仏文法 p.46

☐ 70. Tu connais cette (femme)-là ?

> femme より dame は丁寧な言い方。「婦人」のイメージに近いかも。女性用のトイレの表示で «Dames»（婦人用）と書いたりする。

☐ 71. Je ne sors pas avec (lui/elle).

> 前置詞の後では強勢形を使うよ。強勢形では、男女で形が異なるので、あいつが男性か女性かによって lui または elle になる。➡ つぶやきの仏文法 p.67, 72-73。

☐ 72. Mon chien (m') attend dans la salle de bain.

> この m' = me は直接目的語だね。

□ 73. On va (où) ? — À Dotonbori.

> 答えの文の頭に付いている à は、普通は省略できないよ。

□ 74. (Qui/Qui est-ce qui) a mangé mon bavarois à la fraise ?

> Qui と Qui est-ce qui は同じことだね。➡ つぶやきの仏文法 p.95

□ 75. Je (te) donne mes poulets.

□ 76. C'est un livre de cuisine (que) mon mari a acheté hier.

□ 77. (Vous) êtes énervé ?

> 活用形からして、Tu にはできないよ。Tu es énervé ? になるはずだよね。

□ 78. C'est pour (toi) !

□ 79. Philippe est (un/l'un) de mes meilleurs amis.

> 「○○のうちの１つ」の un は不定代名詞。定冠詞を付けて l'un ともいうよ。

□ 80. Tu connais Kishiwada ? — Oui, parce que mon frère (y) habite.

> à Kishiwada の代わりに y が使われているね。➡ つぶやきの仏文法 p.75

□ 81. Regarde ! Les morses (nous) suivent !

□ 82. Junichi (se) lève à 8 heures.

> 「自分自身を起こす」→「起きる」にするために、主語と同じ人を表す se を入れるんだね。➡ つぶやきの仏文法 p.134

□ 83. Tu parles à (qui) ? Il n'y a personne !

□ 84. La pleine lune (m') éclaire.

> 「新月」は nouvelle lune、「三日月」は croissant [de la lune] というよ。

□ 85. Pour (lui), un verre de lait à la fraise.

□ 86. (Je) suis un chat.

> フランス語には「私」「僕」「俺」などの違いはないから、猫が自らを「吾輩」と呼んでいるという面白さは、残念ながら伝わりにくいよ。

□ 87. (Ils) sont tous motivés.

□ 88. On (leur) livre 20 pizzas.

> 英語の「配達する」deliver にあたるフランス語は livrer だよ。フランス語の délivrer に「配達する」の意味はないんだ。

□ 89. (Que) fais-tu sous mon bureau ?

> Qu'est-ce que は入らないね。Qu'est-ce que tu fais になるはず。➡ つぶやきの仏文法 p.95-96

□ 90. Hier, je suis sorti avec (une/l'une) de mes filles.

> 79. と同じ仕組みだよ。ただ、mes filles から１人なので、女性形になっているね。

Leçon 4 （　　　）の中に適切な語を入れてみましょう。

☐ **91.** J'ai entendu un (　　　) bruit. Qu'est-ce que c'est ?

小さな物音がした（←物音が聞こえた）。何だ？

☐ **92.** Hier, j'ai vu une (　　　) femme dans votre chambre.

昨日、あなたの部屋で別な女性を見たよ。

☐ **93.** Est-ce que Monsieur Tanaka est un (　　　) père et un
(　　　) époux ?

田中氏はよき父にしてよき夫なのか？

> père と époux はどちらも名詞なので、カッコの中に入るのは、名詞の前に来る
> 形容詞だね。また、「夫」「妻」は普通は mari, femme というよ。époux /
> épouse は改まった感じ。でも、femme には「女」の意味もあるから、あいまい
> になりそうな時には日常的にも épouse というよ。

☐ **94.** (　　　) train arrive de Shonandai.

この列車は湘南台から到着した。

☐ **95.** Qui a ouvert (　　　) bouteille ?

誰だ、俺のボトルを開けやがったのは？

☐ **96.** (　　　) magasin est fermé le samedi et le dimanche.

当店（←私たちのお店）は土曜日と日曜日お休みです。

☐ **97.** Ce garçon est trop (　　　) pour voyager seul.

この男の子は1人で旅行するには小さすぎる（幼すぎる）。

☐ **98.** Tout le monde a oublié (　　　) nom.

みんな彼の名前を忘れてしまった。

☐ **99.** (　　　) professeur ne dit que des choses drôles.

僕たちの先生は、おもろいことしか言わない。

☐ **100.** J'ai rencontré (　　　) Canadien à Kagurazaka.

私は神楽坂で1人のカナダ人と出会った。

☐ **101.** C'est (　　　) cochon ?

こちらは、あなた様のブタでございますか？

☐ **102.** Regardez (　　　) ! Ça, c'est un bec-en-sabot !

よく見てください。これ、これがハシビロコウです。

☐ **103.** (　　　) maison se trouve à Oyama.

彼女の家は小山にあるよ。

☐ **104.** J'ai l'honneur de vous faire savoir que notre bec-en-sabot aime ( ) les poissons.

謹んでお知らせ申し上げます。私どものハシビロコウは魚が大好きでございます。

成句 avoir l'honneur de 不定詞 謹んで〜する

☐ **105.** Quel est ( ) arbre ? この木、何の木（←この木は何）？

☐ **106.** M. Tanaka ne mange ( ) d'oursins. 田中氏はウニを食べない。

☐ **107.** Goemon a coupé le bâtiment ( ) élégamment que tout le monde l'a admiré.

五右衛門が建物をあまりにも優雅に斬ったので、みんな感心した。

☐ **108.** ( ) lions se sont jetés sur le ministre des Finances.

2頭のライオンが財務大臣に飛びかかった。

☐ **109.** C'est une ( ) question ! それは別の問題だろ！

☐ **110.** Ne parlez pas ( ) vite ! そんなに早く話さないでくれよ。

☐ **111.** ( ) bec-en-sabot ne mange que des maquereaux.

僕のハシビロコウは、サバしか食べないんだよ。

☐ **112.** ( ) chance ! 幸運を祈る！

☐ **113.** Il y a ( ) église au milieu du village. 村の真ん中に教会がある。

成句 au milieu de 図 〜の真ん中に

☐ **114.** ( ) enfants vont bien ? お子さんたちはお元気ですか？

成句 aller bien 元気である、調子がよい

☐ **115.** Hideo ne boit ( ) beaucoup. 秀男はたくさんは飲まない。

☐ **116.** Takumi est ( ) drôle que les autres.

拓実は他の人たちより面白い。

☐ **117.** ( ) école se trouve à Hiyoshi. 彼の学校は日吉にある。

☐ **118.** Nous avons ( ) chameau à la maison.

家でラクダを飼っているんですよ。

☐ **119.** ( ) semaine, on n'a pas de cours. 今週は授業がない。

☐ **120.** Ageo est une ( ) ville. 上尾市は大きな町です。

☐ 91. J'ai entendu un (petit) bruit. Qu'est-ce que c'est ?

☐ 92. Hier, j'ai vu une (autre) femme dans votre chambre.

☐ 93. Est-ce que Monsieur Tanaka est un (bon) père et un (bon) époux ?

☐ 94. (Ce) train arrive de Shonandai.

> 湘南台に到着、なら à Shonandai になるね。

☐ 95. Qui a ouvert (ma) bouteille ?

> 「開けたのは？」と「開けやがったのは？」をフランス語で訳し分ける
> のは難しいよ。声の調子などで感情を表現するしかないかな。

☐ 96. (Notre) magasin est fermé le samedi et le dimanche.

☐ 97. Ce garçon est trop (petit) pour voyager seul.

☐ 98. Tout le monde a oublié (son) nom.

☐ 99. (Notre) professeur ne dit que des choses drôles.

☐ 100. J'ai rencontré (un) Canadien à Kagurazaka.

☐ 101. C'est (votre) cochon ?

☐ 102. Regardez (bien) ! Ça, c'est un bec-en-sabot !

☐ 103. (Sa) maison se trouve à Oyama.

> 「彼女」だから son ではなく sa になるのではないよね。「彼の家」「彼女の家」
> はどちらも sa maison になるよね。➡ つぶやきの仏文法 p.43

☐ 104. J'ai l'honneur de vous faire savoir que notre bec-en-sabot aime (bien/beaucoup) les poissons.

> bien, beaucoup のどちらも使えるケースがあるよ。Il parle bien. は「話し方
> が上手い」、Il parle beaucoup. は「話す量が多い」になるけれど、Il a bien
> souffert. Il a beaucoup souffert. はどちらも「彼は非常に苦しんだ」となっ
> てしまう。どちらも同じようになってしまう場合、個人差は相当あると思う
> けれど、beaucoup のほうが客観的、bien のほうが主観的なことが多いみたい。

☐ 105. Quel est (cet) arbre ?

> arbre は男性名詞だけど、母音で始まる名詞だから ce ではなく
> cet という男性第二形を使うんだね。➡ つぶやきの仏文法 p.42

☐ 106. M. Tanaka ne mange (pas) d'oursins.

☐ 107. Goemon a coupé le bâtiment (si) élégamment que tout le monde l'a admiré.

> **成句** si 形／副 que + 直説法　あまりに〜なので〜
> ➡ つぶやきの仏文法 p.212

□ 108. (Deux) lions se sont jetés sur le ministre des Finances.

> jetés に s が付いて男性複数形になっているのは、se が直接目的語だからだね。➡ つぶやきの仏文法 p.135

□ 109. C'est une (autre) question !

> autre はもともと e で終わっている形容詞だから、男性形と女性形は同じになるね。➡ つぶやきの仏文法 p.38

□ 110. Ne parlez pas (si) vite !

> si の代わりに aussi にもできるよ。ただ、比較の基準を表す que ... が付いていない時は、si を使うことのほうが多いかな。

□ 111. (Mon) bec-en-sabot ne mange que des maquereaux.

□ 112. (Bonne) chance !

□ 113. Il y a (une) église au milieu du village.

> une は、次に続く語が母音または無音の h で始まる語であっても une のままだね。➡ つぶやきの仏文法 p.25

□ 114. (Vos/Tes) enfants vont bien ?

□ 115. Hideo ne boit (pas) beaucoup.

□ 116. Takumi est (plus) drôle que les autres.

> les autres はここでは「他の人たち」の意味だね。

□ 117. (Son) école se trouve à Hiyoshi.

> école は女性名詞だけど、母音で始まる名詞だから男性形で代用するんだったね。➡ つぶやきの仏文法 p.43

□ 118. Nous avons (un) chameau à la maison.

> -eau で終わる名詞の複数形は、s ではなく x を付けるね。➡ つぶやきの仏文法 p.22

□ 119. (Cette) semaine, on n'a pas de cours.

□ 120. Ageo est une (grande) ville.

> gros は「体積が大きくてかさばる」イメージ。ここでは使えないかな。

Leçon 5 （　　）の中に適切な前置詞や接続詞を入れてみましょう。

□ **121.** （　　） été, nous allons au bord du lac Biwa.
夏には琵琶湖のほとりに行きます。

□ **122.** （　　） la boîte, il y a un gros serpent.
箱の中には大蛇が入っています。

□ **123.** Il pleut, （　　） je sors.　雨が降っているけれど、出かけるよ。

□ **124.** Tu veux du vin （　　） du lait à la fraise ?
ワインがいい？　それともイチゴ牛乳？

□ **125.** Je sais （　　） tu es là !　おまえがそこにいるのは分かっている！

□ **126.** Ma femme boit du dry martini （　　） matin （　　） soir.
妻は、朝から晩までドライ・マティーニを飲んでいる。

□ **127.** Il fait si chaud aujourd'hui que je ne veux pas sortir （　　） ma femme.　今日はあまりにも暑いので妻とは出かけたくない。

□ **128.** M. Tanaka a envoyé un mail （　　） Atsushi.
田中氏は淳にメールを送った。

□ **129.** Nous sommes arrivés à la gare en passant （　　） Okiei-Dori.　沖映通りを通って駅に着いた。

□ **130.** Lupin a été arrêté （　　） Zenigata.
ルパンは銭形に捕まった（←銭形によって捕まえられた）。

□ **131.** Yukako est aimée （　　） ses élèves, parce qu'elle est gentille.　悠佳子は生徒たちから愛されている。優しいからだ。

□ **132.** Le prochain train arrivera （　　） 7 heures 35 minutes. Attendez un peu.
次の列車は 7 時間 35 分後にまいります。少々お待ちください。

□ **133.** Nous sommes arrivés à Helsinki （　　） 13 heures.
ヘルシンキに 13 時間で到着した。

□ **134.** Que se passera-t-il （　　） je ne prends pas de bain pendant 2 mois ?
2 ヶ月お風呂に入らなかったらどうなりますか（←何が起こりますか）？

□ **135.** （　　） Internet, j'ai acheté un tracteur.
ネットで、トラクターを買いました。

□ **136.** Je suis venue （　　） la Planète Korin.　こりん星からまいりました。

□ **137.** Je n'aime pas un homme (　　　) **lui.**　あいつみたいな男は嫌いだ。

□ **138.** Ne mange pas la crème caramel (　　　) **les baguettes !**
カスタードプリンを、お箸で食べないの！

□ **139.** Il fait froid, (　　　) **on va manger de la glace dehors !**
寒いけど、外でアイス食べるぞ！

□ **140.** Ce professeur est mort (　　　) **France.**
この先生はフランスで亡くなった。

□ **141.** (　　　) **le coucou ne chante pas, attendons jusqu'à ce qu'il chante.**
鳴かぬなら、鳴くまで待とう、ホトトギス（←もしホトトギスが鳴かないなら、鳴くまで待とう）。

□ **142.** Tu viens avec nous (　　　) **pas ?**　僕たちと一緒に来るの、来ないの？

□ **143.** La Loire est plus longue (　　　) **la Seine.**
ロワール川はセーヌ川より長い。

□ **144.** (　　　) **vous êtes d'accord, je vous ramènerai des chameaux.**
あなたがよければ（←もしあなたが同意すれば）、ラクダを連れて帰ってきますね。

□ **145.** M. Tanaka est tombé (　　　) **s'est fait mal.**
田中氏は転んで怪我をした。

□ **146.** Ma femme va boire treize fois (　　　) **semaine.**
妻は週に 13 回飲みに行く。

□ **147.** C'est un devoir (　　　) **la semaine prochaine.**
これは来週までの宿題です。

□ **148.** Il y a un taureau (　　　) **la table.**　テーブルの上に雄牛がいるねぇ。

□ **149.** Lucas et Sara sont nés (　　　) **Japon.**
瑠和と紗良は日本で生まれた。

□ **150.** Aujourd'hui, il fait très chaud (　　　) **en été.**
夏であるかのように今日はとても暑いねぇ。

□ 121. (En) été, nous allons au bord du lac Biwa.

> 春だけ au printemps と à + le の縮約形 au が付くけれど、春以外の 3 つ
> の季節にはすべて en が付くよ（en été, en automne, en hiver）。

□ 122. (Dans) la boîte, il y a un gros serpent.

□ 123. Il pleut, (mais) je sors.

□ 124. Tu veux du vin (ou) du lait à la fraise ?

□ 125. Je sais (que) tu es là !

□ 126. Ma femme boit du dry martini (du) matin (au) soir.

> dry martini の前の du は部分冠詞だけど、du matin au soir の du, au はそれぞれ前
> 置詞 de + le、前置詞 à + le が縮約したものだね。➡ つぶやきの仏文法 p.29

□ 127. Il fait si chaud aujourd'hui que je ne veux pas sortir (avec) ma
femme.

□ 128. M. Tanaka a envoyé un mail (à) Atsushi.

□ 129. Nous sommes arrivés à la gare en passant (par) Okiei-Dori.

> en passant は passer という動詞のジェロン
> ディフという形。➡ つぶやきの仏文法 p.173

□ 130. Lupin a été arrêté (par) Zenigata.

□ 131. Yukako est aimée (de) ses élèves, parce qu'elle est gentille.

> de も受動態の文において動作主を表すために使われるよ。主に、状態を表す場合に、
> par の代わりに de を使うことが多いんだ。➡ つぶやきの仏文法 p.178

□ 132. Le prochain train arrivera (dans) 7 heures 35 minutes. Attendez
un peu.

> この dans は、現在時を基準とした「～後」を表すよ。

□ 133. Nous sommes arrivés à Helsinki (en) 13 heures.

> この en は所要時間を表すよ。➡ つぶやきの仏文法 p.113

□ 134. Que se passera-t-il (si) je ne prends pas de bain pendant 2 mois ?

> il は非人称。前半は、Qu'est-ce qu'il se passera と同じことだよ。

□ 135. (Sur) Internet, j'ai acheté un tracteur.

□ 136. Je suis venue (de) la Planète Korin.

> この前置詞 de は、出発点・起点を表すよ。

□ 137. Je n'aime pas un homme (comme) lui.

□ 138. Ne mange pas la crème caramel (avec) les baguettes !

□ 139. Il fait froid, (mais) on va manger de la glace dehors !

□ 140. Ce professeur est mort (en) France.

女性名詞の国の名前の前では en を使うけれど、男性名詞の国の前では au を使うよ。例えば、au Japon「日本で」のように。 ➡ つぶやきの仏文法 p.112

□ 141. (Si) le coucou ne chante pas, attendons jusqu'à ce qu'il chante.

□ 142. Tu viens avec nous (ou) pas ?

□ 143. La Loire est plus longue (que) la Seine.

フランスを流れる川の長さでいうと、この2つが1位、2位。ちなみに3位はローヌ川（Le Rhône）だよ。

□ 144. (Si) vous êtes d'accord, je vous ramènerai des chameaux.

□ 145. M. Tanaka est tombé (et) s'est fait mal.

M. Tanaka est tombé (et) s'est fait mal. ではなく、M. Tanaka est tombé (et) il s'est fait mal. とすることもできるよ。同じ主語で同じ時制におかれた動詞が並ぶ時、動詞の主語を繰り返すか、省略するかは、個人の好みによる部分が大きいんだけど、以下のような傾向があるかな。まず、書き言葉より話し言葉のほうが主語は省略されやすい。また、1・2人称より3人称で省略されやすい。肯定と否定が入れ替わる場合には省略しないのが普通。たとえば、「彼は踊るけど歌わない」は Il danse mais il ne chante pas. であって、Il danse mais ne chante pas. は難しいかな。複合過去形のように、助動詞と過去分詞を組み合わせて作る複合時制では、主語、助動詞、法と時制が同じ動詞が複数並んでいる場合、主語と助動詞の両方を省略できるよ。「彼は歌って踊った」は Il a chanté et dansé. のようにね。 ➡ つぶやきの仏文法 p.142

□ 146. Ma femme va boire treize fois (par) semaine.

この par は「配分」などと呼ばれる用法で、「○○につき××」のような意味を持つよ。 ➡ つぶやきの仏文法 p.119-120

□ 147. C'est un devoir (pour) la semaine prochaine.

□ 148. Il y a un taureau (sur) la table.

□ 149. Lucas et Sara sont nés (au) Japon.

□ 150. Aujourd'hui, il fait très chaud (comme) en été.

☐ **151.** ( ) **connaissez la ville de Tokushima ?**
徳島の街はご存じですか？

☐ **152. Le Rhône est un** ( ) **fleuve.** ローヌ川は大河である。

☐ **153. Il faut environ** ( ) **heures pour aller de Tokyo à Kyoto.**
東京から京都へ行くのにおよそ 2 時間かかります。

☐ **154. J'ai** ( ) **dormi.** よく寝た。

☐ **155. Je vais acheter du caviar** ( ) **du lait à la fraise à Ginza.**
銀座へキャビアとイチゴ牛乳を買いに行きます。

☐ **156. M. Tanaka est** ( ) **petit que Toshikazu.**
田中氏は敏一より背が低い。

☐ **157. Qu'est-ce qu'il y a** ( ) **la boîte ?**
箱の中には何が入っているでしょうか？

☐ **158. Ma femme parle** ( ) **n'importe quel homme.**
私の妻は、どんな男性とも話をする。
成句 n'importe quel 図　どんな〜　➡ つぶやきの仏文法 p.51

☐ **159. Chez** ( ), **il n'y a rien d'intéressant !**
おまえの家、面白そうなものは何もないな！

☐ **160. Vous habitez** ( ) **?** — **À Wako.**
「どちらにお住まいですか？」「和光市です」

☐ **161. C'est une ville** ( ) **beaucoup de touristes visitent en été.** この町は、夏に多くの観光客が訪れる町です。

☐ **162. Chacun a ses défauts. Mais pas** ( ).
人にはそれぞれ欠点がある。でも、私にはないけどね。

☐ **163. Kazuo** ( ) **un vélo tout-terrain.**
一雄はマウンテンバイクを持っている。

☐ **164. Les droits de l'**( ) **sont universels ?** 人権は普遍的なものなのか？

☐ **165. C'est une voiture** ( ) **consomme beaucoup d'essence.**
これは燃費が悪い（←ガソリンをたくさん消費する）車だ。

☐ **166. Rome ne s'est pas faite en un** ( ).
ローマは 1 日にしてはならず（← 1 日では作られない）。

☐ **167. Vous (　　　) des fraises ?**

イチゴいかがですか？（←イチゴ欲しくないですか？）

☐ **168. On va (　　　) des photos !** 写真撮ろう！

☐ **169. Je ne me rappelle plus le nom du jeu (　　　) ma mère aime.**

おかんが好きなゲームの名前を思い出せない。

☐ **170. Ce n'est pas un livre pour les (　　　).**

これは子ども向けの本じゃない。

☐ **171. Hier, j'ai (　　　) un film de Ghibli.** 昨日、ジブリ映画を観た。

☐ **172. Nous (　　　) que la Terre est ronde.** 地球が丸いことは知っている。

☐ **173. Ils (　　　) se transformer en héros ?**

あいつら、ヒーローに変身できるの？

☐ **174. Satoshi est (　　　) Chine.** 聡士は中国に滞在中だ。

☐ **175. (　　　)-moi trois kilos d'oranges.** オレンジを３キロください。

☐ **176. J'habite avec (　　　) enfants.** 子どもたちと同居しています。

☐ **177. (　　　) as combien de frères et sœurs ?** 兄弟は何人いるの？

☐ **178. Mes amis (　　　) jouer à la roulette.**

友だちがルーレットをしに来る。

☐ **179. Vous (　　　) la vaisselle ?** あなたは皿洗いをしますか？

☐ **180. Il fait froid, mais ils (　　　) à la piscine.**

今日は寒いのに、彼らはプールへ行く。

――――――――――――――

まとめ問題❶　解答

151. Vous, 152. grand, 153. deux, 154. bien, 155. et, 156. plus, 157. dans, 158. avec, 159. toi, 160. où, 161. que, 162.moi, 163. a, 164. homme, 165. qui, 166. jour（都市名には性がないのが普通だが、例外的に Rome は女性名詞扱いになっている）, 167. voulez, 168. prendre, 169. que, 170. enfants, 171. vu, 172. savons（connaissons 不可）, 173. peuvent, 174. en, 175. Donne/Donnez, 176. mes, 177. Tu, 178. viennent, 179. faites, 180. vont

日本語の「きょうだい」は、「兄弟」だけでなく「兄姉」「兄妹」、さらには「姉妹」「兄妹」「姉弟」なども「きょうだい」と読むことがあるけれど、フランス語の frère は「兄弟」、sœur は「姉妹」のみ。つまり、Tu as combien de frères と聞くと「兄弟」の人数のみを問い、「姉妹」の数は問題外になるんだ。

Leçon 6 （　　）の中に動詞を適切な形にして入れてみましょう。

☐ **181.** (　　　) **ce gâteau en 17 parts.**

このケーキを 17 個に切り分けてください。

☐ **182. Les garçons** (　　　) **au football, les filles font du karaté.**

男の子たちはサッカーを、女の子たちは空手をしている。

> faire > font は入らないよ。

☐ **183. Ma femme a** (　　　) **mes roses.**　妻は、私のバラを拒んだ。

☐ **184. Les jeunes ont** (　　　) **la campagne.**

若者は田舎を離れた（←田舎を見捨てた）。

☐ **185. Momoko a** (　　　) **son enfant.**　桃子は子どもの洋服を脱がせた。

☐ **186. Élisabeth II est** (　　　) **le 8 septembre 2022.**

エリザベス 2 世は 2022 年 9 月 8 日に亡くなった。

☐ **187. M. Tanaka** (　　　) **assis au coin de la pièce.**

田中氏は、部屋の隅に座ったままでいる。

> pièce は、家の中でバス・トイレ・台所などをのぞいた部屋（居間は含まれ
> る）のこと。不動産広告などで部屋数を数える時に使うんだ。たとえば、
> un appartement de trois pièces というと、3DK ではなく、2DK とかに近
> いかな。2 つの居室＋居間。chambre は家の中でベッドがある部屋のこと。

☐ **188. Yuko a** (　　　) **de conversation.**　由子は話題を変えた。

☐ **189. Écoute bien ! Cette espèce d'oiseau n'**(　　　) **pas à Takenotsuka.**　よく聞け！　この種類の鳥は、竹の塚には存在しない。

☐ **190. Je n'ai pas** (　　　) **l'oreille aux conseils de ma femme.**

私は妻の助言には耳を貸さなかった。

> この「貸す」は比喩的な言い方だけど、フランス語でも同じだよ。

☐ **191. Yukiko** (　　　) **un très bon bistrot à Koenji.**

由希子は高円寺でとてもよいビストロを経営している。

☐ **192. Le criminel a été** (　　　) **dans l'avion.**

犯人は、機内で逮捕された。

☐ **193. Cette muraille** (　　　) **la vue.**

この城壁が視界を妨げている。

☐ **194. Ce bus** (　　　) **devant l'Hôtel de ville.**

このバスは市役所の前を通る。

□ **195. Mika (**) **fatiguée.** 美香は疲れているように見える。

□ **196. Takuji (**) **très vite.** 拓治はとても速く走る。

参考 **lentement** 副 ゆっくりと

□ **197. La police (**) **que c'est un homme très dangereux.**
警察は、これはとても危険な男だと判断している。

□ **198. (**) **les chèvres sur le toit !** 屋根の上のやぎを見ろよ!

□ **199. Ils ont (**) **le terrain.** 彼らは退却した（←この土地を放棄した）。

□ **200. Il est rentré et il s'est (**) **tout de suite.**
彼は家へ帰り、すぐに服を脱いだ。

□ **201. Bun est (**) **le 8 novembre.** 文くんは11月8日に生まれた。

□ **202. Je suis (**) **trois ans à Genève.** 私は3年ジュネーヴに滞在した。

séjourner も「滞在する」だけど、助動詞には avoir を使うね。

□ **203. Le Président a (**) **le ministre de la Justice.**
大統領は法務大臣を更迭した（←変えた）。

□ **204. Natsue (**) **les pronoms relatifs.**
夏絵は関係代名詞の説明をしている。

□ **205. Est-ce que tu peux me (**) **ta manique ?**
君の鍋つかみを貸してくれない?

□ **206. Ma femme m'a (**) **les cheveux.** 妻は私の髪の毛を引っぱった。

□ **207. Le train est (**) **à Kire-Uriwari à l'heure.**
列車は喜連瓜破に定刻に到着した。

□ **208. Yumiko était (**) **comme secrétaire.**
由美子は秘書として雇われていた。

□ **209. N'oubliez pas de (**) **vos impôts !**
税金のお支払いをお忘れなく!

□ **210. Il me (**) **que la situation est assez compliquée.**
私には、状況はかなり複雑であるように思われる。

☐ 181. (Coupez) ce gâteau en 17 parts.

☐ 182. Les garçons (jouent) au football, les filles font du karaté.

> 球技以外のスポーツについては、faire + 部分冠詞 + スポーツ名の構文を使い、球技については、faire を使った構文だけでなく jouer à + 定冠詞 + スポーツ名の構文も使えるんだ。だから、この問題文も font du football にはできるけれど、jouent au karaté にはできない。空手は球技じゃないからね。

☐ 183. Ma femme a (refusé) mes roses.

> **反意** accepter 動 受け取る、承諾する
>
> **派生** refus 男 拒否

☐ 184. Les jeunes ont (abandonné) la campagne.

> **派生** abandon 男 放棄
>
> **参考** vieillard 男 老人、personne âgée 女 老人

☐ 185. Momoko a (déshabillé) son enfant.

> **反意** habiller 動 服を着せる

> 「服を着せる」habiller、「服を脱がせる」déshabiller が「服」ではなく、「ひと」を直接目的語にとることに注意してね。

☐ 186. Élisabeth II est (morte) le 8 septembre 2022.

> **派生** mort 女 死

☐ 187. M. Tanaka (reste) assis au coin de la pièce.

☐ 188. Yuko a (changé) de conversation.

> **派生** changement 男 変更、変化、交換、乗り換え

☐ 189. Écoute bien ! Cette espèce d'oiseau n'(existe) pas à Takenotsuka.

☐ 190. Je n'ai pas (prêté) l'oreille aux conseils de ma femme.

☐ 191. Yukiko (tient) un très bon bistrot à Koenji.

☐ 192. Le criminel a été (arrêté) dans l'avion.

☐ 193. Cette muraille (empêche) la vue.

☐ 194. Ce bus (passe) devant l'Hôtel de ville.

> **派生** passage 男 通過、通行、移行

☐ 195. Mika (semble) fatiguée.

> 主語が女性単数なので、fatiguée に e が付いて女性形になっていることに注意。また、Mika semble être fatiguée. と être を補うこともできるけど、普通は省略するね。

☐ 196. Takuji (court) très vite.

□ 197. La police (juge) que c'est un homme très dangereux.

派生 jugement 男 判断、裁判、判決

□ 198. (Regarde/Regardez) les chèvres sur le toit !

> tu の場合、Regarde と活用語尾に s が付かないことに注意してね。
> ➡ つぶやきの仏文法 p.166

□ 199. Ils ont (abandonné) le terrain.

□ 200. Il est rentré et il s'est (déshabillé) tout de suite.

□ 201. Bun est (né) le 8 novembre.

派生 naissance 女 誕生　**反意** mourir 動 死ぬ

□ 202. Je suis (resté) trois ans à Genève.

□ 203. Le Président a (changé) le ministre de la Justice.

□ 204. Natsue (explique) les pronoms relatifs.

派生 explication 女 説明

□ 205. Est-ce que tu peux me (prêter) ta manique ?

> manique も語源をたどると、main と同じだよ。

□ 206. Ma femme m'a (tiré) les cheveux.

> 体の部分を表す名詞には所有形容詞ではなくて定冠詞を付けることが多いよ。例えば「私は頭が痛い」J'ai mal à la tête. 定冠詞では誰のものか分からない場合には、間接目的語の代名詞を使って動作が及ぶ対象を示すよ。「私は（私の）手を洗う」Je me lave les mains.

□ 207. Le train est (arrivé) à Kire-Uriwari à l'heure.

成句 à l'heure 定刻に

□ 208. Yumiko était (employée) comme secrétaire.

□ 209. N'oubliez pas de (payer) vos impôts !

成句 oublier de 不定詞 ～することを忘れる

□ 210. Il me (semble) que la situation est assez compliquée.

成句 il [me] semble que ～に見える、思われる

Leçon 7　（　　）の中に動詞を適切な形にして入れてみましょう。

☐ **211. Nous (　　　) tous les matins autour du Château d'Osaka.**
　　僕たちは毎朝大阪城の周りを走っているんだ。

☐ **212. C'est à vous de (　　　　).** 判断するのはあなたです。

☐ **213. Ma femme est occupée à (　　　) la télé.**
　　妻はテレビを見るのに忙しい。

☐ **214. Je ne peux jamais (　　　) ta proposition.**
　　君の提案は決して受け入れられない。

☐ **215. Takumi a le rêve de (　　　) comédien.**
　　拓実には芸人になるという夢がある。

☐ **216. Un nouveau modèle vient de (　　　).**
　　新しいモデルが誕生したところだ。

☐ **217. Elle n'a pas réussi à (　　　) son mari.**
　　彼女は夫を引き留めることに成功しなかった。

☐ **218. Les élèves (　　　) tous les matins.** 児童たちは毎朝歌う。

☐ **219. (　　　)-moi pourquoi tu es venu à cheval aujourd'hui.**
　　なぜ今日馬で来たのか、私に説明しなさい。

☐ **220. (　　　)-moi du jour où vous prendrez la douche.**
　　シャワーを浴びる日をあらかじめ教えてください。

☐ **221. Megumi a (　　　) le numéro gagnant.**
　　恵は当たり番号を引き当てた（←引いた）。

☐ **222. Ça (　　　) !** よくあることだよ（←それは起こる）。

☐ **223. Il n'(　　　) que des mots difficiles.**
　　あいつは難しい単語しか使わない。

☐ **224. Cette étudiante est (　　　) à l'heure.**
　　この学生は時間給をもらっている（←時間単位で支払われている）。

☐ **225. Ça (　　　) bon, cette soupe !** いい匂いがするねぇ、このスープ！

☐ **226. Ça (　　　) combien ?** おいくら？

☐ **227. Ne (　　　) pas ta bicyclette devant notre porte.**
　　君の自転車をドアの前に置きっぱなしにするなよ。

☐ **228. Aki a (　　　) des chaises renversées par Shigezo.**
　　アキは、茂造がひっくり返したイスを起こした。

☐ **229. Le chef du parti a (　　) le débat télévisé.**

党首はテレビ討論会を受けて立った。

☐ **230. Cette femme est (　　) astronaute.**

この女性は宇宙飛行士になった。

☐ **231. On a (　　) cet oiseau «bec-en-sabot».**

この鳥を「ハシビロコウ」と名付けた。

☐ **232. (　　) bien le nom de ce volcan : Eyjafjallajökull.**

この火山の名前をよく覚えておきなさい。「エイヤフィヤトラヨークトル」。

☐ **233. Pourquoi le coq (　　)-t-il le matin ?**

なぜニワトリは朝鳴くの（←歌うの）？

☐ **234. Il me (　　) au moins 10 heures pour finir mes devoirs.**

宿題を終えるのに少なくとも 10 時間必要。

☐ **235. Le port d'un masque peut contribuer à (　　) la propagation de la Covid-19.**

マスク着用は、コロナウイルスまん延を予防することに役立つかもしれない（←貢献する可能性がある）。

☐ **236. Asuka est (　　) en admiration devant la Vénus de Milo.**

明日香は、ミロのヴィーナスの素晴らしさに感心してしまった（←ミロのヴィーナスを前に、明日香は感心・称賛する状態におちいった）。

☐ **237. Hier, il m'est (　　) un étrange phénomène.**

昨日、私の身に奇妙な現象が起こった。

> il は非人称の il。実際に起こったのは un étrange phénomène。un étrange phénomène は「意味上の主語」とも言えるね。

☐ **238. Le pont a été (　　) par les crues.**

橋は増水で流された（←持っていかれた）

☐ **239. Je (　　), donc je bois.** 我思う、ゆえに我飲む。

☐ **240. On ne (　　) pas les moustiques nous piquer.**

蚊に刺されても気付かない（←蚊が私たちを刺すことを感じない）。

□ 211. Nous (courons) tous les matins autour du Château d'Osaka.

> courir は -ir で終わるけれど、finir のような第二群規則動詞ではないよ。

□ 212. C'est à vous de (juger).

> **成句** c'est à [ひと] de 不定詞 　〜するのは〜だ

□ 213. Ma femme est occupée à (regarder) la télé.

> **成句** être occupé à 不定詞 　〜するのに忙しい

□ 214. Je ne peux jamais (accepter) ta proposition.

□ 215. Takumi a le rêve de (devenir) comédien.

□ 216. Un nouveau modèle vient de (naître).

> vient de は venir de + 不定詞 の近接過去形。カッコ内には不定詞が入るよ。➡ つぶやきの仏文法 p.147

□ 217. Elle n'a pas réussi à (retenir) son mari.

> **成句** réussir à 不定詞 　〜することに成功する

□ 218. Les élèves (chantent) tous les matins.

□ 219. (Explique/Expliquez)-moi pourquoi tu es venu à cheval aujourd'hui.

□ 220. (Prévenez)-moi du jour où vous prendrez la douche.

> prévenir という動詞が知らせる内容ではなく知らせる相手のほうを直接目的語（ここでは moi）としてとることに注意してね。

□ 221. Megumi a (tiré) le numéro gagnant.

□ 222. Ça (arrive) !

□ 223. Il n'(utilise/emploie) que des mots difficiles.

> utiliser と employer はどちらでもよいこともあるけど、片方しか使えない時もあるよ。「時間」「お金」とかは employer だけ、「交通機関」「場所」などは utiliser だけだね。

□ 224. Cette étudiante est (payée) à l'heure.

□ 225. Ça (sent) bon, cette soupe !

□ 226. Ça (coûte/fait) combien ?

□ 227. Ne (laisse) pas ta bicyclette devant notre porte.

> 日常的には bicyclette というより、vélo ということのほうが多いかな。

□ 228. Aki a (relevé) des chaises renversées par Shigezo.

□ 229. Le chef du parti a (accepté) le débat télévisé.

☐ 230. Cette femme est (devenue) astronaute.

🐸 astronaute は職業を表す名詞だから冠詞が省略されているね。➡ つぶやきの仏文法 p.36

☐ 231. On a (appelé/nommé) cet oiseau «bec-en-sabot».

🐘 この問題ではどちらもいえるけれど、自分で名乗る時は、Je m'appelle ... のほうが普通だね。

☐ 232. (Retenez) bien le nom de ce volcan : Eyjafjallajökull.

🐘 「エイヤフィヤトラヨークトル」はアイスランドの火山。2010 年に噴火し、北ヨーロッパの航空網を大混乱させた。「エイヤフィヤトラヨークトル」とはアイスランド語で「島の山の氷河」という意味みたいだよ。

☐ 233. Pourquoi le coq (chante)-t-il le matin ?

☐ 234. Il me (faut) au moins 10 heures pour finir mes devoirs.

☐ 235. Le port d'un masque peut contribuer à (prévenir) la propagation de la Covid-19.

参考 porter 動 持って行く、身につける

☐ 236. Asuka est (tombée) en admiration devant la Vénus de Milo.

参考 admirer 動 感嘆・感心する

☐ 237. Hier, il m'est (arrivé) un étrange phénomène.

☐ 238. Le pont a été (emporté) par les crues.

参考 croître 動 増加・増大する、(植物が) 成長する

☐ 239. Je (pense), donc je bois.

🐸 Je pense, donc je suis. 「我思う、ゆえに我あり」はフランスの哲学者ルネ・デカルト（René Descartes）が、『方法序説』（Discours de la méthode）の中で提唱した有名な命題。

☐ 240. On ne (sent) pas les moustiques nous piquer.

🐘 これは知覚動詞を使った知覚構文だよ。on ne sent pas「感じない」のは、les moustiques が nous piquer すること。nous は piquer から見たら直接目的語だね。➡ つぶやきの仏文法 p.206-207

Leçon 8　（　　）の中に動詞を適切な形にして入れてみましょう。

☐ **241. Prendre cette décision m'a beaucoup (　　　).**
　この決定を下すことは私にはとてもつらかった（←この決定を下すことは私には
　とても高くついた）。

☐ **242. Shoko a (　　　) un message sur le répondeur.**
　章子は留守番電話にメッセージを吹き込んだ（←メッセージを残した）。

☐ **243. Tsunehisa a (　　　) le col de son blouson bleu.**
　恒久は青いジャンパーの襟を立てた（←再び立てた）。

☐ **244. Notre bec-en-sabot nous (　　　) toujours.**
　我が家のハシビロコウはいつも私たちについてくる。

☐ **245. (　　　) le nom de cet oiseau ! — C'est le pélican à lunettes ?**
　「この鳥の名前をあててみな」「これはコシグロペリカン?」

☐ **246. Qui peut (　　　) cet oiseau ?**
　この鳥の名前を言える人（←誰がこの鳥の名前を言える）?

☐ **247. Yukiko a (　　　) les petits pains du four.**
　由希子はオーブンからプチパンを取り出した。

☐ **248. Ne me (　　　) pas. Je pars en voyage.**
　私のことを探さないでください。旅に出ます。

☐ **249. Combien te (　　　)-il ?**　いくら必要なんだ?

☐ **250. Au milieu de la place, une dame (　　　) le ciel.**
　広場の真ん中で、1人の婦人が天に祈っている。
　成句 au milieu de 名　〜の真ん中に（で）

☐ **251. M. Tanaka est (　　　) en glissant sur une peau de banane.**
　田中氏は、バナナの皮でスベって転んだ（←倒れた）。

☐ **252. Ne vous (　　　) pas derrière le cheval !**
　馬の後ろには座らないでください。

☐ **253. N'oublie pas d'(　　　) ton dictionnaire.**
　辞書持って行くの忘れるなよ。

☐ **254. À quoi (　　　)-tu ? — Je (　　　) à mon pays.**
　「何について考えているの?」「私の国について」

☐ **255. Comment peut-on (　　　) facilement le blanc du jaune d'œuf ?**
　どうすれば簡単に黄身と白身を分けることができる?

□ **256.** Akie a (   ) son visage avec ses mains.

彬恵は顔を両手で覆った。

□ **257.** J'ai mangé toutes les fraises, mais j'ai (   ) les truffes.

イチゴは全部食べたが、トリュフは残した。

□ **258.** J'ai (   ) la présence des gardes du corps autour de ma femme.

妻の周りに複数のボディーガードがいること (←ボディーガードの存在) に気づいた。

□ **259.** Hotei a (   ) Kikkawa à la guitare.

布袋はギターで吉川の伴奏をした。

□ **260.** Tu (   ) le reste.　あとは察して (←残りは察して)。

□ **261.** La situation m'(   ) à boire du lait à la fraise tous les matins.

この状況では私は毎朝イチゴ牛乳を飲まなければならない (←状況は私に毎朝イチゴ牛乳を飲むことを強いている)。

□ **262.** (   ) la main !　手をひっこめて！

□ **263.** Kyoko (   ) la solution.　京子は解決策を探していた。

□ **264.** Il (   ) que tu haches tous ces oignons.

君は、このタマネギを全部みじん切りにしなければならない。

□ **265.** Je te (   ) de te taire.

黙れと言っているんだ (←黙るよう君にお願いしているんだ)。

□ **266.** Je crois seulement en ce que je vois, ce que j'entends, ce que je (   ) moi-même.

私は、私自身で見たもの、聞いたもの、触れたものだけを信じる。

□ **267.** Ne vous gênez pas, (   )-vous dans la cage de lions.

遠慮なさらずに、どうぞライオンの檻の中でお座りください。

□ **268.** M. Tanaka (   ) son chapeau dans l'ascenseur.

田中氏は、エレベーターの中で帽子をとる。

□ **269.** Je (   ) comme toi.　君と同じ考えだよ (←君のように考えているよ)。

□ **270.** Bunshi a (   ) ses cheveux par une raie.

文枝は髪に分け目を付けた (←分け目で髪の毛を分けた)。

☐ 241. Prendre cette décision m'a beaucoup (coûté).

> この coûter は、「〜につらい思いをさせる」「〜に苦労を強いる」といった意味で使われているね。

☐ 242. Shoko a (laissé) un message sur le répondeur.

> rester は使えないね。rester は自動詞(=直接目的語をとらない)の構文しかないから。また、rester の助動詞は être だよ。

☐ 243. Tsunehisa a (relevé) le col de son blouson bleu.

☐ 244. Notre bec-en-sabot nous (accompagne) toujours.

　　派生 accompagnement 男　同行、同伴、伴奏

☐ 245. (Devinez) le nom de cet oiseau !　— C'est le pélican à lunettes ?

☐ 246. Qui peut (nommer) cet oiseau ?

☐ 247. Yukiko a (retiré) les petits pains du four.

☐ 248. Ne me (cherche/cherchez) pas.　Je pars en voyage.

☐ 249. Combien te (faut)-il ?

☐ 250. Au milieu de la place, une dame (prie) le ciel.

> prier は、祈る相手が間接目的語ではなく直接目的語になることに注意してね。

☐ 251. M. Tanaka est (tombé) en glissant sur une peau de banane.

☐ 252. Ne vous (asseyez/assoyez) pas derrière le cheval !

> 否定命令文は通常の文と同じ語順だよ。だから、N'asseyez-vous pas などとはならないよ。➡ つぶやきの仏文法 p.70

☐ 253. N'oublie pas d'(emporter) ton dictionnaire.

> emporter は、話し手と聞き手がいる場所から何かを持って移動することをいうので、ここでは emporter がよいかな。apporter は何かを持って移動する先=目的地に焦点が当たる感じ。

☐ 254. À quoi (penses)-tu ? — Je (pense) à mon pays.

> 「考える」という意味では songer より penser が一般的だよ。

☐ 255. Comment peut-on (séparer) facilement le blanc du jaune d'œuf ?

> du jaune の du は前置詞 de + 定冠詞 le が縮約したものだね。de は「〜から」。「黄身から白身を」という感じかな。

☐ 256. Akie a (couvert) son visage avec ses mains.

　　派生 couverture 女　(本の)表紙、毛布、ベッドカバー

☐ 257. J'ai mangé toutes les fraises, mais j'ai (laissé) les truffes.

☐ 258. J'ai (remarqué) la présence des gardes du corps autour de ma femme.

☐ 259. Hotei a (accompagné) Kikkawa à la guitare.

☐ 260. Tu (devines) le reste.

> 🐦 いわゆる命令形ではないけれど、意味的には命令形に近いね。

☐ 261. La situation m'(oblige) à boire du lait à la fraise tous les matins.

成句 obliger［ひと］à 不定詞 ～に～することを強いる

☐ 262. (Retire/Retirez) la main !

> 🐦 tirer ではなく retirer だと、もともとあった場所（手を出す前の位置）に手を引っ込める＝戻す感じがするよ。

☐ 263. Kyoko (cherchait) la solution.

☐ 264. Il (faut) que tu haches tous ces oignons.

参考 hache 囡 斧、まさかり

☐ 265. Je te (prie) de te taire.

> 🐦 フランス語としては demande も入るけれど、demande のほうが口調が強いイメージかな。

☐ 266. Je crois seulement en ce que je vois, ce que j'entends, ce que je (touche) moi-même.

☐ 267. Ne vous gênez pas, (asseyez/assoyez)-vous dans la cage de lions.

> 🐦 代名動詞の語順が肯定文と否定文で違うことに注目して。se gêner が否定で、ne vous gênez pas と、再帰代名詞 vous が gênez の前に付いているのに対して、asseyez-vous と肯定文では再帰代名詞 vous が asseyez の後に付いているね。

☐ 268. M. Tanaka (enlève) son chapeau dans l'ascenseur.

> 🐦 室内では帽子を脱ぐのがマナーとされているけれど、エレベーターの中はどっちでもよいという考え方もあるよ。

☐ 269. Je (pense) comme toi.

☐ 270. Bunshi a (séparé) ses cheveux par une raie.

Leçon 9 　（　　）の中に動詞を適切な形にして入れてみましょう。

□ **271. Il a oublié de (　　　　) la casserole.**

　　彼は、鍋に蓋をするのを忘れた（←鍋をおおうのを忘れた）。

□ **272. Vous ne devez pas (　　　　) les assiettes en argent.**

　　銀製のお皿を投げてはいけません。

□ **273. J'ai (　　　　) une tache de ketchup sur la chemise de mon mari.**

　　夫のワイシャツにケチャップのシミがあることに気付いた。

□ **274. Quoi !? Tu as (　　　　) une villa à Ashiya ?**

　　え？　芦屋に別荘を買ったの？

□ **275. Il est déjà 8 heures. Tu (　　　　) aller au lit !**

　　もう8時だ。寝なくちゃだめ！

□ **276. L'accident m'a (　　　　) à arriver un peu en retard.**

　　事故のせいで私は少し遅れて到着せざるをえなかった（←少し遅れて到着することを強いた）。

□ **277. (　　　　) à votre place.** 　ご自分の席にお戻りください。

□ **278. M. Tanaka (　　　　) toujours le moins cher.**

　　田中氏はいつも一番安いのを選ぶ。

□ **279. Attention, la porte se (　　　　).**

　　ドアが閉まります、ご注意ください。

□ **280. Tochigi et Fukuoka (　　　　) beaucoup de bonnes fraises.**

　　栃木県と福岡県は美味しいイチゴをたくさん生産している。

□ **281. Ne (　　　　) pas à ma moustache !** 　俺のヒゲに触るな！

□ **282. Les ours se sont (　　　　) sur le lit.** 　熊たちはベッドの上に座った。

□ **283. Maman (　　　　) encore son maquillage depuis hier soir.**

　　ママは、昨日の夜からまだ化粧を落とし続けているの。

□ **284. M. Tanaka a (　　　　) deux cents francs au jeu.**

　　田中氏は賭けで200フランすった（←200フラン失った）。

□ **285. Ma femme reste immobile et (　　　　) les dents.**

　　妻は動かずに、歯を食いしばっている。

□ **286. Ces deux filles (　　　　) beaucoup leur père.**

　　この2人の女の子たちは、父親をとても恐れている。

□ 287. **Le Japon a (　　　) une fusée qui transporte un atterrisseur sur la Lune.**

日本は月面着陸船を運ぶロケットを発射した。

□ 288. **Hajime a (　　　) son portable dans sa poche.**

元は携帯電話をポケットにしまった。

□ 289. **Qu'est-ce que tu (　　　) ici ?** ここで何を買うの？

□ 290. **M. Tanaka (　　　) 498 yens à Teruaki.**

田中氏は輝昭に 498 円借りがある。

□ 291. **Ce parti a (　　　) la majorité absolue.**

この政党は絶対多数を獲得した。

□ 292. **Ikuko a réussi à (　　　) la crêpe.**

郁子は上手にクレープを裏返すことができた。

□ 293. **Laissez-moi (　　　).** 私に選ばせてください。

□ 294. **J'ai (　　　) le parapluie.** 私は傘をたたんだ（←閉じた）。

□ 295. **Le passage de plusieurs cyclones a (　　　) beaucoup de dégâts.**

いくつものサイクロンが通過したことにより多くの損害が生じた（←多くの傷害を生んだ）。

□ 296. **Pour aller à la poste, (　　　) à gauche au trois cent vingt-troisième feu.**

郵便局へ行くには、323 個目の信号を左に曲がってください。

□ 297. **Mon père a (　　　) une étiquette à sa valise.**

父は、トランクに名札をつけた（←結びつけた）。

□ 298. **Mon mari a dit quelque chose mais je n'ai rien (　　　).**

夫は何かいったが、私には何も聞こえなかった。

□ 299. **Mayumi a (　　　) son coton-tige préféré.**

麻由美は、お気に入りの綿棒をなくした。

> coton は「綿」、tige は「茎」とか「軸」といった意味。

□ 300. **Les deux chefs d'État se sont (　　　) la main.**

2 人の国家元首（←国の長）は握手をした（お互いに手を握り合った）。

> ここに入る動詞は何かを「ギューッ」とする感じの意味の動詞。
> 構文をよく考えて。あと、se があることにも注意。

☐ 271. Il a oublié de (couvrir) la casserole.

> 「蓋で」は、たとえば avec un couvercle というよ。

☐ 272. Vous ne devez pas (jeter/lancer) les assiettes en argent.

> jeter / lancer の違いは 654. を見てね。

☐ 273. J'ai (remarqué) une tache de ketchup sur la chemise de mon mari.

☐ 274. Quoi !? Tu as (acheté) une villa à Ashiya ?

☐ 275. Il est déjà 8 heures. Tu (dois) aller au lit !

☐ 276. L'accident m'a (obligé[e]) à arriver un peu en retard.

成句 obliger [ひと] à 图 / 不定詞 ～に～することを強いる

> m' が直接目的語なので、m' が女性なら obligée となるよ。

☐ 277. (Retournez) à votre place.

> retourner は、話し手も話し相手もいない場所に向かってまた移動することを表すよ。だから、前に一度行ったことがある場所にもう一度行くことも retourner といえる。Je retournerai chez le dentiste la semaine prochaine.「来週また歯医者に行く」とかね。現在、歯医者にいて、「来週また（ここ＝歯医者）に来る」は、Je reviendrai la semaine prochaine. と revenir を使うよ。また、それぞれの人が自分の席に戻るので、vos places ではなく votre place になっているよ。

☐ 278. M. Tanaka (choisit) toujours le moins cher.

☐ 279. Attention, la porte se (ferme).

> ドアなどが閉まることを fermer または se fermer で表すけれど、fermer の場合は閉まり方が問題になるので、現在形で bien, mal などの副詞が付くのが普通だよ。

☐ 280. Tochigi et Fukuoka (produisent) beaucoup de bonnes fraises.

☐ 281. Ne (touche) pas à ma moustache !

> toucher は直接目的語をとれるけれど、大切なものや危険なものなどに触ろうとする場合に toucher à と間接目的語にすることがあるよ。多くは否定文で使われる。

☐ 282. Les ours se sont (assis) sur le lit.

> assis はもともと s で終わる過去分詞なので男性複数形でも形が変わらないね。主語が女性複数なら、assises となるよ。

☐ 283. Maman (enlève) encore son maquillage depuis hier soir.

☐ 284. M. Tanaka a (perdu) deux cents francs au jeu.

☐ 285. Ma femme reste immobile et (serre) les dents.

□ 286. Ces deux filles (craignent) beaucoup leur père.

> craindre に比べて redouter は改まった感じ。「恐れおののく」に近いかな。avoir peur は「こわがる」のような感じ。

□ 287. Le Japon a (lancé) une fusée qui transporte un atterrisseur sur la Lune.

> この lancer は jeter に置き換えられないよ。jeter/lancer の違いは 654. を見てね。

□ 288. Hajime a (remis) son portable dans sa poche.

□ 289. Qu'est-ce que tu (achètes) ici ?

□ 290. M. Tanaka (doit) 498 yens à Teruaki.

> この devoir には「支払う・返済する義務がある」のイメージで「借りる」ではなく「借りている」。「借りる」は emprunter。

□ 291. Ce parti a (obtenu) la majorité absolue.

> acquérir はちょっと改まっている表現。購入したり、相続することにより手に入れる感じかな。

□ 292. Ikuko a réussi à (retourner) la crêpe.

> 代名動詞にすると「振り返る」みたいな意味にもなるよ。Aiko se retourne chaque fois que quelqu'un ouvre la porte.「誰かがドアを開く度に、愛子は振り返る」のようにね。

□ 293. Laissez-moi (choisir).

□ 294. J'ai (fermé) le parapluie.

□ 295. Le passage de plusieurs cyclones a (causé/produit) beaucoup de dégâts.

> causer は「サイクロンの通過が原因となった」のように因果関係に焦点が当たる感じ。

□ 296. Pour aller à la poste, (tournez) à gauche au trois cent vingt-troisième feu.

□ 297. Mon père a (attaché) une étiquette à sa valise.

□ 298. Mon mari a dit quelque chose mais je n'ai rien (entendu).

□ 299. Mayumi a (perdu) son coton-tige préféré.

□ 300. Les deux chefs d'État se sont (serré) la main.

> serrés にはならない理由分かる？ 代名動詞の過去分詞が一致する場合というのは、過去分詞より前に直接目的語がある場合。でも、この問題ではカッコの後の la main が直接目的語だよね。だから、消去法で、se は間接目的語になるから、性数一致する理由がないよ。➡ つぶやきの仏文法 p.135

Leçon 10　（　　）の中に動詞を適切な形にして入れてみましょう。

☐ **301. Le croyant ne (　　　) pas la mort.**　信者は死を恐れていない。

☐ **302. Vous tous, (　　　) les mains ! Et tournez trois fois !**
みんな手をあげろ！　そして３回まわれ！

☐ **303. Après le cours, M. Tanaka a (　　　) son chapeau.**
授業が終わって、田中先生はまた帽子を被った。

☐ **304. Ils ont (　　　) la construction du Community Square.**
彼らはコミュニティースクエアの建設を終えた。

☐ **305. Il (　　　) être en colère.**
あいつ怒ってるんだろうな（←怒っているにちがいない）。

☐ **306. J'ai enfin (　　　) mon permis de conduire.**
ようやく免許がとれた（←免許を取得した）。

☐ **307. Je n'arrive plus à (　　　) mon portable.**
スマホを見つけられないよ（←スマホを見つけることがもうできないよ）。
成句 arriver à 不定詞　〜できる

☐ **308. Le cours de Yuka (　　　) à trois heures et quart.**
優雅の授業は３時 15 分に始まります。

☐ **309. Osamu a (　　　) sa vie à l'âge de 90 ans.**
修はその生涯を 90 歳という年齢で終えた。

☐ **310. Masahiko (　　　) son chien deux fois par jour.**
将彦は１日に２回犬を散歩させている。

☐ **311. Shiori (　　　) toute la journée.**　汐里は一日中働いている。

☐ **312. (　　　) votre ceinture de sécurité si possible.**
できましたら、シートベルトをお締めください（←結んでください）。
成句 si possible　できれば

☐ **313. Arrête de faire des bruits ! Je n'(　　　) pas des klaxons de voiture.**
音を立てるのを止めてくれよ。車のクラクションの音が聞こえないじゃないか！

☐ **314. Le conseil de Makoto nous a (　　　) de réaliser un grand projet.**
真琴の助言のおかげで、我々は大きな計画を実現できた（←真琴の助言は我々に大きな計画を実現することを可能にした）。

□ **315. Le livre de M. Tanaka ne (　　　) à rien.**

田中氏の本は何の役にも立たん。

□ **316. Nous (　　　) le pire.**　私たちは最悪の状況を恐れている。

□ **317. (　　　) la tête !**　おもてをあげい！

□ **318. Personne ne pourra (　　　) Keisuke.**

誰も佳助の代わりにはなれないだろう。

レベル②

□ **319. (　　　)-moi à passer la frontière.**

私が国境線を越えるのを助けてください。

□ **320. Vous (　　　) changer à Minami-Morimachi.**

南森町で乗り換えなければなりません。

□ **321. L'hippopotame (　　　) notre salle de bain.**

カバが我が家のお風呂場を占領している。

□ **322. On se (　　　) à la sortie.**

出口のところでまた（←出口で再び出会おう、みつけ合おう）。

□ **323. Je (　　　) à comprendre ce que tu dis.**

君がいっていることが分かってきたよ（←分かり始めたよ）。

□ **324. Tu as (　　　) tes devoirs ?**　宿題終わったの？

□ **325. Yuka nous a (　　　) partout dans la ville de Fukuoka.**

由佳は、我々を福岡市内中、案内してくれた（←散歩させてくれた）。

□ **326. Tu (　　　) comme un cheval !**　君、馬車馬みたいに働いとるやん！

□ **327. La Covid-19 peut (　　　) toute la classe.**

新型コロナウイルスはクラス全体に広まるかもしれない（←到達する可能性がある）。

□ **328. La maison de M. Tanaka est (　　　) d'hibiscus roses de Chine.**　田中氏の家はハイビスカスに囲まれている。

□ **329. Mon mari ne me (　　　) pas d'utiliser sa voiture.**

夫は、私に車を使ってよいといってくれない（←車を使うことを許可しない）。

　　参考 **utilisation** 囡　使用、利用、活用

□ **330. On nous a (　　　) un repas tout simple.**

我々はとても質素な食事を提供された（←人は我々に提供した）。

☐ 301. Le croyant ne (craint) pas la mort.

> **派生** crainte 囡 不安、恐れ、危惧　**参考** croire 動 信じる

☐ 302. Vous tous, (levez) les mains ! Et tournez trois fois !

☐ 303. Après le cours, M. Tanaka a (remis) son chapeau.

> **反意** enlever 動 脱ぐ、はずす

☐ 304. Ils ont (achevé) la construction du Community Square.

> カッコ内には fini, terminé も入るけれど、finir, terminer と比べて achever には、時間がかかる大きな仕事・作業を「終える」のイメージがあるよ。

☐ 305. Il (doit) être en colère.

> この devoir は推量を表すよ。確実性がさらに低かったら、devrait（条件法現在形）にするね。➡ つぶやきの仏文法 p.129-130

☐ 306. J'ai enfin (obtenu) mon permis de conduire.

☐ 307. Je n'arrive plus à (retrouver) mon portable.

> arriver à + 不定詞 は、pouvoir + 不定詞 と比べると、努力の末に何かができることを表すけれど、否定形で使うことが多いよ。

☐ 308. Le cours de Yuka (commence) à trois heures et quart.

> et quart は直訳すれば「それと 1/4」。ここでは 1 時間の 1/4 だから「15 分」だね。「2 時 45 分」を quart を使っていう場合には、trois heures moins le quart と定冠詞が入ることに注意。

☐ 309. Osamu a (fini) sa vie à l'âge de 90 ans.

> 90 は読める？ quatre-vingt-dix だね。

☐ 310. Masahiko (promène) son chien deux fois par jour.

☐ 311. Shiori (travaille) toute la journée.

☐ 312. (Attachez) votre ceinture de sécurité si possible.

☐ 313. Arrête de faire des bruits ! Je n'(entends) pas des klaxons de voiture.

> écouter は耳を傾けて自分から聞くこと。entendre は物音や声が聞こえてくる、耳に入ってくる感じだよ。ここでは、どうしても聞きたかったクラクションの音が耳に入ってこないから、音を立てるのを止めてもらおうとしているってこと。

☐ 314. Le conseil de Makoto nous a (permis) de réaliser un grand projet.

> この文は、Grâce au conseil de Makoto, nous avons pu réaliser un grand projet. のような意味だね。

□ 315. Le livre de M. Tanaka ne (sert) à rien.

　　成句 servir à 名 / 不定詞 　〜の役に立つ

□ 316. Nous (craignons) le pire.

　　　　　🐢 redouter との違いは 286. を見て。

□ 317. (Lève/Levez) la tête !

□ 318. Personne ne pourra (remplacer) Keisuke.

　　派生 remplacement 男 　交換、交替、代理

□ 319. (Aidez)-moi à passer la frontière.

　　成句 aider [ひと] à 不定詞 　〜が〜するのを助ける

□ 320. Vous (devez) changer à Minami-Morimachi.

□ 321. L'hippopotame (occupe) notre salle de bain.

　　派生 occupation 女 　占領、占拠、(仕事・趣味で) 何かに従事すること

□ 322. On se (retrouve) à la sortie.

□ 323. Je (commence) à comprendre ce que tu dis.

　　成句 commencer à 不定詞 　〜し始める

　　派生 commencement 男 　開始、始まり、起点

　　　　　🐢 commencement と début の違いは 1266. の解答を見て。

□ 324. Tu as (fini) tes devoirs ?

□ 325. Yuka nous a (promené[e]s) partout dans la ville de Fukuoka.

　　派生 promenade 女 　散歩、散歩道、遊歩道

　　　　　🐤 nous が直接目的語なので、その性次第で、過去分詞の形が変わるよ。

□ 326. Tu (travailles) comme un cheval !

　　派生 travailleur 名 　労働者、働き者

□ 327. La Covid-19 peut (atteindre) toute la classe.

□ 328. La maison de M. Tanaka est (entourée) d'hibiscus roses de Chine.

□ 329. Mon mari ne me (permet) pas d'utiliser sa voiture.

　　成句 permettre à [ひと] de 不定詞 　〜に〜することを許可する

□ 330. On nous a (servi) un repas tout simple.

□ **331. Amélie est (　　　　　) déjeuner.** アメリはお昼を食べに帰って来た。

□ **332. La saison des pluies est (　　　　).**
また梅雨の季節が巡ってきた（←戻って来た）。

□ **333. Satoru (　　　　) de bonnes galettes.**
悟は美味しいガレットを出してくれる。

□ **334. L'autruche m'a (　　　　) du lit.**
ダチョウは私をベッドから引きずり出した。

□ **335. Nous avons enfin (　　　　) la réponse.** ようやく答えを見つけたよ。

□ **336. Mes chats (　　　　) à la maison.** 猫たちはずっと家にいる。

□ **337. On m'a (　　　) à boire.** 飲むために引き留められた。

□ **338. On (　　　　) un cours de latin.** ラテン語の授業を受けています。

□ **339. Le voleur a (　　　　) doucement la poignée de la porte.**
泥棒はそっと（←静かに、ゆっくりと）ドアノブを回した。

□ **340. Nous (　　　　) le deuxième meilleur tako-yaki d'Osaka.**
大阪で二番目に美味しいたこ焼きを販売中です（←売っています）。

□ **341. L'étudiante est (　　　　) chez elle pour prendre son smartphone.**
学生はスマホを取りに家へ戻った（←スマホをとるために家へ戻った）。

□ **342. J'ai (　　　　) une grande joie dans mon cœur.**
心に大きな喜びを感じた。

□ **343. Noriko (　　　　) la porte ouverte.**
典子はドアを開けておいている（←開けた状態でつかんでいる）。

□ **344. Tous les jours, près de 200.000 personnes (　　　　　) la frontière qui sépare les États-Unis et le Canada.**
毎日 20 万人近くの人たちが、アメリカとカナダを隔てる国境線を横断している。

□ **345. Les habitants de cette ville ont (　　　　) une nuit d'angoisse.**
この町の住人たちは、不安な一夜を過ごした（←一夜を経験した、生きた）

□ **346. Nous (　　　　) des carottes tous les jours.** 毎日ニンジンを買う。

□ **347. Haruko s'est (　　　　) sur mon dos.** 晴子は私の背中に座った。

□ **348. Tu as (　　　) dans la salle de bain ?** お風呂場の中、探した？

□ **349. Le guépard a (　　　) 330 mètres.**　チーターは 330 メートル走った。

□ **350. La neige (　　　) le sommet du Mont Hiei.**

雪が比叡山の頂上を覆っている。

□ **351. M. Tanaka a (　　　) 10 kilos en 4 mois.**

田中氏は 4 ヶ月で 10 キロ落とした（←なくした）。

□ **352. Je (　　　) seul la pluie qui tombe.**

雨が降るのをひとりで眺めている。

□ **353. On a oublié de (　　　) le robinet.**　蛇口を締めるの、忘れた。

□ **354. Le 25 décembre, la neige (　　　) à Nice.**

12 月 25 日、ニースでは雪が降っていた。

□ **355. Il ne veut pas (　　　) devant les autres.**

彼は、人前で歌いたがらない。

□ **356. (　　　) le meilleur !**　一番よいものをお選びください！

□ **357. Mon fils veut (　　　) pilote d'avion.**

息子は飛行機のパイロットになりたがっている。

□ **358. On (　　　) manger aussi des fraises.**　イチゴも食べなくちゃいけない。

□ **359. (　　　) la règle.**　ルール説明をお願い（←ルールを説明してください）。

□ **360. Un conflit (　　　) souvent d'une incompréhension.**

争いはしばしば無理解から生まれる。

まとめ問題❷　解答

331. rentrée, 332. revenue, 333. sert, 334. tiré, 335. trouvé, 336. restent, 337. retenu, 338. suit, 339. tourné, 340. vendons, 341. retournée, 342. senti, 343. tient, 344. traversent, 345. passé/vécu, 346.achetons, 347. assise, 348. cherché, 349. couru, 350. couvre, 351. perdu（maigrir を使うと… a maigri de 10 kilos …）, 352. regarde, 353, serrer, 354. tombait, 355. chanter, 356. Choisissez, 357. devenir, 358. doit, 359. Explique/Expliquez, 360. naît

> le deuxième meilleur という表現には賛否両論あるよ。le meilleur は最上級、
> つまり「最も上」→「1 つしかないにもかかわらず、「○番目」を付けるのは
> 矛盾する」という批判なんだけど、ジワジワ増えていっているみたい。

Leçon 11 （　　）の中に動詞を適切な形にして入れてみましょう。

□ **361. Ne** （　　　）**pas dans la salle de bain !**　お風呂場で叫ぶな!

□ **362. Aucun étudiant n'a** （　　　　）**le doigt.**
学生は誰も手をあげなかった（←指をあげなかった）。

□ **363. L'énergie verte tend à** （　　　）**l'énergie fossile.**
グリーンエネルギーが、化石エネルギーを置き換える傾向にある。

□ **364.** （　　　　）**-moi à compter les grains de riz !**
米粒数えるの、手伝ってください!

□ **365. Tsuyoshi** （　　　）**les études de Kotaro.**
剛は浩太郎の研究を指導している。

□ **366. Les soldats allemands ont** （　　　）**Paris.**
ドイツ兵はパリを占領した。

□ **367. Regarde bien ! Il faut faire comme ça pour** （　　　　）**le spaghetti à la carbonara.**
よく見ろ!　カルボナーラを上手に作るにはこうしないといけないんだ!

□ **368. On n'arrivera pas à** （　　　）**la cause de son retard.**
あいつの遅刻の原因は理解できないだろう。
成句 arriver à **不定詞** ～できる

□ **369. Le cours de Miyoko** （　　　）**à 10h40.**
美代子の授業は 10 時 40 分に終わる。

□ **370. Kyoko nous a** （　　　）**de revenir tout de suite.**
恭子はすぐ戻ってくると私たちに約束した。

□ **371. La ligne principale Tokaido** （　　　）**plusieurs départements.**
東海道本線は複数の県を横切っている。

plusieurs と quelques の違いは ➡ つぶやきの仏文法 p.47-48

□ **372. Mon fils a** （　　　）**la majorité.**　息子が成年に達した。

□ **373. Les singes** （　　　）**M. Tanaka.**　猿が田中氏を取り囲んでいる。

□ **374. Ce vélo de course ne** （　　　）**pas à Tomohisa.**
朋久はこの競走用の自転車が気に入らない。

□ **375. Le dimanche, il ne** （　　　）**pas.**　日曜日、彼は外出しない。

□ **376. Il a** （　　　）**de l'amour, etc. au centre de Shinsekai.**
彼は新世界の中心で愛とかを叫んだ。

□ 377. **Hiroshi sait (   ) aussi le latin.** 宏はラテン語も読むことができる。

□ 378. **Ma femme a (   ) mon verre d'huile.**

妻は私のグラスを油で満たした。

□ 379. **J'(   ) la ville de Kichijoji ...** 吉祥寺の町が好きなんだよなあ ...。

□ 380. **Akihiro a (   ) le pistolet à eau sur moi.**

晃啓は水鉄砲を私に向けた。

□ 381. **(   )-toi de ton bec-en-sabot !**

君のハシビロコウの面倒をみてあげなさい！

□ 382. **Ne me demandez pas si j'ai (   ) à mon examen.**

試験に合格したかどうかは聞かないでください。

□ 383. **Je (   ) mal ce que tu dis.**

君が言っていることはよく分からん (←うまく理解できない)。

□ 384. **On ne doit pas (   ) les autres à boire.**

他人にお酒を飲むことを強要してはいけない。

> devoir の否定形が「〜する必要はない」といった意味ではなく、禁止を表すことに注意してね。「〜する必要はない」は、ne pas avoir besoin de, ce n'est pas la peine de などを使うよ。

□ 385. **M. Tanaka nous a (   ) qu'il n'y aurait pas de devoirs.**

田中先生は私たちに、宿題はないと約束した。

□ 386. **Kazuhito a (   ) M. Tanaka qui est devenu triste.**

一人は田中氏をだまし、田中氏は悲しくなった。

□ 387. **On doit (   ) le prochain train sous la pluie.**

雨の中、次の電車を待たなければ。

□ 388. **N'(   ) pas dans ma salle de bain en moto.**

風呂場にバイクで入って来ないでくれたまえ。

□ 389. **Ces nouveaux PC (   ) aux jeunes.**

この新しいパソコンは、若者に人気がある (←若者に気に入られている)。

□ 390. **Hier, il a (   ) sa femme à Umeda.**

昨日、彼は奥さんを梅田に連れ出した (←家の中から梅田へ出した)。

□ 361. Ne (crie/criez) pas dans la salle de bain !

派生 cri 男　叫び、叫び声、きしる音

□ 362. Aucun étudiant n'a (levé) le doigt.

> フランスの学校の授業では、発言する許可を求めたり、出席していること
> を示す時に人差し指をあげるのが一般的。日本では「指をあげる」ではな
> く「手をあげる」よね。aucun[e] の使い方は ➡ つぶやきの仏文法 p.47

□ 363. L'énergie verte tend à (remplacer) l'énergie fossile.

□ 364. (Aide/Aidez)-moi à compter les grains de riz !

成句 aider [ひと] à 不定詞　〜が〜するのを助ける

□ 365. Tsuyoshi (dirige) les études de Kotaro.

派生 direction 女　方向、方角、指揮、指導、管理

□ 366. Les soldats allemands ont (occupé) Paris.

□ 367. Regarde bien ! Il faut faire comme ça pour (réussir) le spaghetti
à la carbonara.

> 「カルボナーラ」は「炭焼職人風」という意味だけど、
> どうして「炭焼職人風」なのかは定説がないよ。

□ 368. On n'arrivera pas à (comprendre) la cause de son retard.

派生 compréhension 女　理解、理解力

□ 369. Le cours de Miyoko (finit) à 10h40.

□ 370. Kyoko nous a (promis) de revenir tout de suite.

□ 371. La ligne principale Tokaido (traverse) plusieurs départements.

□ 372. Mon fils a (atteint) la majorité.

□ 373. Les singes (entourent) M. Tanaka.

□ 374. Ce vélo de course ne (plaît) pas à Tomohisa.

> plaire は使い方が難しい動詞だね。主語になっているものが、間接目的語
> （ここでは Tomohisa）で表されている人に気に入られていることを表すよ。

□ 375. Le dimanche, il ne (sort) pas.

> le + 曜日名で「毎週○曜日」を表すことができるよ。➡ つぶやきの仏文法 p.27

□ 376. Il a (crié) de l'amour, etc. au centre de Shinsekai.

□ 377. Hiroshi sait (lire) aussi le latin.

派生 lecture 女　読書、読み方、読み物、読解

> 主な言語の名称については、415. の解答を見てね。

□ 378. Ma femme a (rempli) mon verre d'huile.

成句 remplir A de B　A を B で満たす、いっぱいにする

d'huile は、remplir A de B の前置詞 de と、huile に付いている de l' が連続した結果 de l' が省略された形だよ。本来であれば de de l'huile。➡ つぶやきの仏文法 p.36

レベル 2

□ 379. J'(aime) la ville de Kichijoji …

□ 380. Akihiro a (dirigé) le pistolet à eau sur moi.

□ 381. (Occupe)-toi de ton bec-en-sabot !

□ 382. Ne me demandez pas si j'ai (réussi/passé) à mon examen.

「試験」を表す名詞が réussir の目的語の時、前置詞 à を挟んで間接目的語とすることがあるよ。

□ 383. Je (comprends) mal ce que tu dis.

□ 384. On ne doit pas (forcer) les autres à boire.

obliger, forcer, contraindre の違い。contraindre は他の 2 つに比べるとちょっとかたい表現かな。forcer は force「力」を使って「無理強いする」感じ。obliger は誰かに対して何かすることを「余儀なくさせる」感じ。

□ 385. M. Tanaka nous a (promis) qu'il n'y aurait pas de devoirs.

aurait と条件法現在形になっているのは、時制の一致のせいだね。➡ つぶやきの仏文法 p.181

□ 386. Kazuhito a (trompé) M. Tanaka qui est devenu triste.

□ 387. On doit (attendre) le prochain train sous la pluie.

□ 388. N'(entre) pas dans ma salle de bain en moto.

□ 389. Ces nouveaux PC (plaisent) aux jeunes.

□ 390. Hier, il a (sorti) sa femme à Umeda.

sa femme が直接目的語だから、助動詞が être ではなく avoir になっているよ。直接目的語が付いている動詞（＝他動詞）はすべて助動詞 avoir。➡ つぶやきの仏文法 p.140

Leçon 12　(　　) の中に動詞を適切な形にして入れてみましょう。

□ **391. Mon bébé (　　　) toutes les nuits.**　赤ちゃんは毎晩夜泣きする。

□ **392. Nous (　　) un texte de Zola.**　ゾラのテクストを読んでいます。

□ **393. Le bonheur (　　　) la maison.**
家は幸せな気持ちでいっぱいだ (←幸福感は家を満たしている)。

□ **394. Vous (　　　) les asperges ?**　アスパラガスはお好き?

□ **395. Le soleil (　　) derrière le Mont Takao.**
太陽が高尾山の向こうに消えていく。

□ **396. Je m'(　　) de vous.**　ご用を承ります(←私があなたのお世話をします)。

□ **397. (　　　) dans 2 heures, puisque je dors maintenant.**
2 時間後に戻って来てください、いま、寝ていますので。

□ **398. Le prix (　　) le frais de port.**
このお値段には送料が含まれています (←送料を含みます)。

□ **399. Le voleur a (　　　) notre porte.**　泥棒が我が家のドアをこじ開けた。

　　参考　voler 動　盗む

> voler は同音異義語。「飛ぶ」と「盗む」という 2 つがあるけれど、もともとは、「飛ぶ」が先にあって、「鷹を飛ばして (キジ科の) ヤマウズラという鳥を捕る」という使い方から、「盗む」という意味が出てきたみたいだよ。

□ **400. Comment (　　　) -t-on ce mot ?**　この単語はどう発音するの?

□ **401. Cet homme s'est fait (　　) par sa femme.**
この男は妻にだまされた。

> se faire + 不定詞 「～される」の構文で、カッコには不定詞が入るよ。 ➡ つぶやきの仏文法 p.204

□ **402. Le lait à la fraise vous (　　　).**
イチゴ牛乳の用意ができております (←イチゴ牛乳があなた方を待っています)。

□ **403. Le Métro léger d'Utsunomiya est (　　) en service en août 2023.**
宇都宮ライトレールは 2023 年 8 月に運行開始した (←営業運転に入った)。

□ **404. Quand je suis rentrée, mon mari (　　) dans la cuisine.**
私が帰宅した時、夫は台所で泣いていた。

□ **405. Ce matin, mon bec-en-sabot ne (　　) pas de mon lit.**
今朝、うちのハシビロコウさんはベッドから出て来ない。

□ **406.** Ils ( ) aux fantômes.　彼らはお化け（の存在）を信じている。

□ **407.** J'ai ( ) sur Internet que cette actrice avait divorcé.

この女優が離婚していたことをネットで読みました。

□ **408.** J'ai ( ) Masatoshi à la gare de Soka.

私は昌敏に草加駅で出会った。

□ **409.** Je voudrais ( ) encore un mot.

もう一言付け加えたいと思います。

□ **410.** Mon portable a ( ).　携帯がどこかへいっちゃった（←姿を消した）。

□ **411.** M. Tanaka m'a ( ) du lait à la fraise.

田中氏はイチゴ牛乳をおごってくれた。

□ **412.** ( ) me voir ce soir.　今晩また会いに来て。

□ **413.** La ville de Minoo ( ) cent trente-sept mille habitants.

箕面市は人口13万7000人を数える。

□ **414.** Le président a ( ) un nouveau comité.

学長は新しい委員会を設置した（←作った・組織した）。

□ **415.** On dit que l'espagnol est plus facile à ( ) que le français.

スペイン語はフランス語よりも発音が簡単だと言われている。

□ **416.** Nana a ( ) un travail bien rémunéré.

奈々は報酬のいい仕事を見つけた。

□ **417.** Nous ( ) que le bec-en-sabot bouge.

ハシビロコウが動くのを待っているんです。

□ **418.** Satsuki est ( ) à l'université en 2021.

彩月は2021年に大学へ入った。

助動詞が être で、主語は女性単数だよ。

□ **419.** Ne ( ) pas dans le frigo !　冷蔵庫の中で泣くなよ。

□ **420.** Les habitants près de l'aéroport ( ) de bruit.

空港近くの住民たちは騒音に苦しんでいる。

☐ 391. Mon bébé (crie) toutes les nuits.

> pleurer は涙を流して「泣く」だよ。

☐ 392. Nous (lisons) un texte de Zola.

☐ 393. Le bonheur (remplit) la maison.

☐ 394. Vous (aimez) les asperges ?

☐ 395. Le soleil (disparaît) derrière le Mont Takao.

☐ 396. Je m'(occupe) de vous.

☐ 397. (Revenez) dans 2 heures, puisque je dors maintenant.

☐ 398. Le prix (comprend) le frais de port.

☐ 399. Le voleur a (forcé) notre porte.

☐ 400. Comment (prononce)-t-on ce mot ?

> 動詞が母音で終わり、その後に主語である il, elle, on が後続している時、母音の連続を避けるために、-t- をはさむよ。この -t- 自体に意味はないけどね。➡ つぶやきの仏文法 p.224-225

☐ 401. Cet homme s'est fait (tromper) par sa femme.

☐ 402. Le lait à la fraise vous (attend).

☐ 403. Le Métro léger d'Utsunomiya est (entré) en service en août 2023.

> 「ライトレール」をフランス語では métro léger というよ。ライトレールは、路面電車と地下鉄などの間くらいの輸送力を持つ交通機関というイメージ。ただ国によって定義が異なる。日本国内でいうと、広島電鉄宮島線、京福電気鉄道（嵐電）、東急世田谷線、江ノ島電鉄（江ノ電）、筑豊電気鉄道などは、métro léger というかも。

☐ 404. Quand je suis rentrée, mon mari (pleurait) dans la cuisine.

☐ 405. Ce matin, mon bec-en-sabot ne (sort) pas de mon lit.

☐ 406. Ils (croient) aux fantômes.

> croire à は、何かが存在・実現することを信じているイメージ。強い信仰心（神など）を表す場合には à ではなく en を使うこともあるよ。

☐ 407. J'ai (lu) sur Internet que cette actrice avait divorcé.

☐ 408. J'ai (rencontré) Masatoshi à la gare de Soka.

> 乗り物に乗る場所についてまとめておくよ。駅 la gare、地下鉄などの駅 la station、バスや路面電車の停留所 l'arrêt、長距離バスターミナル la gare routière、タクシー乗り場 la station de taxis、港 le port、空港 l'aéroport。

☐ 409. Je voudrais (ajouter) encore un mot.

☐ 410. Mon portable a (disparu).

派生 disparition 囡 消滅、消失、紛失、行方不明、（人の）死去

反意 apparaître 動 現れる、姿を現す、見える

☐ 411. M. Tanaka m'a (offert) du lait à la fraise.

donné は「イチゴ牛乳をくれた」だね。

レベル 2

☐ 412. (Reviens/Revenez) me voir ce soir.

☐ 413. La ville de Minoo (compte) cent trente-sept mille habitants.

☐ 414. Le président a (formé) un nouveau comité.

☐ 415. On dit que l'espagnol est plus facile à (prononcer) que le
français.

言語名をまとめておくね。日本語 le japonais、英語 l'anglais、フランス語
le français、ドイツ語 l'allemand、イタリア語 l'italien、スペイン語
l'espagnol、ポルトガル語 le portugais、中国語 le chinois、韓国語 le
coréen、アラビア語 l'arabe、ロシア語 le russe、ギリシア語 le grec
[moderne]、ラテン語 le latin。あと、フランス語では、言語名を書く時
に大文字で始める必要はないよ。

☐ 416. Nana a (trouvé) un travail bien rémunéré.

☐ 417. Nous (attendons) que le bec-en-sabot bouge.

成句 attendre que 接続法 ～を待っている

☐ 418. Satsuki est (entrée) à l'université en 2021.

☐ 419. Ne (pleure) pas dans le frigo !

frigo については、804. の解答を見てね。

☐ 420. Les habitants près de l'aéroport (souffrent) de bruit.

de bruit の de は de + du だよ。「騒音」を表す bruit にはもともと部分冠詞 du が
付いている。一方で souffrir には前置詞 de が続く。今回の例に限らず、de + du
の連続となる時には、部分冠詞を省略するんだ。➡ つぶやきの仏文法 p.36

Leçon 13　（　　）の中に動詞を適切な形にして入れてみましょう。

☐ **421. Nous ne (　　　　) pas que le gouvernement tienne sa parole.**

我々は、政府が約束を守ると思っていない。

☐ **422. Ne (　　　) pas trop de foie gras !**

フォアグラを食べ過ぎないでください。

☐ **423. Osamu a (　　　　) sa future femme sur Internet.**

修は、後に妻となる女性（←未来の妻と）とネット上で出会った。

☐ **424. (　　　) encore un peu de ketchup.**

もうちょっとケチャップを加えて。

☐ **425. Vous pouvez (　　　) de mon poids lourd.**

私の大型トラックを自由に使ってもらってかまわない。

> 🐟 utiliser, employer は直接目的語をとるから、カッコの後の de は要らないね。

☐ **426. Il a (　　　) des roses à Junko.**　彼は純子にバラの花を贈った。

☐ **427. Cette nuit, je n'ai pas (　　　　), mais j'ai transpiré beaucoup.**

昨夜は夢を見なかったけど、汗をたくさんかいた。

☐ **428. Il (　　　) toujours son argent.**　彼はいつもお金を数えている。

☐ **429. Les choux (　　　) la base de l'alimentation de M. Tanaka.**

キャベツは田中氏の主食である（←田中氏の主食を構成する）。

☐ **430. Nous (　　　) un souhait.**

私たちは願いごとをいう（←願いごとを発している）。

> 🐟 活用形のスペルを考える時に、発音のことも考えてね。

☐ **431. Où peut-on (　　　) les becs-en-sabot ?**

どこへ行けば（←どこで）ハシビロコウを見つけられますか？

☐ **432. La girafe a (　　　) le cou.**　キリンは首を前へ突きだした。

☐ **433. Ne t'inquiète pas ! Je vais t'(　　　) ton lait à la fraise préféré par bateau.**

心配するなって。君がお気に入りのイチゴ牛乳を船便で送ってあげるからさ。

☐ **434. Michiyo (　　　) un chapeau noir.**　通代は黒い帽子を被っている。

☐ **435. Ces habitants ont (　　　) de la sécheresse.**

この住人たちは干ばつに苦しんだ。

☐ **436. M. Tanaka est le professeur le plus gentil. — Tu (　　　) ?**

「田中先生は一番優しい先生だ」「そうかなあ？（←君はそう思う？）」

□ **437.** On a ( ) **de la soupe.**   私たちはスープを飲んだ。

□ **438.** ( )**-moi tout de suite mon livre de photo de Rie Miyazawa !**   すぐに俺の宮沢りえの写真集を返せ！

□ **439.** ( ) **la lumière, on ne voit rien.**   灯りをつけて、何も見えないよ。

□ **440.** Vous ( ) **de parkings.**   駐車場をご利用いただけます。

□ **441.** Si j'( ) **dire, votre cravate rouge ne va pas bien avec votre chemise rouge.**

あえて申し上げれば、あなたの赤いネクタイは赤のＹシャツと合っていません。

□ **442.** Je ( ) **de devenir le champion.**

チャンピオンになることを夢見ている。

□ **443.** Kodai ( ) **une voiture grise.**   広大は灰色の車を運転している。

□ **444.** Pour entrer dans le bureau du Directeur, ( ) **à la porte 108 fois.**   社長室に入るには、ドアを108回ノックしてください。

□ **445.** Chaque jour, le premier train ( ) **la gare de Kobe-Sannomiya en direction d'Osaka-Umeda à 5h02.**

毎日、大阪梅田方面行きの始発電車は、神戸三宮駅を5時2分に出る（←離れる）。

> part < partir や sort < sortir を入れるなら、part de la gare de ... のように前置詞 de が必要になるよ。

□ **446.** Cette lampe ( ) **les moustiques.**

このランプは蚊を駆除する（←蚊を殺す）。

□ **447.** ( ) **au fond !**   奥へお進みください！

□ **448.** Les États-Unis ont ( ) **une délégation à Londres.**

アメリカは代表団をロンドンに派遣した（←送った）。

□ **449.** Tatsuya et Junki ( ) **des lunettes.**

達也と淳希はメガネをかけている。

□ **450.** Ce professeur ne ( ) **jamais.**   この先生はニコリともしない。

☐ 421. Nous ne (croyons) pas que le gouvernement tienne sa parole.

> croire que は直説法の動詞が続くけれど、croire が否定・疑問形になっていると que の後の動詞は接続法になりやすいよ。

☐ 422. Ne (mange/mangez) pas trop de foie gras !

> -er 動詞（第一群規則動詞）の tu の命令形では s が付かないことに注意して。➡ つぶやきの仏文法 p.166

☐ 423. Osamu a (rencontré) sa future femme sur Internet.

☐ 424. (Ajoute) encore un peu de ketchup.

☐ 425. Vous pouvez (disposer) de mon poids lourd.

☐ 426. Il a (offert) des roses à Junko.

☐ 427. Cette nuit, je n'ai pas (rêvé), mais j'ai transpiré beaucoup.

☐ 428. Il (compte) toujours son argent.

☐ 429. Les choux (forment) la base de l'alimentation de M. Tanaka.

> chou の複数形が chous ではなく choux であることについては、1225. の解答を見てね。

☐ 430. Nous (prononçons) un souhait.

> prononcons ではなく prononçons とセディーユが付くことに注意してね。

☐ 431. Où peut-on (trouver) les becs-en-sabot ?

☐ 432. La girafe a (avancé) le cou.

☐ 433. Ne t'inquiète pas ! Je vais t'(envoyer) ton lait à la fraise préféré par bateau.

☐ 434. Michiyo (porte) un chapeau noir.

> Michiyo a … とすると、黒い帽子を所有しているだけで、今は被っていない可能性もあるよ。

☐ 435. Ces habitants ont (souffert) de la sécheresse.

☐ 436. M. Tanaka est le professeur le plus gentil. —Tu (crois) ?

> 相手の発言内容に対して、ちょっとした疑いを持った時に使う表現で、Tu penses ? ではなく Tu crois ? と croire を使うよ。相手によっては Vous croyez ? ともいえる。

☐ 437. On a (mangé) de la soupe.

> フランス語では、boire de la soupe とはいわず、manger de la soupe というよ。具がたくさん入っていたり、パンを浸したりするからかな。でも、boire をまったく使わないわけではなくて、たとえば紙コップに入ったちょっとしたスープは boire de la soupe といったりすることがあるよ。

□ 438. (Rends)-moi tout de suite mon livre de photo de Rie Miyazawa !

□ 439. (Allume/Allumez/Ouvre/Ouvrez) la lumière, on ne voit rien.

> ouvrir は、基本的に「開ける」。水道やガスなどの栓を開ける、《栓》を開けることによって電気が流れるようになって、電気器具がつくことを表すこともあるね。

レベル 2

□ 440. Vous (disposez) de parkings.

□ 441. Si j'(ose) dire, votre cravate rouge ne va pas bien avec votre chemise rouge.

□ 442. Je (rêve) de devenir le champion.

> 230. Cette femme est devenue astronaute. と違って、devenir の後で属詞の働きをしている le champion が無冠詞ではなく定冠詞付きになっているね。定冠詞が付いていることによって、特定の種目、競技、大会でのチャンピオンというイメージがするよ。

□ 443. Kodai (conduit) une voiture grise.

□ 444. Pour entrer dans le bureau du Directeur, (frappez) à la porte 108 fois.

□ 445. Chaque jour, le premier train (quitte) la gare de Kobe-Sannomiya en direction d'Osaka-Umeda à 5h02.　　参考　dernier 形　最後の

□ 446. Cette lampe (tue) les moustiques.

> ちなみに、「ハエ」une mouche、「ゴキブリ」un cafard というよ。

□ 447. (Avancez) au fond !

□ 448. Les États-Unis ont (envoyé) une délégation à Londres.

> ロンドンはイギリスの首都、ここでは「イギリスに派遣」の意味も持つよ。その国の首都の名前を使って国を表すことがよくあるんだ。

□ 449. Tatsuya et Junki (portent) des lunettes.

□ 450. Ce professeur ne (sourit) jamais.

> ちなみに、「ハエ」une mouche、「ゴキブリ」un cafard というよ。

Leçon 14　（　　）の中に動詞を適切な形にして入れてみましょう。

□ **451. Tatsunosuke a （　　　） de lire toute la journée.**

辰之介は一日中本を読むことにした（←読むことに決めた）。

□ **452. Le compte est bon, mais il （　　　） 1380000 yens.**

計算は合っているんだが、138 万円足りない。

□ **453. La nouvelle de son échec m'a （　　　） triste.**

彼が失敗したという知らせは、私を悲しませた（←私を悲しくした）。

□ **454. Columbo a （　　　） un cigare.**

コロンボは葉巻に火を付けた。

□ **455. Il est important de （　　　） le vrai et le faux.**

真偽を見分けることは重要だ。

□ **456. Il n'（　　　） pas dire la vérité.**　彼は真実をいう勇気はない。

□ **457. Je peux te （　　　） bientôt ?**

近いうちにまた会えるかな（←近いうちに君にまた会うことができるかな）？

□ **458. Est-ce que ce sont les mêmes qui （　　　） les bus et les trams ?**　バスと市電を運転しているのは同じ人たち？

□ **459. Il （　　　） un clou avec une banane glacée.**

彼は凍ったバナナでクギを叩いている。

□ **460. Kosei nous a （　　　） après plus de cinquante ans de travail.**

康正は、50 年以上勤めた後、我々のもとを去った。

□ **461. Le séisme a （　　　） plus de 50000 personnes en Turquie.**

トルコで、地震により5万人の人が犠牲となった（←地震は5万人以上を殺した）。

□ **462. L'horloge （　　　） de deux minutes.**　時計は 2 分進んでいる。

> 腕時計は montre だね。

□ **463. Ma femme （　　　） que j'oublierai tout.**

妻は私がすべて忘れることを期待している。

□ **464. Le maire （　　　） la barbe.**　市長はあごひげを生やしている。

□ **465. La sorcière se （　　　） dans la glace.**

魔女は鏡の中の自分に微笑みかけていた。

> カッコに入れる動詞は半過去形にしてみよう。

□ **466. M. Tanaka a （　　　） de quitter ce service.**

田中氏は当部局を離れることを決めた。

□ 467. La main-d'œuvre (　　　) en matière de cybersécurité.

サイバーセキュリティーに関しては、人手が足りない。

□ 468. M. Tanaka a (　　　) sa femme heureuse.

田中氏は妻を幸せにした。

□ 469. (　　　) Takuya immédiatement ! Il mange trop de ramen !

今すぐ拓也を連れてきなさい。彼はラーメンを食べすぎだ。

□ 470. Je n'arrive pas à (　　　) les Yoshida.　吉田たちを見分けられない。

□ 471. M. Tanaka a une mauvaise mémoire. Il (　　　) tout.

田中氏は記憶力が悪い。全部忘れちゃう。

> mémoire は同音異義語。「学術論文」の意味では女性名詞。たとえば、「果蓮は修士論文を執筆している」Karen rédige sa mémoire de maîtrise.

□ 472. Je veux (　　　) ce film.　またこの映画を観たいな。

> 「また」があることに注意して。

□ 473. J'ai (　　　) Megumi à Soka.　私は恵と草加で知り合った。

□ 474. M. Tanaka ne (　　　) pas beaucoup.

田中氏はたくさんは稼いでいない。

□ 475. Mieko a (　　　) ce qui s'était passé ici pendant mon absence.

美江子は私の留守中にここで何が起こったのか語った。

□ 476. Il (　　　) mieux te cacher sous le lit !

ベッドの下に隠れたほうがいい！

□ 477. Ce jeune a (　　　) le champion du monde.

この若者は世界チャンピオンを破った。

□ 478. Nous (　　　) une augmentation de salaire.

我々は給料アップを期待しています。

□ 479. Notre girafe a (　　　) sa tête sur l'oreiller.

うちのキリンさんが頭を枕にのせた（←枕の上に置いた）。

□ 480. Huit piliers (　　　) le toit.　8本の柱が屋根を支えている。

□ 451. Tatsunosuke a (décidé) de lire toute la journée.

　　成句 décider de 不定詞 ～することを決める

　　派生 décision 女 決断

□ 452. Le compte est bon, mais il (manque) 1380000 yens.

□ 453. La nouvelle de son échec m'a (rendu) triste.

□ 454. Columbo a (allumé) un cigare.

□ 455. Il est important de (distinguer) le vrai et le faux.

> 「A と B を区別する」は 2 通りの構文が可能だよ。distinguer A et B また
> は distinguer A de B。問題文は distinguer le vrai du faux にもできるんだ。

□ 456. Il n'(ose) pas dire la vérité.

□ 457. Je peux te (revoir) bientôt ?

□ 458. Est-ce que ce sont les mêmes qui (conduisent) les bus et les trams ?

□ 459. Il (frappe/tape) un clou avec une banane glacée.

> 「たたく」で最も一般的なのは frapper。taper はちょっと
> くだけた感じがするけれど、ここでは問題なく使えるよ。

□ 460. Kosei nous a (quitté[e]s) après plus de cinquante ans de travail.

> nous が女性のみだと quittées になるね。

□ 461. Le séisme a (tué) plus de 50000 personnes en Turquie.

□ 462. L'horloge (avance) de deux minutes.

□ 463. Ma femme (espère) que j'oublierai tout.

> この tout は oublier の直接目的語になっているか
> ら、代名詞だよ。➡ つぶやきの p.100-101

> espérer のアクサンの向きに注意。j'espère, tu espères, il espère, nous espérons,
> vous espérez, ils espèrent と nous, vous の活用形だけ異なるね。

□ 464. Le maire (porte) la barbe.

□ 465. La sorcière se (souriait) dans la glace.

□ 466. M. Tanaka a (décidé) de quitter ce service.

□ 467. La main-d'œuvre (manque) en matière de cybersécurité.

> 欠けているもの、足りないものが主語に来る場合は、
> どこに足りないのかを表す表現が付くことが多いよ。

□ 468. M. Tanaka a (rendu) sa femme heureuse.

☐ 469. (Amenez) Takuya immédiatement ! Il mange trop de ramen !

> amener, mener, emmener は同じ動きを表すけれど、出発地点に焦点が当たっているのが emmener、到着地点（目的地）に焦点が当たっているのが amener、そのどちらでもないのが mener。この 3 つの動詞の直接目的語は普通「ひと」。「もの」の場合には、apporter, emporter, porter を使うよ。

レベル②

☐ 470. Je n'arrive pas à (distinguer) les Yoshida.

☐ 471. M. Tanaka a une mauvaise mémoire. Il (oublie) tout.

☐ 472. Je veux (revoir) ce film.

☐ 473. J'ai (connu) Megumi à Soka.

> connaître と savoir の違いはとても難しい。まずは分かりやすいところから。connaître は目的語として名詞か代名詞しかとれないけど、savoir は節や不定詞もとれる。例えば、Je sais nager.「私は泳げる（←泳ぐ方法を知っている）」とはいえるけど＊Je connais nager. は不可。また、Je sais que M. Tanaka boit beaucoup.「田中氏はたくさん飲むことを私は知っている」とはいえるけど、＊Je connais que M. Tanaka boit beaucoup. とはいえないんだ。どちらも目的語として名詞をとれるけど、savoir の場合には、adresse「住所」、date「日付」、nom「名前」、nouvelle「ニュース」、numéro de téléphone「電話番号」、prix「値段」、vérité「真実」など、名詞としては抽象名詞だけど内容を具体的にいえそうなものが多いよ。例えば、「住所」→「千代田区神田小川町 3-24」、「日付」→「12 月 22 日」とか。具体的に人や場所を知っている場合には connaître を使うよ。connaître の場合、その人に会ったことがある、その場所に行ったことがある印象を与える。

☐ 474. M. Tanaka ne (gagne) pas beaucoup.

☐ 475. Mieko a (raconté) ce qui s'était passé ici pendant mon absence.

> 「語った」a raconté（直説法複合過去形）より「起こった」のほうが時間的に前（昔）だから、s'était passé と直説法大過去形になっているね。 ➡ つぶやきの仏文法 p.148

☐ 476. Il (vaut) mieux te cacher sous le lit !

☐ 477. Ce jeune a (battu) le champion du monde.

☐ 478. Nous (espérons) une augmentation de salaire.

☐ 479. Notre girafe a (posé) sa tête sur l'oreiller.

☐ 480. Huit piliers (soutiennent) le toit.

Leçon 15 （　　）の中に動詞を適切な形にして入れてみましょう。

□ **481. Nous n'avons rien à (　　　).** 申告するものは何もありません。

□ **482. J'ai (　　　) en rouge les fautes de grammaire.**
文法上の誤りに赤で印を付けました。

□ **483. Ma femme ne peut pas (　　　) la voiture au garage.**
妻は車をガレージにしまう（←再び入れる）ことができない。

□ **484. J'ai (　　　) mes enfants au Parc Hirakata.**
子どもたちをひらパー（＝ひらかたパーク）へ連れて行った。

□ **485. Kei (　　　) dans son fauteuil.** 桂は自分の肘掛けイスで寝ている。

□ **486. Il (　　　) souvent les réunions.** 彼はしょっちゅう会議を忘れる。

□ **487. Nobuko (　　　) facilement.** 伸子はすぐに笑う（←簡単に笑う）。

□ **488. Je ne (　　　) pas bien cet homme. Je n'ai jamais parlé avec lui.** この男のことはよく知らない。一度も彼と話したことないから。

□ **489. L'Angleterre a (　　　) le match contre la France.**
イギリスはフランス戦に勝利した。

□ **490. Satoko a (　　　) ses vacances d'été aux collègues.**
里子は同僚に夏休みの話をした（←夏休みを語った）。

□ **491. Ce qu'il dit ne (　　　) pas grand-chose.**
あいつがいっていることは大したことない（←大した価値を持たない）。

□ **492. La pluie (　　　) la vitre.** 雨が窓を打っている。

□ **493. Ma femme (　　　) des robes toute la journée.**
妻は一日中ドレスの試着をしている（←ドレスを試している）。

□ **494. La cigogne s'est (　　　) sur notre toit.**
コウノトリが我が家の屋根にとまった。

□ **495. On ne (　　　) pas ce candidat.** この候補者は支持しないよ。

□ **496. Comment (　　　) son amour à une fille ?**
どうやって女の子に愛の告白をするの（←愛を告白するの）？

□ **497. Mon père a (　　　) notre maison en rouge.**
父は我が家（←我が家の位置）を赤でマークした。

□ **498. Ma femme est (　　　) après minuit.** 妻は零時以降に帰宅した。

□ **499. J'ai (　　　) ta femme à la discothèque Juliana's Tokyo.**
おまえの奥さん、ジュリアナ東京で見かけたぞ。

□ 500. J'ai trop (　　　) !　寝過ぎた!

□ 501. Tu as encore (　　　) ton parapluie à l'école ?

また学校に傘を忘れてきたの?

□ 502. Pendant le vol, il est interdit de faire (　　　) le pilote.

飛行中、操縦士を笑わせることは禁止されております。

□ 503. En Europe, on (　　　) les échecs comme un sport.

ヨーロッパでは、チェスはスポーツと見なされている。

□ 504. M. Tanaka (　　　) du vin dans son bureau.

田中氏は、自分の研究室にワインを貯蔵 (←保管) している。

bureau はかなり広い意味を持つよ。仕事で使う机・事務机 (bureau) が置かれた部屋はほとんどすべて bureau と呼べる。たとえば、オフィス、事務所、事務室、執務室、書斎、法律事務所、大学教員の個人研究室など。一応、いっておくけど、この問題文の内容は都市伝説にすぎないよ。

□ 505. Ne (　　　) pas tes gommes juste devant chez moi !

俺の家の目の前に、消しゴムを並べるな!

ちなみに、crayon「鉛筆」、stylo「ペン」、effaceur「修正ペン」

□ 506. Minori a (　　　) sa voiture verte.

みのりは緑の車を売った。

□ 507. Noriko s'est (　　　) à la jambe.

典子は脚に怪我をした。

□ 508. Ryo a (　　　) de convaincre Atsushi.

良は淳の説得を試みた。

□ 509. Quoi ?　Vous (　　　) plus d'un million de flamants ?

なんですって?　あなたは 100 万羽以上のフラミンゴを飼って (←所有して) いるのですか?

avez にもできるけど、他にないかな。

□ 510. Une tasse de lait à la fraise (　　　) à M. Tanaka.

カップ1杯のイチゴ牛乳で田中氏には十分です。

☐ 481. Nous n'avons rien à (déclarer).

派生 déclaration 囡　申告

☐ 482. J'ai (marqué) en rouge les fautes de grammaire.

「マークした」のイメージだね。

☐ 483. Ma femme ne peut pas (rentrer) la voiture au garage.

☐ 484. J'ai (amené) mes enfants au Parc Hirakata.

amener, emmener, mener については 469. を見て。

☐ 485. Kei (dort) dans son fauteuil.

イスに関する名詞をまとめておくよ。（ひじ掛けのない）イス la chaise、（背のない）丸椅子・スツール le tabouret、折りたたみ椅子 le pliant、ソファー le sofa、（複数人で座る）ソファー le canapé、（背・ひじ掛けのない）長椅子 le divan、ソファーベッド le divan-lit、ベンチ le banc、電車・バスなどの一続きの長椅子・ロングシート la banquette、乗り物・劇場などの補助席 le strapontin、車椅子 le fauteuil roulant。

☐ 486. Il (oublie) souvent les réunions.

☐ 487. Yuri (rit) facilement.

☐ 488. Je ne (connais) pas bien cet homme. Je n'ai jamais parlé avec lui.

派生 connaissance 囡　知識、知ること、知り合うこと、面識、知り合い

☐ 489. L'Angleterre a (gagné) le match contre la France.

☐ 490. Satoko a (raconté) ses vacances d'été aux collègues.

☐ 491. Ce qu'il dit ne (vaut) pas grand-chose.

☐ 492. La pluie (bat) la vitre.

☐ 493. Ma femme (essaie/essaye) des robes toute la journée.

essayer, payer など、-ayer で終わる動詞は 2 通りの活用型があるよ。je, tu, il, ils の活用形に注目して。j'essaie, tu essaies, il essaie, nous essayons, vous essayez, ils essaient の 型 と j'essaye, tu essayes, il essaye, nous essayons, vous essayez, ils essayent の型。

☐ 494. La cigogne s'est (posée) sur notre toit.

☐ 495. On ne (soutient) pas ce candidat.

☐ 496. Comment (déclarer) son amour à une fille ?

これは、Comment déclare-t-on … ? に近いよ。主語がないから、特定の誰かが、ということではなく、一般論に近い感じ。

☐ 497. Mon père a (marqué) notre maison en rouge.

□ 498. Ma femme est (rentrée) après minuit.

🐸 助動詞 être で主語が女性単数だから過去分詞の一致が起こるね。

□ 499. J'ai (aperçu) ta femme à la discothèque Juliana's Tokyo.

□ 500. J'ai trop (dormi) !

□ 501. Tu as encore (oublié) ton parapluie à l'école ?

名詞などの先頭に付く para- は「〜を防ぐ」のイメージ。「雨を防ぐ」のは parapluie「傘」。「落下を防ぐ」のは parachute「パラシュート」。「日を防ぐ」のは parasol「パラソル」。これはイタリア語由来の名詞で、イタリア語で「太陽」は sole、「パラソル」は parasole（イタリア語では他にも言い方あり）。

□ 502. Pendant le vol, il est interdit de faire (rire) le pilote.

参考 voler 動 飛ぶ

□ 503. En Europe, on (considère/regarde) les échecs comme un sport.

成句 considérer/regarder A comme B　A を B と見なす

□ 504. M. Tanaka (garde) du vin dans son bureau.

□ 505. Ne (range) pas tes gommes juste devant chez moi !

□ 506. Minori a (vendu) sa voiture verte.

派生 vente 女 販売

反意 acheter 動 買う

□ 507. Noriko s'est (blessée) à la jambe.

🐸 「〜に怪我をする」の意味で使う se blesser には 2 通りの構文があるよ。「彼女は手に怪我をした」は、(a) Elle s'est blessée à la main. (b) Elle s'est blessé la main. の 2 通りが可能。(a) では s' (se) が直接目的語で過去分詞が性数一致、(b) では la main が直接目的語で、s' (se) は間接目的語だから過去分詞が一致していないね。➡ つぶやきの仏文法 p.135-136

□ 508. Ryo a (essayé) de convaincre Atsushi.

□ 509. Quoi ? Vous (possédez) plus d'un million de flamants ?

🐸 avoir/posséder については ➡ 554.

□ 510. Une tasse de lait à la fraise (suffit) à M. Tanaka.

□ **511. Internet risque de (　　　) la vie privée.**
ネットは私生活を滅ぼす（←殺す）恐れがある。

□ **512. Vous avez bien (　　　)?** 皆さん、よく勉強しましたか？

□ **513. Dans ce pays, plus de 30 millions de personnes (　　　) de la faim.** この国では、3000万以上の人たちが飢饉に苦しんでいる。

□ **514. La Reine est (　　　) de l'hôpital.**
女王は退院した（←病院から出た）。

□ **515. C'est pour (　　　).** 冗談ですわ（←これは笑うためです）。

□ **516. Il ne m'a pas (　　　) mon chameau.**
あいつはラクダを返してくれなかった。

□ **517. Le secrétaire m'a (　　　) ce qui s'était passé pendant mon absence.** 私の不在中に何があったのか、秘書は語ってくれた。

□ **518. Il a (　　　) des rideaux rouges à sa fenêtre.**
窓に赤いカーテンを取り付けた（←置いた）。

□ **519. Je t'(　　　) un verre.** 一杯おごるよ。

□ **520. L'eau (　　　).** 水不足だ（←水が足りない）。

□ **521. Tu (　　　) le journal tous les jours ?** 新聞を毎日読んでる？

□ **522. Elle (　　　) sa vie à parcourir le monde.**
世界を駆け巡って生計を立てている（←生活費を稼いでいる）。

□ **523. Nous (　　　) des techniciens professionnels.**
プロの技術者を養成しています（←作っています）。

□ **524. (　　　) qu'il fera beau demain !** 明日晴れることを期待しよう！

□ **525. Cette région est (　　　) en saison sèche.**
この地方は乾期に入った。

□ **526. Notre bec-en-sabot a (　　　).**
我が家のハシビロコウさんが行方不明になった（←姿を消した）。

□ **527. Vous (　　　) aux extraterrestres ?** 宇宙人いると思います？

□ **528. C'est ta femme qui a (　　　) la grue ?**
クレーンを操縦した（←運転した）の、奥さんなん？

□ **529. Satsuki et Mei (　　　) le bus.** サツキとメイがバスを待っている。

☐ **530. Tu n'(　　) pas les fraises ?**　イチゴはお好きじゃない？

☐ **531. Nous avons (　　) le sommet avant midi.**

お昼前には頂上に到達した。

☐ **532. Les tortue de mer (　　) lentement.**

ウミガメたちはゆっくり進んでいる。

☐ **533. Il est interdit de (　　) le tambour dans la rue.**

町中で太鼓を叩くことは禁止されています。

☐ **534. (　　) par la bière.**　とりあえずビール（←ビールから始めよう）。

☐ **535. Je la (　　) depuis longtemps.**

彼女とはずっと前から知り合いです（←彼女を知っている）。

☐ **536. Je n'(　　) pas refuser la proposition de Tadashi.**

正の提案なんて断れないよ（←断る勇気はないよ）。

☐ **537. Pourquoi (　　) -tu sur mon lit ?**

なぜ私のベッドの上で泣いているのだ？

☐ **538. Le bateau a (　　) le port.**　船は港を離れた。

☐ **539. On a (　　) un kappa à Ukima-Funado.**

浮間舟渡でカッパに会ったよ！

☐ **540. Nous avons malheureusement (　　) M. Tanaka.**

田中先生にまた会っちゃったよ（←不幸なことにまた会った）。

まとめ問題❸　解答

511. tuer, 512. travaillé, 513. souffrent, 514. sortie, 515. rire, 516. rendu, 517. raconté, 518. posé, 519. offre, 520. manque, 521. lis, 522. gagne, 523. formons, 524. Espérons, 525. entrée, 526. disparu, 527. croyez, 528. conduit, 529. attendent, 530. aimes, 531. atteint, 532. avancent, 533. battre, 534. Commençons, 535. connais, 536. ose, 537. pleures, 538. quitté, 539. rencontré, 540. revu

屋根＋広告板の付いたバス停・バス待合所は abribus というけれど、これは、フランスの広告代理店 JCDecaux 社が商標登録している表現。一般名詞としては aubette が推奨されているけれど、abribus という人のほうが多いんじゃないかな。固有名詞が一般名詞化することはよくあって、たとえば「セロテープ」を scotch（3M 社の商標）というのも同じ。

Leçon 16 （　　）の中に動詞を適切な形にして入れてみましょう。

☐ **541. Un oiseau extrêmement rare a été** (　　　).

極めて珍しい鳥が発見された。

☐ **542. Cette route vous** (　　　) **à Nikko.**

この道を行けば、日光に着きます（←この道はあなたを日光に到達させる）。

☐ **543. M. Tanaka** (　　　) **toujours la même chose.**

田中氏は、いつも同じことを繰り返しいっている。

☐ **544. On a** (　　　) **le Château de Takeda au loin.**

遠くに竹田城が見えた。

☐ **545. Nous** (　　　) **au grenier.**

僕たちは屋根裏部屋で寝ている。

☐ **546.** (　　　) **la porte tout de suite ! Sinon, on force la porte !**

すぐにドアを開けなさい。さもなければドアをこじ開けるぞ。

☐ **547. Kazuto a** (　　　) **le journal.**　一登は新聞紙を丸めた。

☐ **548. On le** (　　　) **comme un des étudiants les plus drôles.**

彼は最も面白い学生の1人と見なされている。

☐ **549. Le vieillard** (　　　) **des vaches.**

老人は牛の番をしている。

☐ **550.** (　　　) **tes cartes !**　トランプを片付けなさい！

☐ **551. C'est une maison à** (　　　).　これは売り家だ。

☐ **552. M. Tanaka s'est** (　　　) **le petit doigt en courant.**

田中氏は走っている時に小指を怪我した。

☐ **553. Nous** (　　　) **de faire rire le Président.**

学長を笑わせようとしています（←笑わせようと試みています）。

☐ **554. Cet homme** (　　　) **une propriété à Zushi.**

この男性は逗子に大邸宅を所有している。

☐ **555. Deux pommes de terre pour cinquante personnes ?　Ça ne** (　　　) **pas du tout !**

50人でじゃがいも2個？　それじゃまったく足りない！

☐ **556. On dit que l'Amérique a été** (　　　) **par Christophe Colomb en 1492.**

アメリカはコロンブスによって1492年に発見されたといわれている。

□ **557. Tous les chemins (　　　) à Rome, ce chemin (　　　) à Kii-Nagashima.**

すべての道はローマに通ず、この道は紀伊長島に通ず。

□ **558. Il vaut mieux (　　　) les exercices jusqu'à ce que vous réussissiez à les effectuer parfaitement.**

完璧にできるようになるまで、問題を繰り返して練習するほうがよい（←問題を繰り返すほうがよい）。

成句 jusqu'à ce que 接続法 〜するまで ➡ つぶやきの仏文法 p.237

□ **559. Karen (　　　) sur certaines affiches.**

果蓮は何枚かのポスターに登場している（←姿を見せている）。

□ **560. La lampe qui (　　　) le parking attire les papillons.**

駐車場を照らしている照明が蛾をひきつけている。

□ **561. Le café-boutique de livres d'occasion Lapin (　　　) à 10 heures.**　古書カフェうさぎ堂は 10 時に開店する。

□ **562. Cette voiture (　　　) même sans conducteur.**

この車は運転者なしでも走る。

□ **563. Il est minuit, mais Masayuki (　　　) son cours.**

夜中の 12 時だが、昌幸は授業を続けている。

□ **564. Notre P.D.G. (　　　) à Ichikawa.**　社長は市川市に住んでいる。

□ **565. Ce jouet me (　　　) les jours heureux.**

このオモチャを見ると、私は幸せな日々を思い出す（←このオモチャは、私に幸せな日々を思い出させる）。

□ **566. Nous n'avons jamais renoncé à (　　　).**

俺たちは生きることを決して諦めなかった。

成句 renoncer à 不定詞 〜することを諦める

□ **567. Vous ne devez pas (　　　) le lait à la fraise du Roi !**

王さまのイチゴ牛乳を飲んではいけません！

□ **568. Il vaut mieux (　　　) le téléphone portable avant d'aller au lit.**　ベッドに行く前に、携帯電話（の電源）を切ったほうがいいです。

□ **569. Attention ! Ne (　　　) pas ! L'eau est chaude !**

危ない！　押さないで！　お湯が熱いよ！

□ **570. Ma femme ne me (　　　) jamais.**　妻は決して私についてこない。

成句 ne ... jamais 決して〜ない ➡ つぶやきの仏文法 p.195

☐ 541. Un oiseau extrêmement rare a été (découvert).

    派生 découverte 囡　発見

☐ 542. Cette route vous (mène/conduit) à Nikko.

☐ 543. M. Tanaka (répète) toujours la même chose.

☐ 544. On a (aperçu) le Château de Takeda au loin.

    🐦 apercevoir は、何かが一瞬見えたり、かすかに見えたりする感じ。

☐ 545. Nous (dormons) au grenier.

    🐦 grenier を「屋根裏部屋」と訳すことが多いけど、
本来は、屋根裏にある物置のことだよ。

☐ 546. (Ouvrez) la porte tout de suite ! Sinon, on force la porte !

☐ 547. Kazuto a (roulé) le journal.

    反意 dérouler 動　（巻いてあるものを）広げる

☐ 548. On le (considère/regarde) comme un des étudiants les plus drôles.

    成句 considérer/regarder A comme B　AをBとみなす

☐ 549. Le vieillard (garde) des vaches.

    🐦 garder の直接目的語が子どもなら「子守り」、
病人なら「看病」の意味にもなるよ。

☐ 550. (Range) tes cartes !

    🐦 もう何回か出てきたけれど、Ranges にはならないよね。

☐ 551. C'est une maison à (vendre).

    🐦 この à は義務や予定を表すよ。不定詞から見て à の前の名詞は直接目的語のような
関係であることが多いよ。problème à régler「解決するべき問題」とかね。何を
régler するかといえば problème だよね。

☐ 552. M. Tanaka s'est (blessé) le petit doigt en courant.

☐ 553. Nous (essayons) de faire rire le Président.

    成句 essayer de 不定詞　〜することを試みる

☐ 554. Cet homme (possède) une propriété à Zushi.

    🐦 フランス語としては possède ではなく a (< avoir) も大丈夫。ただ、avoir より
posséder のほうが、「財産」と呼べるような、高額のものを持っている感じがするかな。

☐ 555. Deux pommes de terre pour cinquante personnes ? Ça ne (suffit) pas du tout !

□ 556. On dit que l'Amérique a été (découverte) par Christophe Colomb en 1492.

> 主語が女性名詞だから découverte と e が付いて女性形になっているんだね。同じ人の名前が言語によって異なることはよくあるよ。日本語のコロンブスはラテン語表記 Christopher Columbus から来ているけれど、イタリア語では Cristoforo Colombo、スペイン語では Cristóbal Colón と書くよ。

□ 557. Tous les chemins (mènent) à Rome, ce chemin (mène) à Kii-Nagashima.

□ 558. Il vaut mieux (répéter) les exercices jusqu'à ce que vous réussissiez à les effectuer parfaitement.

□ 559. Karen (apparaît) sur certaines affiches.

□ 560. La lampe qui (éclaire) le parking attire les papillons.

> フランス語では「蝶」と「蛾」はどちらも papillon というよ。どうしても区別したければ、前者を papillon de jour、後者を papillon de nuit という。どちらも同じ「鱗翅目（りんしもく）の昆虫」で、生物分類学上は同じらしいよ。

□ 561. Le café-boutique de livres d'occasion Lapin (ouvre) à 10 heures.

□ 562. Cette voiture (roule) même sans conducteur.

> même は「さえ」。➡ つぶやきの仏文法 p.62
> circuler は「行き交う」に近いかな。

□ 563. Il est minuit, mais Masayuki (continue) son cours.

□ 564. Notre P.D.G. (habite) à Ichikawa.

> P.D.G. は P.-D.G. などとも書き、複数形も同じ。président-directeur général の略だよ。

□ 565. Ce jouet me (rappelle) les jours heureux.

□ 566. Nous n'avons jamais renoncé à (vivre).

□ 567. Vous ne devez pas (boire) le lait à la fraise du Roi !

□ 568. Il vaut mieux (éteindre) le téléphone portable avant d'aller au lit.

□ 569. Attention ! Ne (pousse/poussez) pas ! L'eau est chaude !

□ 570. Ma femme ne me (suit) jamais.

> suit < suivre の活用形については 1200. の解答を見てね。

Leçon 17 （　　）の中に動詞を適切な形にして入れてみましょう。

□ **571. Les soldats (　　　) leur pays.** 兵士たちは国を守っている。

□ **572. Ce professeur a (　　　) huit morceaux de sucre dans son café.** この先生は、コーヒーに角砂糖を 8 個入れた。

□ **573. Quand ma femme boit, elle ne me (　　　) pas.**
お酒を飲んでいる時、妻は私に返事をしてくれない。

□ **574. Le matin, le Soleil (　　　) à l'Est.** 朝、太陽は東に姿を現す。

□ **575. La lune (　　　) le front de M. Tanaka.**
月が田中氏の額を照らしている。

□ **576. Le premier livre de M. Tanaka a (　　　) en 2021.**
田中氏の最初の本は 2021 年に出版された。

□ **577. J'ai (　　　) Kota par le bras.** 私は昂汰の腕をつかんだ。

> par はやはり通過点のイメージ。腕という通過点を
> 経て、昂太の本体＝胴体を捕まえようとする感じ。

□ **578. Masahide (　　　) à boire.** 雅英は酒を飲み続けている。

□ **579. Avant, Kana (　　　) en France, mais maintenant, elle (　　　) au Japon.**
以前、香奈はフランスに住んでいたが、今では日本に住んでいる。

> 同じ動詞が入るけれど、1 つ目のカッコは過去の状態を表す
> ので半過去形、2 つ目は現在の状態を表すので現在形に。

□ **580. Je te (　　　) ce soir !** 今晩また電話するね。

□ **581. Je (　　　) de moins en moins bien.**
視力が落ちてきたなあ（←私はよく見えなくなってきたなあ）。

□ **582. Tu veux (　　　) quelque chose ?** 何か飲む？

□ **583. Elle ne se souvient pas si elle a (　　　) le gaz.**
彼女はガスを切ったか覚えていない。

□ **584. Attention ! La porte n'est pas automatique ! Il faut la (　　　).** 気をつけて、ドアは自動じゃないよ！ 押さなくちゃ。

□ **585. En (　　　) les flèches, vous trouverez notre bec-en-sabot.**
矢印に従って進んで行けば、うちのハシビロコウに会えますよ。

□ **586. Le médecin a (　　　) l'alcool à ma femme.**
医者は妻にアルコールを禁じた。

☐ 587. M. Tanaka ne (　　　) pas de parfum.　田中氏は香水をつけない。

☐ 588. Le Premier ministre n'a pas (　　　) à toutes les questions.

首相はすべての質問に答えたわけではない。

☐ 589. Akino a (　　　) un taxi pour son supérieur.

亜紀乃は上司のためにタクシーを呼んだ。

☐ 590. Ma femme ne m'(　　　) jamais.　妻は私のいうことなど聞かない。

☐ 591. Le discours du Président m'a (　　　) très long.

大統領の演説は私にはとても長く思えた（←長く見えた）。

☐ 592. Eri n'a pas bien (　　　) le sens de mes paroles.

愛理は、私のことばの意味をうまくとらえられなかった。

☐ 593. Ce métier ne me (　　　) pas du tout.

この職業は私にはまったく合わない。

（成句）ne ... pas du tout　まったく〜ない　➡ つぶやきの仏文法 p.196

☐ 594. M. Tanaka (　　　) sa bêtise.

田中氏は自らの愚かさに気づいていない（←愚かさを知らない）。

☐ 595. Mon grand-père (　　　) des soins à l'hôpital.

祖父は病院で治療を受けている。

☐ 596. J'ai (　　　) le dernier film de Miyazaki.

宮﨑の最新作（←最新の映画）を見たよ。

☐ 597. Ma femme a (　　　) son argent dans le dictionnaire.

妻は自分のお金を辞書の中に隠した。

☐ 598. La nouvelle de l'accident d'avion les a (　　　).

飛行機事故のニュースは、彼らを驚かせた。

☐ 599. Hiroto secoue la tête en écoutant sa musique (　　　).

寛人は、お気に入りの曲を聴きながら頭を振っている。

☐ 600. (　　　)-vous ! Je suis en train de couper le fromage.

黙ってください。チーズを切っている最中なので。

（成句）être en train de 不定詞　〜している最中である

☐ 571. Les soldats (défendent) leur pays.

☐ 572. Ce professeur a (mis) huit morceaux de sucre dans son café.

☐ 573. Quand ma femme boit, elle ne me (répond) pas.

☐ 574. Le matin, le Soleil (apparaît) à l'Est.

> 「出現」の意味で paraître を使うのは古い感じがするかな。今では apparaître を使うよ。

☐ 575. La lune (éclaire) le front de M. Tanaka.

☐ 576. Le premier livre de M. Tanaka a (paru) en 2021.

> 『1日5題文法ドリル つぶやきのフランス語』のことだよ。よろしければ本屋さんで手に取ってみてね。

☐ 577. J'ai (saisi) Kota par le bras.

☐ 578. Masahide (continue) à boire.

　　成句 continuer à 不定詞　〜し続ける

☐ 579. Avant, Kana (habitait) en France, mais maintenant, elle (habite) au Japon.

☐ 580. Je te (rappelle/rappellerai) ce soir !

☐ 581. Je (vois) de moins en moins bien.

> 「よく見える」という状態がマイナスからさらにマイナスへ、というイメージ。

☐ 582. Tu veux (boire) quelque chose ?

☐ 583. Elle ne se souvient pas si elle a (éteint) le gaz.

☐ 584. Attention ! La porte n'est pas automatique ! Il faut la (pousser).

☐ 585. En (suivant) les flèches, vous trouverez notre bec-en-sabot.

> この文は仮定文だよ。カッコの前の en と、カッコに入る現在分詞でジェロンディフができる。このジェロンディフが仮定を表すよ。➡ つぶやきの仏文法 p.173

☐ 586. Le médecin a (défendu/interdit) l'alcool à ma femme.

> interdire は défendre より、重い感じ、改まった感じがするかな。

☐ 587. M. Tanaka ne (met) pas de parfum.

☐ 588. Le Premier ministre n'a pas (répondu) à toutes les questions.

> 否定文中で tout が使われると部分否定の解釈になることが多いよ。「すべての質問に答えなかった」は … n'a répondu à aucune question. のように ne … aucun[e] を使う。➡ つぶやきの仏文法 p.47

☐ 589. Akino a (appelé) un taxi pour son supérieur.

□ 590. Ma femme ne m'(écoute) jamais.

> écouter は意識して耳をかたむけること、entendre は自然と音が耳に入ってくることをいうよ。

□ 591. Le discours du Président m'a (paru/semblé) très long.

レベル2

> paraître と sembler は違いが微妙。非人称の il を主語にすると、sembler は外見やその時の状況などから推測されるようなことを、paraître は報道や噂などから推測されるようなことを表すよ。Il me semble que nous avons raté le train.「電車に乗り遅れたみたい」、Il paraît qu'il y a eu un grand tremblement de terre au Japon.「日本で大きな地震があったようだ」。

□ 592. Eri n'a pas bien (saisi) le sens de mes paroles.

> フランス語としては compris < comprendre も入るね。ただ「とらえる」に近いのは saisi < saisir かな。

□ 593. Ce métier ne me (convient) pas du tout.

□ 594. M. Tanaka (ignore) sa bêtise.

派生 ignorance 囡　無知、無学、無経験

□ 595. Mon grand-père (reçoit) des soins à l'hôpital.

> 「祖父」は grand-père だけど、「曾祖父」は arrière-grand-père、「曾祖母」は arrière-grand-mère というよ。

□ 596. J'ai (vu) le dernier film de Miyazaki.

□ 597. Ma femme a (caché) son argent dans le dictionnaire.

□ 598. La nouvelle de l'accident d'avion les a (étonnés).

> 過去分詞 étonné より前に直接目的語 les（男性複数形）があるので、過去分詞が性数一致して s が付いているよ。➡ つぶやきの仏文法 p.176

□ 599. Hiroto secoue la tête en écoutant sa musique (préférée).

□ 600. (Taisez)-vous ! Je suis en train de couper le fromage.

> チーズを切る前に、ナイフをお湯にくぐらせて温め、よく拭いてから切るとよいみたいだよ。

Leçon 18 　(　) の中に動詞を適切な形にして入れてみましょう。

□ **601. Tatsuya se (　　　) s'il rêve.**

達太は夢ではないかと思っている (←自問している)。

> この文は間接話法の疑問文だね。直接話法なら、Tatsuya se demande :
> « Est-ce que je rêve ? » になるよ。➡ つぶやきの仏文法 p.183

□ **602. Kotaro a (　　　) son bureau en ordre.**

光太郎は書斎を整頓した (←整理された状態においた)。

□ **603. Le service de la ligne Gono a (　　　) le 13 août.**

五能線は 8 月 13 日に運行を再開した。

□ **604. Tous les jours, Kanji (　　　) les étudiants.**

勘治は毎日出席をとる (←学生の名前を呼ぶ)。

□ **605. J'ai (　　　) la nouvelle à la radio.** ニュースをラジオで聞いた。

□ **606. Takahisa (　　　) un peu l'arabe.**

孝久はアラビア語を少し話す。

□ **607. Cet homme ne (　　　) personne.**

この男は誰に対しても挨拶をしない。

成句 ne ... personne　誰も〜ない　➡ つぶやきの仏文法 p.196

□ **608. Ce climat (　　　) à la culture des fraises.**

この気候はイチゴの栽培に適している。

□ **609. Cette actrice (　　　) sa beauté.**

この女優は自分の美しさに気付いていない (←美しさを知らない)。

□ **610. M. Tanaka a (　　　) un cadeau de Noël.**

田中氏はクリスマスプレゼントをもらった。

□ **611. Ne (　　　) pas de timbre sur ma joue.**

俺のほっぺたに切手を貼るな。

□ **612. L'immeuble (　　　) la mer de Negishi.**

マンションのせいで、根岸の海が見えない (←マンションが根岸の海を隠している)。

□ **613. Cette recette a (　　　) tout le monde.**

このレシピはみんなを驚かせた。

□ **614. M. Tanaka (　　　) le lait à la fraise au lait.**

田中氏はただの牛乳よりイチゴ牛乳が好き。

□ **615.** ( )**-toi ! Tu n'achètes que des tomates !**

黙れ！ トマトばっかり買ってきやがって！

□ **616. Le président m'a** ( ) **la parole.** 議長は私に発言を求めた。

□ **617. Votre chambre est au trente-deuxième étage.** ( ) **par l'escalier.**

お部屋は 33 階です。階段でどうぞ（←階段で上ってください）。

□ **618. Ma grand-mère a** ( ) **des forces.**

祖母は体力を回復した（←再びとった）。

□ **619.** ( ) **-moi le tabasco. Je mange des sushis.**

タバスコ持ってきて。お寿司食べてるの。

□ **620.** ( ) **« バラ » en kanji.** 「バラ」を漢字で書いて。

□ **621. Bertrand** ( ) **quatre langues.** ベルトランは 4 か国語を話す。

□ **622. L'empereur a** ( ) **le peuple de la main.**

天皇陛下は手を振って国民に挨拶をした。

□ **623. Kumiko** ( ) **sa fille avec son mari.**

久美子は夫と一緒に娘を寝かしつけている。

□ **624. L'histoire n'**( ) **pas cet étudiant.**

この学生は歴史に興味がない（←歴史はこの学生の興味関心をひかない）。

□ **625. À Otaru, il a** ( ) **à neiger vers 23 heures.**

小樽では、23 時頃、再び雪が降り始めた。

□ **626. Nous avons pris des mesures nécessaires pour** ( ) **la sécurité de vos données.**

私たちは、皆さまのデータの安全性を保証するために必要な措置を講じました。

□ **627. L'orage a** ( ) **d'importants dégâts à Okayama.**

雷雨は岡山で重大な被害をもたらした（←重大な被害の原因となった）。

□ **628. Elle** ( ) **le français depuis trois ans.**

彼女は 3 年前からフランス語を勉強している。

□ **629. Yasuhiro** ( ) **le dîner.** 康宏は夕飯の支度をしている。

□ **630. Chihiro** ( ) **de l'affection à son mari.**

ちひろは夫に対して愛情を示している。

☐ 601. Tatsuya se (demande) s'il rêve.

☐ 602. Kotaro a (mis) son bureau en ordre.

☐ 603. Le service de la ligne Gono a (repris) le 13 août.

☐ 604. Tous les jours, Kanji (appelle) les étudiants.

☐ 605. J'ai (écouté/entendu) la nouvelle à la radio.

> entendu はたまたま耳にした感じ。entendre との違いは 590.

☐ 606. Takahisa (parle) un peu l'arabe.

☐ 607. Cet homme ne (salue) personne.

> 日本語では「太郎に挨拶する」と「に」が付くけれど、フランス語の
> saluer では挨拶をする相手が直接目的語の形で付くことに注意してね。
> saluer à Taro は誤りで saluer Taro となるよ。

☐ 608. Ce climat (convient) à la culture des fraises.

> 参考 cultiver 動 畑などを耕す、野菜などを栽培する、才能・教養などを養う

☐ 609. Cette actrice (ignore) sa beauté.

☐ 610. M. Tanaka a (reçu) un cadeau de Noël.

☐ 611. Ne (colle/collez) pas de timbre sur ma joue.

☐ 612. L'immeuble (cache) la mer de Negishi.

☐ 613. Cette recette a (étonné) tout le monde.

> surprendre は不意を突いて驚かせるイメージ。

☐ 614. M. Tanaka (préfère) le lait à la fraise au lait.

> 成句 préférer A à B　B より A が好き

☐ 615. (Tais)-toi ! Tu n'achètes que des tomates !

> -toi があるから Taisez にはならないね。

☐ 616. Le président m'a (demandé) la parole.

☐ 617. Votre chambre est au trente-deuxième étage. (Montez) par l'escalier.

> 日本語の2階を、フランス語では premier étage
> というので、1つずれるね。

☐ 618. Ma grand-mère a (repris) des forces.

> 祖母は女性なのに、grande と女性形にならないのは、
> フランス語の grand の語源にあたるラテン語の形容詞が
> 男性形と女性形で同形だった頃の名残によるよ。

☐ 619. (Apporte/Apportez)-moi le tabasco.　Je mange des sushis.

> apporter, emporter, porter の違いは、amener, emmener, mener と同じ感じだよ。469. を見て。

☐ 620. (Écris/Écrivez) « バラ » en kanji.

☐ 621. Bertrand (parle) quatre langues.

☐ 622. L'empereur a (salué) le peuple de la main.

> 主語が、自分の体の一部（ここでは手）をいわば道具 のように使った場合、前置詞 de を使うよ。

☐ 623. Kumiko (couche) sa fille avec son mari.

☐ 624. L'histoire n'(intéresse) pas cet étudiant.

> intéresser という動詞も慣れるまでは使い方が難しいね。主語になっているもの（あ るいは人）が、直接目的語になっている人の興味をひく、というのが基本の意味。 人を主語にして「〜に興味を持っている」ことを表す場合には代名動詞にして、 s'intéresser を使うよ。たとえば「通代はヨガに興味を持っている」は Michiyo s'intéresse au yoga.

☐ 625. À Otaru, il a (recommencé) à neiger vers 23 heures.

> il は非人称だね。il neige「雪が降っている」に、「再び〜する」 にあたるいわば助動詞のようなものが挿入された形だよ。

☐ 626. Nous avons pris des mesures nécessaires pour (assurer/garantir) la sécurité de vos données.

> garantir は万が一の事態に備えるイメージ、assurer は確実なものにする イメージがあるかな。家電を買った時の「保証」は garantir だよ。

☐ 627. L'orage a (causé) d'importants dégâts à Okayama.

☐ 628. Elle (étudie) le français depuis trois ans.

> apprendre はどちらかというと記憶を必要とした勉強のイメージ。高等教育以上で は étudier を使うことが多くなるかな。travailler は家や図書館などで学習すること。

☐ 629. Yasuhiro (prépare) le dîner.

☐ 630. Chihiro (montre/témoigne) de l'affection à son mari.

> 感情を示すという文脈では、témoigner はちょっと改まった感じ。

Leçon 19　（　　）の中に動詞を適切な形にして入れてみましょう。

☐ **631. Je te (　　) de m'écouter !**

俺の話を聞け（←君に、俺の話を聞くことを求める）！

☐ **632. Mariko est (　　) sur la colline de Montmartre.**

真理子はモンマルトルの丘に上った。

☐ **633. Ces quinze fraises (　　) M. Tanaka.**

これらの 15 個のイチゴは田中氏を表している。

☐ **634. Le pigeon m'a (　　) une bonne nouvelle.**

ハトがよい知らせを持ってきた。

☐ **635. Pour vous inscrire, (　　) ici votre nom cent huit fois.**

お申し込みにはこちらにお名前を 108 回お書きください。

☐ **636. Les trains pour Strasbourg (　　) de la Gare de Paris-Est.**

ストラスブール行きの列車はパリ東駅から出発する。

☐ **637. Ma femme a (　　) du train avec quelqu'un.**

妻は誰かと一緒に列車から飛び降りた。

☐ **638. J'ai (　　) les bouteilles de vin.**

ワインの瓶を横にした（←寝かした）。

☐ **639. La physique ne m'(　　) pas.**

物理に興味はないんだよな（←物理学は私の興味をひかない）。

☐ **640. On va (　　) la réunion !** 会議、再開するよ！

☐ **641. M. Tanaka (　　) des fraises avec du lait.**

田中氏はイチゴと牛乳を混ぜている。

☐ **642. L'arrivée de cet homme m'a (　　) un grand malheur.**

この男性が来て私はとても不幸になった（←この男性の到着は私に大きな不幸

をもたらした）。

☐ **643. Kazumu est allé (　　) en France à Montpellier.**

万武はフランス、モンペリエへ留学した。

> モンペリエはフランス南部の都市。地中海から 10 km ほど。モンペリエ第 3 大学に
> は、短期の外国人向けフランス語コースがあって、日本からの留学生も多いよ。

☐ **644. Nobuyuki aide sa femme à (　　) le dîner.**

伸行は妻が夕食の準備をするのを手伝っている。

☐ **645. Cet homme a (　　) en justice.** この男は法廷で証言した。

□ 646. Il aurait dû (　　　) à Hachioji, mais il s'est réveillé à Otsuki.

八王子で降りなければならなかったのに、彼は大月で目が覚めた。

□ 647. (　　　) -moi ton portable ! — Non !

「君の携帯を私に見せなさい！」「いやだ！」

レベル②

□ 648. La ville de Kawaguchi est (　　　) par ce point rouge sur la carte.　川口市はこの赤い点で地図上に示されています。

□ 649. Michiru a (　　　) l'allemand à l'université.

みちるは大学でドイツ語を学んだ。

□ 650. Ma grand-mère (　　　) son petit-fils.　私の祖母は孫にキスをする。

□ 651. Nous (　　　) tout de suite !　すぐ出発するよ。

□ 652. Atsushi a (　　　) de joie.

敦は喜んで飛び上がった（←喜びで飛び上がった）。

□ 653. Le Titanic a (　　　) le 12 avril 1912 dans l'Atlantique Nord.

タイタニック号は、1912 年 4 月 12 日、北大西洋に沈んだ。

□ 654. Hirotaka a (　　　) une balle. 博隆はボールを投げた。

□ 655. J'ai tout de suite (　　　) mon ex.

すぐに元カノに気付いた（←元カノだと認識した）。

□ 656. En hiver, il (　　　) beaucoup à Aomori.

冬、青森ではたくさん雪が降る。

□ 657. Nausicaä a dit : « Le vent a (　　　). »

ナウシカは「風が止んだ」といった。

Nausicaä の ä に付いている点々（¨）を、トレマ tréma というよ。フランス語では ë, ï, ü のみ（➡ つぶやきの仏文法 p.18）。ちなみに、Nausicaä は、古代ギリシアの叙事詩『オデュッセイア』に登場する王女の名前に由来するらしいよ。

□ 658. Pour (　　　) votre mari, tournez à droite ici.

ご主人を避けるためには、ここで右へ曲がってください。

□ 659. Les étudiants (　　　) leurs leçons.

学生たちは授業の予習をしている（←授業の準備をしている）。

□ 660. Ryo m'a (　　　) son briquet. 龍は私にライターを差し出した。

☐ 631. Je te (demande) de m'écouter !

成句 demander à [ひと] de 不定詞 ～に～することを求める

☐ 632. Mariko est (montée) sur la colline de Montmartre.

> Montmartre は Mont des Martyrs、つまり「殉教者の丘」が語源だよ。
> ここで 3 人の聖職者が首をはねられて殉教したとされているんだ。

☐ 633. Ces quinze fraises (représentent) M. Tanaka.

☐ 634. Le pigeon m'a (apporté) une bonne nouvelle.

☐ 635. Pour vous inscrire, (écrivez) ici votre nom cent huit fois.

☐ 636. Les trains pour Strasbourg (partent) de la Gare de Paris-Est.

> 東京に、上野、東京、新宿と複数のターミナル駅があるように、パリにも複数あって、
> 行き先によって出発駅が異なるよ。Gare de Lyon（リヨン、地中海方面）、Gare de l'Est
> （フランス東部、ドイツ方面）、Gare du Nord（フランス北部、ユーロスター（ロン
> ドン行）、ベルギー・オランダ方面）、Gare Montparnasse（フランス西部・南西部
> 方面）、Gare Saint-Lazarre（フランス西部・北西部方面）、Gare d'Austerlitz（フラ
> ンス南西部方面）。

☐ 637. Ma femme a (sauté) du train avec quelqu'un.

☐ 638. J'ai (couché) les bouteilles de vin.

☐ 639. La physique ne m'(intéresse) pas.

> physique は多義語。男性名詞の physique は「肉体」といった意味を持つよ。

☐ 640. On va (recommencer/reprendre) la réunion !

☐ 641. M. Tanaka (mélange) des fraises avec du lait.

> 「混ぜる」の意味では mêler もあるけど、mélanger のほうがよく使われるかな。

☐ 642. L'arrivée de cet homme m'a (causé/fait/porté) un grand malheur.

☐ 643. Kazumu est allé (étudier) en France à Montpellier.

☐ 644. Nobuyuki aide sa femme à (préparer) le dîner.

☐ 645. Cet homme a (témoigné) en justice.

☐ 646. Il aurait dû (descendre) à Hachioji, mais il s'est réveillé à Otsuki.

> この devoir の条件法過去形は「～するべきだったのに」のよ
> うなニュアンスを表すよ。➡ つぶやきの仏文法 p.129-130

☐ 647. (Montre/Montrez)-moi ton portable ! — Non !

> Montres と s が付かない点に注意して。また、本来「携帯
> 電話」は téléphone portable というけれど、日本語でも単
> に「携帯」というように、portable ということが多いよ。

□ 648. La ville de Kawaguchi est (représentée/marquée) par ce point rouge sur la carte.

この文は受動態だね。受動態で助動詞が être になっているから、過去分詞（ここでは représentée）は主語の性と数に一致させるよ。➡ つぶやきの仏文法 p.176

□ 649. Michiru a (appris) l'allemand à l'université.

apprendre, étudier, travailler の違いは 628. を参照。

□ 650. Ma grand-mère (embrasse) son petit-fils.

□ 651. Nous (partons) tout de suite !

□ 652. Atsushi a (sauté) de joie.

de joie の de は、いわば原因（その事態が生じたきっかけ）を表しているよ。喜びから飛び上がるという事態が発生した、イメージ。

□ 653. Le Titanic a (coulé) le 12 avril 1912 dans l'Atlantique Nord.

□ 654. Hirotaka a (jeté/lancé) une balle.

lancer は、jeter よりも遠く、何らかの的・目標に向かって投げる感じ。また、balle は銃の弾、テニス・卓球・野球などのボールのことで、空気で膨らませるものではない。サッカー・ラグビー・バスケットボールなどで使うのは ballon というよ。

□ 655. J'ai tout de suite (reconnu) mon ex.

ex は「以前の」「元の」という意味で、もともとは他の単語の前に付けて使っていた。ex-Président「前大統領」のように。これが ex 単独の名詞としても使われるようになり、「前の夫」「前の妻」「前の恋人」みたいな意味で使うよ。男女同形だし、母音で始まるので ma, ta, sa の形は付かないから、それが男性なのか女性なのかは文脈でしか判断できないよ。

□ 656. En hiver, il (neige) beaucoup à Aomori.

□ 657. Nausicaä a dit : « Le vent a (cessé).»

□ 658. Pour (éviter) votre mari, tournez à droite ici.

□ 659. Les étudiants (préparent) leurs leçons.

préparer は直接目的語によって訳し方が変わるから難しいね。Kotono prépare son voyage en France. とすると「琴乃はフランス旅行を計画している」になるし、Ayaka prépare le lit. とすると「彩華はベッドメーキングをしている」になるし、Rina prépare l'examen. とすると「里菜は試験勉強をしている」になるよ。

□ 660. Ryo m'a (tendu) son briquet.

Leçon 20　（　　）の中に動詞を適切な形にして入れてみましょう。

☐ **661. Nous sommes (　　) à Kanayama.**
私たちは金山で降りた。

☐ **662. Cette actrice avait une robe qui (　　) le dos.**
この女優は、背中が露出するドレス（←背中を見せるドレス）を着ていた。

☐ **663. Il (　　) bien à Ichirota Miyakawa.**
彼は宮川一朗太によく似ている。

☐ **664. Ils ont (　　) la démission de leur supérieur à la réunion.**
彼らは上司の辞任を会議で知った。

☐ **665. Le champion a (　　) le trophée.**
チャンピオンはトロフィーにキスをした。

☐ **666. Shiori a (　　) ses vacances en France.**
汐里はフランスでバカンスを過ごした。

☐ **667. M. Tanaka a (　　) la tortue à la plage.**
田中氏は浜でカメを助けた。

☐ **668. La Seine (　　) vers le Nord.**　セーヌ川は北へ向かって流れている。

☐ **669. James (　　) son chapeau sur le porte-chapeaux.**
ジェームスは帽子を帽子掛けに投げる。

☐ **670. Tu me (　　)?**　私のこと、覚えてる（←私のこと、認識できる）？

☐ **671. Ma femme n'aime pas (　　) les chemises.**
妻はワイシャツにアイロンをかけるのが好きではない。

☐ **672. Ils ne (　　) pas le combat.**　彼らは戦闘を止めない。

☐ **673. On doit (　　) de manger trop de sucreries.**
甘いものを食べ過ぎることは避けなければならない。

☐ **674. Je te (　　) la grand-mère du cousin de mon neveu.**
君に、私の甥のいとこのおばあちゃんを紹介しよう。

☐ **675. L'actrice a (　　) les jambes pour les poser sur la table.**
女優は両脚を伸ばし、テーブルの上に置いた。

☐ **676. J'ai (　　) l'escalier.**　私は階段を下りた。

☐ **677. Picasso est (　　) à Mougins en 1973.**
ピカソは 1973 年にムージャンで亡くなった。

☐ **678. Tu (　　) bien à ton père !**　親父さんによく似てるねえ！

□ **679. Il a (　　) la voiture devant le commissariat de police.**

彼は警察署の前で車を止めた。

□ **680. J'ai fermé la fenêtre pour (　　) les moustiques d'entrer.**

蚊が入ってこないように（←蚊が入ってくるのを妨げるために）窓を閉めた。

□ **681. Haruka (　　) la plus grande partie de son temps à étudier.** はるかは大部分の時間を勉強して過ごす。

□ **682. Quel est le meilleur moyen de se (　　) d'un ours ?**

熊から逃げる最善の方法は？

□ **683. Kentaro est allé chez son coiffeur pour se faire (　　) les cheveux.**

健太郎はいつもの（←彼の）床屋さんへ髪を切ってもらいに行った。

□ **684. Après les cours, on (　　) souvent au billiard.**

放課後はよくビリヤードをしている。

□ **685. Ma femme (　　) d'ouvrir son sac à dos.**

妻はリュックを開けることを拒んでいる。

□ **686. (　　) ce texte en 61 lettres.**

このテクストを 61 字で要約してください。

□ **687. Hiroyuki a (　　) à Hikifune.** 浩之は曳舟で乗り換えた。

□ **688. Sur la surface de la lune, il (　　) de l'eau. Mais pas de bière.** 月の表面には水が存在する。しかし、ビールはない。

□ **689. Permettez-moi de me (　　).**

自己紹介させてください（←自己紹介することを私に許可してください）。

成句 permettre à ［ひと］de 不定詞 ～に～することを許可する

□ **690. Ma femme (　　) un couteau à la main.**

妻はナイフを手にしている（←握っている）。

☐ 661. Nous sommes (descendu[e]s) à Kanayama.

> 助動詞 être なので、過去分詞が主語の性数に一致するね。→ つぶやきの仏文法 p.176

☐ 662. Cette actrice avait une robe qui (montre) le dos.

☐ 663. Il (ressemble) bien à Ichirota Miyakawa.

☐ 664. Ils ont (appris) la démission de leur supérieur à la réunion.

> 参考 démissionner 動 辞職する、辞任する

☐ 665. Le champion a (embrassé) le trophée.

> embrasser は、em (< en) + bras + er でできている動詞で、「腕の中に」がもともと
> の意味。でも、英語の embrace と違って、フランス語の embrasser は、今では「キ
> スする」という意味で使われることのほうが圧倒的に多いよ。「抱きしめる」は
> serrer entre ses bras などというよ。たとえば、Shiori serre son petit ami entre ses
> bras.「汐里は彼氏を抱きしめる」のように。

☐ 666. Shiori a (passé) ses vacances en France.

☐ 667. M. Tanaka a (sauvé) la tortue à la plage.

☐ 668. La Seine (coule) vers le Nord.

☐ 669. James (jette/lance) son chapeau sur le porte-chapeaux.

> jeter は第一群規則動詞だけど、語幹が変わることに注意。je
> jette, tu jettes, il jette, nous jetons, vous jetez, ils jettent と
> なるよ。jeter と lancer の違いは、654. を見て。

☐ 670. Tu me (reconnais) ?

☐ 671. Ma femme n'aime pas (repasser) les chemises.

> repasser は「再び passer」する、という意味だけど、「アイロンをかける」以外に
> もたくさん意味があるよ。Yui a repassé ses leçons. なら「唯は授業内容の復習をし
> た」、Shiho a repassé le plat au four. なら「史歩は料理を温め直した（←再びオー
> ブンの中を通した）」、Takumi a repassé son permis de conduire. なら「拓海は運転
> 免許の再試験を受けた」になるよ。

☐ 672. Ils ne (cessent) pas le combat.

> n' ではなく ne となっていることに注目してね。「〜を止める」の意味では arrêter
> と cesser の違いは非常に微妙。強いて言えば、cesser のほうが少し堅い感じかな。

☐ 673. On doit (éviter) de manger trop de sucreries.

> 成句 éviter de 不定詞 〜することを避ける

☐ 674. Je te (présente) la grand-mère du cousin de mon neveu.

□ 675. L'actrice a (tendu) les jambes pour les poser sur la table.

> この pour + 不定詞 は、両脚（les）をテーブルの上に置くために両脚を伸ばした、とも解釈できるし、両脚を伸ばしてそれをテーブルの上に置いた、という「継起」を表しているともとれるね。➡ つぶやきの仏文法 p.121

□ 676. J'ai (descendu) l'escalier.

> l'escalier は直接目的語だね。Je suis descendu par l'escalier といういい方もできるよ。

□ 677. Picasso est (mort) à Mougins en 1973.

> Mougins はフランス南部、映画祭で有名なカンヌの近くにある町。人口は18000 人ほど。ピカソが晩年を過ごした町として知られているよ。

□ 678. Tu (ressembles) bien à ton père !

□ 679. Il a (arrêté) la voiture devant le commissariat de police.

□ 680. J'ai fermé la fenêtre pour (empêcher) les moustiques d'entrer.

□ 681. Haruka (passe) la plus grande partie de son temps à étudier.

□ 682. Quel est le meilleur moyen de se (sauver) d'un ours ?

□ 683. Kentaro est allé chez son coiffeur pour se faire (couper) les cheveux.

> se faire + 不定詞 は ➡ つぶやきの仏文法 p.204

□ 684. Après les cours, on (joue) souvent au billiard.

> 球技やゲームなどは jouer à の構文を使うよ。jouer aux cartes「トランプをする」、jouer au tennis「テニスをする」など。182. を見てね。

□ 685. Ma femme (refuse) d'ouvrir son sac à dos.

成句 refuser de 不定詞　～することを拒む

派生 refus 男　拒否

□ 686. (Résume/Résumez) ce texte en 61 lettres.

□ 687. Hiroyuki a (changé) à Hikifune.

□ 688. Sur la surface de la lune, il (existe) de l'eau. Mais pas de bière.

□ 689. Permettez-moi de me (présenter).

□ 690. Ma femme (tient) un couteau à la main.

☐ **691. (　　　) Nabari et mourir.**　名張を見て死ね。

イタリア南部の都市ナポリの湾岸一帯の美しさを強調した Voir Naples et mourir.「ナポリを見て死ね」ということわざがあるよ。ナポリの風光を見ずに死んでしまっては、生きていた甲斐がない、という意味。名張は三重県伊賀地方の町で、赤目四十八滝や香落渓など、美しい自然に囲まれた町だよ。

☐ **692. L'offre ne (　　　) pas à la demande.**

需要に供給が追いつかない（←供給は需要に十分ではない）。

☐ **693. Le saint-bernard a (　　　) un skieur.**

セントバーナード犬はスキーをしていた人を助けた。

☐ **694. Certains disent qu'un chat noir (　　　) le malheur.**

黒猫が不幸を象徴するという人たちもいる。

☐ **695. M. Tanaka ne (　　　) pas le pouvoir.**

田中氏は権力を持っていない。

☐ **696. Hiromi est (　　　) dans un taxi.**　裕美はタクシーに乗った。

☐ **697. Ce pays a (　　　) la guerre civile.**

この国は内戦（←市民の戦争）を回避した。

☐ **698. (　　　) bien ! Le bec-en-sabot n'est pas un poisson.**

よく聞け！ ハシビロコウは魚じゃない。

☐ **699. (　　　) à Nakasu-Kawabata.**　中州川端で降りてください。

☐ **700. Ils ont (　　　) la vie de leur maître.**

彼らはご主人様の命を救った（←守った）。

☐ **701. Le sang (　　　) du nez.**　血が鼻からたれている（←流れている）。

☐ **702. Notre éléphant (　　　) la tête mais pas la queue.**

うちの象さん、頭隠して尻隠さず。

☐ **703. Ma fille (　　　) la danse.**　娘はダンスを習っています。

☐ **704. Fujiko chan m'est (　　　) en rêve.**

不二子ちゃんが夢に出てきた（←夢で姿を現した）。

☐ **705. Tu t'(　　　) comment ?**　君、なんて名前？

☐ **706. (　　　) à danser le gopak.**

コサックダンスを踊り続けなさい。

☐ **707. Quelle est l'expression qui (　　　) ici ?**

ここに適した表現は何 (←どれ) ?

☐ **708. On a (　　　) un nouveau virus.**

新しいウイルスが発見された (←人は新しいウイルスを発見した)。

☐ **709. Le Roi m'a (　　　): "Est-ce que le lait à la fraise est vraiment bon ?"**

王は私に尋ねた。「イチゴ牛乳って本当に美味しいの?」

☐ **710. Mes hérissons (　　　) sur mon ventre.**

ハリネズミたちがお腹の上で寝ているんですよ。

☐ **711. Les dés sont (　　　).**　賽は投げられた。

☐ **712. Kenji a (　　　) ses chaussures.**　賢治は靴を履いた (←身につけた)。

☐ **713. (　　　)-moi votre passeport.**　パスポートを見せてください。

☐ **714. Ma femme n'(　　　) jamais ce tiroir.**

妻はこの引き出しをぜったい開けない。

☐ **715. (　　　)-moi un café.**　私にコーヒー入れて (←コーヒー準備して)。

☐ **716. On a (　　　) une averse.**　にわか雨にあった (←にわか雨を受けた)。

☐ **717. La plupart des Japonais ont (　　　) oui.**

大部分の日本人は「はい」と答えた。

☐ **718. Pourquoi les sauterelles (　　　)-elles ?**

なんでバッタは跳ねるの (←飛ぶの) ?

☐ **719. Haruko a (　　　) le filet de badminton.**

遥子はバドミントンのネットを張った。

☐ **720. Je n'arrive pas à (　　　) les grains de riz avec les baguettes.**

米粒をお箸ではつかめないよ (←つかむことができないよ)。

まとめ問題❹　解答

691. Voir, 692. suffit, 693. sauvé, 694. représente, 695. possède, 696. montée, 697. évité, 698. Écoute, 699. Descendez, 700. défendu, 701. coule, 702. cache, 703. apprend, 704. apparue, 705. appelles, 706. Continue/Continuez, 707. convient, 708. découvert, 709. demandé, 710. dorment, 711. jetés, 712. mis, 713. Montrez, 714. ouvre, 715. Prépare/Préparez, 716. reçu, 717. répondu, 718. sautent, 719. tendu, 720. saisir

Leçon 21 （　　）の中に適切な名詞か代名詞を入れてみましょう。

☐ **721. Après cet (　　　), ils ont dû abandonner leur voiture.**
事故の後、彼らは車を放棄しなければならなかった。

☐ **722. Takamasa a avoué son (　　　) à Akiko.**
孝将は暁子に愛の告白をした。

☐ **723. M.Tanaka est nul en (　　　).**
田中氏は美術の才能がまったくない（←美術において無能だ）。

☐ **724. Allons jusqu'au (　　　) du monde !**　世界の果てまで行こう!

☐ **725. Dans la plupart des (　　　), il suffit de briser la vitre.**
たいていの場合（←大部分の場合）、ガラスをたたき割れば十分です。

☐ **726. A&W Restaurants est une (　　　) de restauration rapide américaine.**
A&W レストランはアメリカのファストフードチェーンである。

☐ **727. Ne touche pas à mes (　　　)!**　わしの髪の毛に触れるな!

☐ **728. Reiko a retiré de l'argent de son (　　　).**
玲子は口座からお金を引き出した。

☐ **729. Le corbeau m'a donné un (　　　) de bec.**
カラスは私をつついた（←クチバシのひと突きを私に与えた）。

☐ **730. Je ne crois pas en (　　　), mais je crois en bec-en-sabot.**
私は神は信じないが、ハシビロコウは信じる。

☐ **731. C'est un étudiant en (　　　).**　こちらは法学部の学生です。

☐ **732. L'(　　　) a commencé à attaquer la capitale.**
敵は首都を攻撃し始めた。
成句 commencer à 不定詞　～し始める

☐ **733. Ne me dis pas que j'ai une (　　　) ronde !**
顔が丸いって私に言わないで!

☐ **734. Le premier chemin de (　　　) au Japon a été construit en 1872.**　日本における最初の鉄道は、1872 年に建設された。

☐ **735. Il mange cinq (　　　) par jour.**
彼は 1 日 5 回食事をとる。

☐ **736. Comment peut-on enlever une (　　　) introduite dans le nez ?**　鼻の中に入った消しゴムはどうやったらとれますか?

☐ 737. **Le ministre a défendu son** ( ) **hier lors d'une conférence de presse.** 大臣は、昨日、記者会見の時に自らの名誉を守った。

成句 lors de 名 ～の時に

☐ 738. **Gakuya lit tous les jours plusieurs** ( ).
岳哉は新聞を毎日何紙も読む。

☐ 739. **Il y a 999 kilomètres en** ( ) **droite entre Tokyo et Memanbetsu.** 東京・女満別間は直線距離で 999 キロある。

☐ 740. **J'ai du** ( ) **à distinguer ces jumeaux l'un de l'autre.**
僕にはこの双子をなかなか区別できないよ。

☐ 741. **Au** ( ) **de la chambre, il y a un grand trou.**
部屋の真ん中に、大きな穴が開いています。

☐ 742. **Devant sa femme, il est entre la vie et la** ( ).
妻を前に、彼は生と死の間をさまよっている。

☐ 743. **Le bus de** ( ) **est moins cher que le shinkansen.**
夜行バス（←夜のバス）は新幹線より安い。

☐ 744. **Les livres sont rangés par** ( ) **alphabétique.**
本はアルファベット順に整理されています。

☐ 745. **Hideki a cité la** ( ) **d'Isocrate.**
秀樹はイソクラテスの言葉を引用した。

☐ 746. **Ne montrez les photos de mon nombril à** ( ) **!**
私のおへその写真を誰にも見せないでください。

☐ 747. **Écrivez à la** ( ). ペンで書いてください。

☐ 748. **C'est justement ce à** ( ) **je pensais.**
それはまさに僕が考えていたことだ。

☐ 749. **Kaoru a mis une longue** ( ) **bleue.**
薫は長くて青いドレスを着た。

☐ 750. **Boire trop nuit à la** ( ). 飲み過ぎは健康を害する。

□ 721. Après cet (accident), ils ont dû abandonner leur voiture.

□ 722. Takamasa a avoué son (amour) à Akiko.

□ 723. M. Tanaka est nul en (art).

前置詞 en は、いわば範囲を設定するよ。➡ つぶやきの仏文法 p.112

□ 724. Allons jusqu'au (bout) du monde !

□ 725. Dans la plupart des (cas), il suffit de briser la vitre.

成句 il suffit de 不定詞 ～すれば十分だ

□ 726. A&W Restaurants est une (chaîne) de restauration rapide américaine.

chaîne は本来「チェーン」→「鎖」。ラジオとかテレビの「チャンネル」を chaîne といったり、「山脈」も chaîne といったりするよ。

□ 727. Ne touche pas à mes (cheveux) !

□ 728. Reiko a retiré de l'argent de son (compte).

□ 729. Le corbeau m'a donné un (coup) de bec.

coup は、誰か／何かに与える衝撃、一撃のこと。coup de pied「キック」、coup de poing「パンチ」、coup de couteau「ナイフによる一撃」

□ 730. Je ne crois pas en (dieu), mais je crois en bec-en-sabot.

□ 731. C'est un étudiant en (droit).

□ 732. L'(ennemi) a commencé à attaquer la capitale.

□ 733. Ne me dis pas que j'ai une (face) ronde !

今のフランス語で、「顔」を意味する最も一般的な語は visage（男性名詞）。ちょっとくだけて figure（女性名詞）。face は一部の成句か、顔の形などを問題とする時に使うよ。ちなみに、この問題のような状況なら、un visage rond とも言える。

□ 734. Le premier chemin de (fer) au Japon a été construit en 1872.

□ 735. Il mange cinq (fois) par jour.

□ 736. Comment peut-on enlever une (gomme) introduite dans le nez ?

□ 737. Le ministre a défendu son (honneur) hier lors d'une conférence de presse.

□ 738. Gakuya lit tous les jours plusieurs (journaux).

□ 739. Il y a 999 kilomètres en (ligne) droite entre Tokyo et Memanbetsu.

□ 740. J'ai du (mal) à distinguer ces jumeaux l'un de l'autre.

成句 avoir du mal à 不定詞　なかなか〜できない、〜するのに苦労する

□ 741. Au (milieu) de la chambre, il y a un grand trou.

□ 742. Devant sa femme, il est entre la vie et la (mort).

派生 mourir 動 死ぬ

□ 743. Le bus de (nuit) est moins cher que le shinkansen.

□ 744. Les livres sont rangés par (ordre) alphabétique.

□ 745. Hideki a cité la (parole) d'Isocrate.

イソクラテスは古代ギリシアの弁論家。parole は「口に出していったことば」のイメージだよ。mot は「語」「単語」。

□ 746. Ne montrez les photos de mon nombril à (personne) !

「日本のへそ」といういい方があるけれど、フランス語の nombril にも le nombril du monde「世界の中心」といういい方があるよ。くだけた表現ではあるけれど。

nombril から派生して nombrilisme という語があるよ。意味、分かるかな。「自己中心的態度」のことだよ

□ 747. Écrivez à la (plume).

この à は手段を表すよ。➡ つぶやきの仏文法 p.110

「ペン」といっても plume は「羽根ペン」のイメージがまずあるのかも。plume は本来、「羽毛」「羽根」の意味。「ボールペン」は stylo、stylo à bille というよ。

□ 748. C'est justement ce à (quoi) je pensais.

関係代名詞の用法は 906. を見て。➡ つぶやきの仏文法 p.90-91

□ 749. Kaoru a mis une longue (robe) bleue.

「青いドレス」は une robe bleue と形容詞 bleue が性数一致するけれど、「水色のドレス」は une robe bleu clair で、性数一致しなくなる。謎だよねえ。一般的に、色彩を現す複合語（2つ以上の語を組み合わせている語）は不変なんだ。ダークブルー bleu foncé、スカイブルー bleu ciel なども同じく不変ということだよ。

□ 750. Boire trop nuit à la (santé).

nuit は nuire「害する、傷つける」の直説法現在形。女性名詞 nuit「夜」と同音異義語だね。動詞 nuit の主部（主語の部分）は Boire trop だね。

Leçon 22　（　　）の中に適切な名詞か代名詞を入れてみましょう。

☐ **751. Le (　　) de ce restaurant chinois est couvert d'huile.**
この中華料理店の床は油で覆われている。

> d'huile の d' は、動作主補語を導く前置詞 de と部分冠詞 de l'（← de la）が並んだので、部分冠詞が省略されて d'（de）だけになったものだよ。
> ➡ つぶやきの仏文法 p.36

☐ **752. Kaname a conclu le dîner par une (　　) de café.**
要は、夕食の最後に1杯コーヒーを飲んだ（←夕食を1杯のコーヒーで締めくくった）。

☐ **753. J'espère que (　　) va bien.**
万事うまくいくと思いたい（←すべてうまくいくことを期待している）。

☐ **754. Nous n'avons pas enregistré de (　　) mais seulement des dégâts matériels.**
犠牲者は記録しなかった、物質的な損害を記録しただけだ。

☐ **755. Les (　　) sont descendus du TGV.**
乗客は TGV から降りた。

☐ **756. Yoshio a conclu une bonne (　　).**
良雄はよい商談（←商売・事業）をまとめた。

☐ **757. Le bûcheron a abattu un (　　) mort.**
きこりは枯れ木（←死んだ木）を切り倒した。

☐ **758. Ma femme n'enlève pas des (　　) devant moi.**
妻は私の前ではストッキングを脱がない。

☐ **759. Quel est ce (　　) ? — C'est le rot de M. Tanaka.**
「何だこの音は?」「田中氏のゲップです」

☐ **760. Je préfère (　　) à (　　).**
あれよりこれがいいなあ。

☐ **761. M. Tanaka veut avoir un (　　) de fraises.**
田中氏はイチゴ畑を持ちたいと思っている。

☐ **762. Le (　　) est rose.**　空はピンクだ。

☐ **763. Ma femme n'écoute jamais mon (　　).**
妻は私の忠告を決して聞かない。

☐ **764. Posez le (　　) sur la table !**
ナイフをテーブルの上に置け!

□ **765.** Le ( ) est prêt !

夕飯よ（←夕飯は準備できているよ）！

□ **766.** Autrefois, il y avait une ( ) primaire sur l'île d'Yubu.

かつて、由布島に小学校があった。

□ **767.** Masaru est un homme d'( ) et de cœur.

勝は才気ある心優しい人である。

□ **768.** Je vous demande de juger sur les ( ).

皆さんには事実に基づいてご判断いただくことを求めます。

□ **769.** Pourquoi les ( ) jaunissent-elles ?

なぜ、木の葉は黄色く色づく（←黄色になる）のか？

□ **770.** On dit que l'aïkido ne nécessite pas de ( ) physique.

合気道は体力を必要としないという。

□ **771.** La Première ( ) mondiale a éclaté en 1914.

第一次世界大戦は 1914 年に勃発した。

□ **772.** Attendez un ( ) s'il vous plaît.

少々お待ちください（←一瞬お待ちください）。

□ **773.** La Suisse a quatre ( ) nationales.

スイスには国語が 4 つある。

□ **774.** Le projet de ( ) a été adopté au Sénat.

法案は元老院で可決された。

□ **775.** Ce ( ), il y a eu un accident sur la Mei-Nikan.

今朝、名二環で事故が起こった（←事故があった）。

□ **776.** Le ( ) de septembre est passé à toute vitesse.

9 月はあっという間に過ぎた。

□ **777.** Pourquoi est-ce que les poireaux sont accrochés au ( ) ?

なんで壁にネギが掛けられているの？

□ **778.** L'avion a traversé l'( ) Atlantique.

飛行機は大西洋を横断した。

□ **779.** Les ( ) ont dansé sur la place toute la nuit.

労働者たちは広場で一晩中踊った。

□ **780.** Le ( ) des becs-en-sabot est loin d'ici.

ハシビロコウの故郷（←国）は、ここから遠い。

☐ 751. Le (sol) de ce restaurant chinois est couvert d'huile.

☐ 752. Kaname a conclu le dîner par une (tasse) de café.

☐ 753. J'espère que (tout) va bien.

☐ 754. Nous n'avons pas enregistré de (victime[s]) mais seulement des dégâts matériels.

> mais の後には nous avons enregistré が省略されているよ。

☐ 755. Les (voyageurs) sont descendus du TGV.

> 飛行機、船、バスなどの乗客は passager というよ。

> TGV は Train à Grande Vitesse の略で、日本でいう「新幹線」のようなもの。

☐ 756. Yoshio a conclu une bonne (affaire).

☐ 757. Le bûcheron a abattu un (arbre) mort.

☐ 758. Ma femme n'enlève pas des (bas) devant moi.

> いわゆる「パンスト」は collant、「靴下」は chaussette というよ。

☐ 759. Quel est ce (bruit) ? — C'est le rot de M. Tanaka.

☐ 760. Je préfère (ceci) à (cela).

> ceci, cela は性・数の概念を持っていない。celui-ci, celui-là には celle-ci や ceux-là のような形もあって性・数の概念を持っている、つまり名詞に代わることができるんだ。➡ つぶやきの仏文法 p.81

☐ 761. M. Tanaka veut avoir un (champ) de fraises.

> 「田」は rizière、「菜園」「果樹園」は jardin potagier。

☐ 762. Le (ciel) est rose.

☐ 763. Ma femme n'écoute jamais mon (conseil).

☐ 764. Posez le (couteau) sur la table !

☐ 765. Le (dîner) est prêt !

☐ 766. Autrefois, il y avait une (école) primaire sur l'île d'Yubu.

☐ 767. Masaru est un homme d'(esprit) et de cœur.

☐ 768. Je vous demande de juger sur les (faits).

> この sur は「基準」を表しているよ。➡ つぶやきの仏文法 p.125-126

☐ 769. Pourquoi les (feuilles) jaunissent-elles ?

☐ 770. On dit que l'aïkido ne nécessite pas de (force) physique.

☐ 771. La Première (guerre) mondiale a éclaté en 1914.

☐ 772. Attendez un (instant/moment) s'il vous plaît.

□ 773. La Suisse a quatre (langues) nationales.

 ドイツ語、フランス語、イタリア語、ロマンシュ語の4つだよ。
ちなみに日本の場合、法律で国語は規定されていないよ。

□ 774. Le projet de (loi) a été adopté au Sénat.

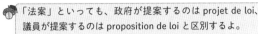 「法案」といっても、政府が提案するのは projet de loi、
議員が提案するのは proposition de loi と区別するよ。

Sénat「元老院」はフランスの上院。下院にあたる Assemblée
nationale「国民議会」と合わせて Parlement「国会」を構成するよ。

□ 775. Ce (matin), il y a eu un accident sur la Mei-Nikan.

 名二環は「名古屋第二環状自動車道」の略。フランスでも Boulevard
périphérique「外周環状道路」を périf / périph などと略することがあるよ。

□ 776. Le (mois) de septembre est passé à toute vitesse.

 フランス語の月のいい方をまとめておこう。janvier 1月、février 2月、
mars 3月、avril 4月、mai 5月、juin 6月、juillet 7月、août 8月、
septembre 9月、octobre 10月、novembre 11月、décembre 12月。

□ 777. Pourquoi est-ce que les poireaux sont accrochés au (mur) ?

□ 778. L'avion a traversé l'(Océan) Atlantique.

 océan は大洋のこと。形容詞を付けずに大文字で l'Océan とすると、大西洋を指すこと
が多いよ。フランス人にとって最も馴染みのある海だからかな。Océan Pacifique「太平
洋」、Océan Indien「インド洋」、Océan Arctique「北極海」、Océan Austral「南極海」。

□ 779. Les (ouvriers) ont dansé sur la place toute la nuit.

ouvrier はいわゆる「ブルーカラー」の人たち。employé は企業の社員や官庁の職員。
ただ、「管理職」(cadre) に対する「一般社員」の意味で employé を使うこともあるよ。

□ 780. Le (pays) des becs-en-sabot est loin d'ici.

「国」にあたるフランス語はいくつかあるけれど、注目する側面が異なるよ。
pays は地理的側面、état は政治制度の側面（→「国家」に近い）、nation
は国民に注目する感じで、「国民」を集合的に表すこともできるよ。

Leçon 23　（　　）の中に適切な名詞か代名詞を入れてみましょう。

☐ **781. Notre université est à cinq minutes à (　　　) de la gare.**
　　私たちの大学は駅から徒歩 5 分のところにある。

☐ **782. Ta chambre a cinq (　　　)? Pourquoi ?**
　　君の部屋、ドアが 5 つあるの？ なんで？

☐ **783. Le (　　　), c'est pour toi.**
　　残りは君のだ（←残ったもの、それは君のためのものだ）。

☐ **784. La (　　　) de Nikko était une des cinq (　　　) majeures de l'époque d'Edo.**　日光街道は、江戸時代の五街道の 1 つだった。

☐ **785. M. Tanaka n'a pas du tout de (　　　) artistique.**
　　田中氏には芸術的センスがまったくない。
　　成句 ne ... pas du tout　まったく〜ない

☐ **786. Quelle (　　　) de robe désirez-vous ?**
　　どんな種類のドレスをお望みですか？

☐ **787. La Lune tourne autour de la (　　　).**
　　月は地球の周りを回っている。

☐ **788. Cette (　　　) est une (　　　) privée japonaise.**
　　この大学は日本の私立大学である。

☐ **789. M. Tanaka a une centaine de bouteilles de (　　　) à la maison.**　田中氏は自宅にワインを 100 本近く持っている。

☐ **790. Norihiko a une (　　　) généreuse.**
　　規彦は広い心を持っている（←広い精神を持っている）。

☐ **791. Ils ont pris les (　　　) pour défendre leur pays.**
　　彼らは国を守るために武器を取った。

☐ **792. Qu'est-ce que vous prenez comme (　　　)?**
　　Quoi ? De l'essence !?
　　お飲み物はどうなさいますか（←飲み物として何を選びますか）？
　　え？　ガソリン!?

☐ **793. Yoshiko a pris un bon repas dans un (　　　).**
　　芳子はカフェで美味しい食事をとった。

☐ **794. Cette montre en or est trop chère. Je prends (　　　).**
　　この金時計は高すぎる。僕はあっちの時計にするよ。

□ 795. Ce ( ) mène à la supérette.　この小道はコンビニに通じている。

□ 796. Je me suis cogné l'orteil contre le ( ) de mon lit.

ベッドの角に足の指をぶつけた。

□ 797. Les gens de la ( ) craignent un tremblement de terre.

沿岸の人々は地震を恐れている。

□ 798. Au ( ), je croyais qu'il disait des bêtises.

最初、私は彼がバカなことをいっていると思っていた。

□ 799. Ce sont des serpents ( ) ma femme a besoin.

これは、妻が必要としているヘビだ。

□ 800. M. Tanaka fait peut-être des ( ) pour maigrir.

田中氏は痩せるための努力をたぶんしている。

□ 801. Grâce à ( ), j'ai acquis beaucoup d'expérience.

彼らのおかげで、私は多くの経験を積んだ（←手に入れた）。

□ 802. Ce n'est pas de ma ( ).　それは僕のせいじゃない。

□ 803. La traité de Portsmouth a mis ( ) à la guerre russo-japonaise.

ポーツマス条約は日露戦争に終止符を打った。

□ 804. Depuis que M. Tanaka est venu, il n'y a que du lait à la fraise dans le ( ).

田中氏が来てからは、冷蔵庫にイチゴ牛乳しかない。

□ 805. Le tour du Parc du Château d'Osaka prend une ( ).

大阪城公園の一周には 1 時間かかる。

□ 806. Haruhisa a arraché un arbre de son ( ).

晴久は庭の木を 1 本引っこ抜いた。

□ 807. Il est interdit de travailler, la cigarette aux ( ).

くわえタバコで仕事をすること禁止。

□ 808. Dans ce pays, le ( ) de l'ordre est en échec.

この国では、治安維持はうまくいっていない（←窮地に陥っている）。

□ 809. Mai est la ( ) de trois enfants.

麻衣は 3 人の子どもたちのお母さんだ。

□ 810. Le ( ) tourne autour de moi.　世界は俺の周りを回っている。

□ 781. Notre université est à cinq minutes à (pied) de la gare.

成句 à pied　歩いて

□ 782. Ta chambre a cinq (portes) ? Pourquoi ?

□ 783. Le (reste), c'est pour toi.

□ 784. La (route) de Nikko était une des cinq (routes) majeures de l'époque d'Edo.

参考 mineur 形　あまり重要でない、マイナーな、未成年の

□ 785. M. Tanaka n'a pas du tout de (sens) artistique.

□ 786. Quelle (sorte) de robe désirez-vous ?

□ 787. La Lune tourne autour de la (Terre).

□ 788. Cette (université) est une (université) privée japonaise.

□ 789. M. Tanaka a une centaine de bouteilles de (vin) à la maison.

> vins ではなく vin でよいよ。ここでは、何のビンかを区別するために、種類が分かればよいので、複数形にまでする必要がないんだ。「3杯のコーヒー」も trois tasses de café であって、trois tasses de cafés にはならないよ。

□ 790. Norihiko a une (âme) généreuse.

□ 791. Ils ont pris les (armes) pour défendre leur pays.

□ 792. Qu'est-ce que vous prenez comme (boisson) ? Quoi ? De l'essence !?

□ 793. Yoshiko a pris un bon repas dans un (café).

□ 794. Cette montre en or est trop chère.　Je prends (celle-là).

> cher の女性形が chère とアクサンが付くことに注意。また、celle-là は指示代名詞。女性単数形になっていて、cette montre-là の代わりだよ。cela にすると「あっちの時計」「あの時計」というより「あれ」。cela には性の概念がないので名詞には代われないんだ。➡ つぶやきの仏文法 p.81

□ 795. Ce (chemin) mène à la supérette.

> カナダ・ケベック州のフランス語では「コンビニ」は、dépanneur というよ。

□ 796. Je me suis cogné l'orteil contre le (coin) de mon lit.

> doigt は手の「指」。足の「指」は orteil というよ。手の5本指は、pouce「親指」、index「人さし指」、majeur「中指」、annulaire「薬指」、auriculaire / petit doigt「小指」。足の「親指」は pouce du pied / gros orteil、それ以外は「人さし指」から「小指」まで順番に deuxième orteil, troisième orteil, quatrième orteil, cinquième orteil などというよ。

☐ 797. Les gens de la (côte) craignent un tremblement de terre.

☐ 798. Au (début), je croyais qu'il disait des bêtises.

☐ 799. Ce sont des serpents (dont) ma femme a besoin.

que ではなく dont が入る理由は分かるかな？　avoir besoin de 図：「〜が必要だ」という構文・熟語のせいだよね。➡ つぶやきの仏文法 p.87

☐ 800. M. Tanaka fait peut-être des (efforts) pour maigrir.

☐ 801. Grâce à (eux), j'ai acquis beaucoup d'expérience.

参考 acquisition 図　取得、獲得

acquis は、acquérir の過去分詞。かなり不規則な活用をする動詞だよ。

☐ 802. Ce n'est pas de ma (faute). それは僕のせいじゃない。

de が付かないこともあるよ。本来は de が付かないのが正しいみたい。

☐ 803. La traité de Portsmouth a mis (fin) à la guerre russo-japonaise.

成句 mettre fin à 図　〜に終止符を打つ

日本語の「日仏」は、フランス語では順番が逆になって、franco-japonais になるよ。franco の部分は不変。たとえば、「日仏会館」は Maison franco-japonaise。

☐ 804. Depuis que M. Tanaka est venu, il n'y a que du lait à la fraise dans le (frigo).

「冷蔵庫」は本来、réfrigérateur というけど、今では frigo や frigidaire ということのほうが多いよ。

☐ 805. Le tour du Parc du Château d'Osaka prend une (heure).

☐ 806. Haruhisa a arraché un arbre de son (jardin).

☐ 807. Il est interdit de travailler, la cigarette aux (lèvres).

☐ 808. Dans ce pays, le (maintien) de l'ordre est en échec.

派生 maintenir 動　維持する

☐ 809. Mai est la (mère) de trois enfants.

☐ 810. Le (monde) tourne autour de moi.

Leçon 24 （　　）の中に適切な名詞か代名詞を入れてみましょう。

☐ 811. （　　）est la semaine prochaine.　クリスマスは来週だ。

☐ 812. Nous allons couper les （　　）en petits morceaux tous ensemble.

皆さんご一緒に、タマネギをみじん切りにしましょう。

成句 couper 図 en petits/menus morceaux　〜をみじん切りにする

☐ 813. Il manque quelques （　　）.　書類がいくつか足りないよ。

☐ 814. Ce travail demande de la （　　）.

この仕事は骨が折れる（←この仕事は苦労を要求する）。

☐ 815. Ton piano occupe trop de （　　）dans la cuisine !

君のピアノ、台所で場所とりすぎだろ！

☐ 816. Ma femme parle sans cesse avec （　　）.

妻はたえず誰かと話している。

☐ 817. Napoléon Bonaparte m'est apparu en （　　）.

ナポレオン・ボナパルトが夢に出てきたよ。

☐ 818. La （　　）de cours A-507 a une belle vue.

A-507 教室（←講義室）は見晴らしがいい。

☐ 819. Ma femme m'a fait （　　）de me taire.

妻は私に黙るように合図した。

☐ 820. M. Tanaka a dit : « La （　　）à la prochaine fois ! », mais c'était le dernier cours.

田中先生は「続きは次回！」といったが、それは最後の授業だった。

☐ 821. Il a eu le （　　）de ne rien dire à sa femme.

彼は、妻に何もいわないという過ちを犯した。

☐ 822. Aujourd'hui, il y a du （　　）.　今日は風がある。

☐ 823. Yasuyuki a une belle （　　）.　靖之は美しい声をしている。

☐ 824. Le domaine d'（　　）de ce groupe est très large.

このグループの活動範囲はとても広い。

☐ 825. J'avais un （　　）quand le premier choc pétrolier s'est produit.

最初のオイルショックが起こった時、私は1歳だった。

☐ 826. （　　）à la girafe !　キリンに注意！

☐ 827. Regarde ! Il y a un nid d'oiseau au (　　　) de la branche.

見て！　枝の先端に鳥の巣があるよ。

☐ 828. Dans ce (　　　)-là, donnez trois poissons frais au bec-en-sabot.

そういう場合は、新鮮なお魚を3匹ハシビロコウに与えてください。

☐ 829. Il manque quelques (　　　). イスがいくつか足りないな。

☐ 830. La (　　　) a le plus grand réseau de trains rapides du monde.

中国は世界最大の高速鉄道網を持つ。

☐ 831. Madonna a étonné tout le monde en postant une photo sur son (　　　) Instagram.

マドンナは、自分のインスタのアカウントに写真を投稿して、みんなを驚かせた。

☐ 832. Ce pays a réussi à éviter un (　　　) d'État militaire.

この国は軍事クーデターを回避することに成功した。

☐ 833. Quelle (　　　) y a-t-il entre les hippopotames et les rhinocéros ?

カバとサイの違いは (←カバとサイの間にはどんな違いがある) ?

☐ 834. Vous n'avez pas le (　　　) de prendre un taxi.

皆さんはタクシーを利用してはいけません (←利用する権利はありません)。

☐ 835. Vous avez (　　　) à un congé de maternité.

皆さんは育休を取得できます (←育児休暇を取得する権利があります)。

☐ 836. Je n'aime pas sa (　　　) de peler une pomme.

彼女のリンゴの皮のむき方が好きではない。

☐ 837. «Fermé les dimanches et (　　　)» （貼り紙など）日曜祝祭日お休み。

☐ 838. Il y a encore du lait à la fraise au (　　　) de la bouteille.

ビンの底にまだイチゴ牛乳が残っているよ。

☐ 839. Le (　　　) ne remplit jamais sa promesse.

政府は決して約束を果たさない。

☐ 840. Où est notre (　　　) ? 僕たちのホテルはどこにあるの？

□ 811. (Noël) est la semaine prochaine.

> Noël は名詞だけど、普通は無冠詞で用いる。でも、形容詞を付けると冠詞も付くよ。Nous avons passé un joyeux Noël.「楽しいクリスマスを過ごした」

□ 812. Nous allons couper les (oignons) en petits morceaux tous ensemble.

> oignon の oi の部分は、フランス語の発音規則からすると、異常だよ。

□ 813. Il manque quelques (papiers).

□ 814. Ce travail demande de la (peine).

派生 pénible 形　骨の折れる、つらい、つらい思いをさせる

□ 815. Ton piano occupe trop de (place) dans la cuisine !

> place は、「空間」「スペース」の意味では数えないことが多いよ。

□ 816. Ma femme parle sans cesse avec (quelqu'un).

□ 817. Napoléon Bonaparte m'est apparu en (rêve).

□ 818. La (salle) de cours A-507 a une belle vue.

□ 819. Ma femme m'a fait (signe) de me taire.

成句 faire signe à [ひと] de 不定詞　～に～するよう合図する

> 「黙る」のは私なので、se taire ではなく me taire になっているよ。

□ 820. M. Tanaka a dit : « La (suite) à la prochaine fois ! », mais c'était le dernier cours.

□ 821. Il a eu le (tort) de ne rien dire à sa femme.

成句 avoir le tort de 不定詞　～するという過ちを犯す

> avoir le tort de ... は、非難されるかもしれない過ちを犯してしまうイメージ。avoir tort de ... は単に何かを間違えた感じ。

□ 822. Aujourd'hui, il y a du (vent).

□ 823. Yasuyuki a une belle (voix).

□ 824. Le domaine d'(action) de ce groupe est très large.

□ 825. J'avais un (an) quand le premier choc pétrolier s'est produit.

□ 826. (Attention) à la girafe !

□ 827. Regarde ! Il y a un nid d'oiseau au (bout) de la branche.

□ 828. Dans ce (cas)-là, donnez trois poissons frais au bec-en-sabot.

□ 829. Il manque quelques (chaises).

□ 830. La (Chine) a le plus grand réseau de trains rapides au monde.

□ 831. Madonna a étonné tout le monde en postant une photo sur son (compte) Instagram.

□ 832. Ce pays a réussi à éviter un (coup) d'État militaire.

□ 833. Quelle (différence) y a-t-il entre les hippopotames et les rhinocéros ?

> どちらも哺乳類で、どちらも体毛は少ない。一番の違いは角の有無かな。角があるほうがサイ。

□ 834. Vous n'avez pas le (droit) de prendre un taxi.

成句 avoir le droit de 不定詞　～する権利がある

□ 835. Vous avez (droit) à un congé de maternité.

成句 avoir droit à 名　～を受ける権利がある

> congé を使った表現としては、育児休暇 congé parental、病気休暇 congé de maladie、年次休暇 congé annuel などがあるよ。

□ 836. Je n'aime pas sa (façon/manière) de peler une pomme.

□ 837. «Fermé les dimanches et (fêtes)»

> les は dimanches とカッコの語の両方にかかるよ。

> 曜日名をまとめておこう。7 つの曜日すべて男性名詞だよ。月曜日 le lundi、火曜日 le mardi、水曜日 le mercredi、木曜日 le jeudi、金曜日 le vendredi、土曜日 le samedi、日曜日 le dimanche。日曜日を除いて -di で終わっているけれど、dimanche の di- を含めて di は「日」の意味だよ。

□ 838. Il y a encore du lait à la fraise au (fond) de la bouteille.

□ 839. Le (gouvernement) ne remplit jamais sa promesse.

□ 840. Où est notre (hôtel) ?

Leçon 25　（　　）の中に適切な名詞か代名詞を入れてみましょう。

□ **841. Yumiko a dormi toute la** (　　　　). 由美子は一日中寝た。

□ **842. De quoi ai-je besoin pour apprendre l'anglais en** (　　　　)**?**
オンラインで英語を学ぶには何が必要？

□ **843. Il se réjouit du** (　　　　) **des autres.**
彼は他人の不幸を喜ぶ。
成句 se réjouir de 图　〜を喜ぶ

□ **844. La ville de Saitama a plus d'un** (　　　　) **d'habitants.**
さいたま市には 100 万人以上の住民がいる。

□ **845. Je suis bouleversée par la** (　　　　) **de mon ami.**
私は友人の死に動揺している。

□ **846. Nous vous conseillons de ne pas avoir sur vous des** (　　　　)
de valeur.
貴重品を身につけておかないことをお勧めします。

> 「身につけておくことをお勧めする」なら、たとえば garder
> sur vous などと garder を使うよ。

□ **847. L'**(　　　　) **des mots dans une phrase est très important.**
文中での語順（←語の順番）はとても重要だ。

□ **848. Tu as pris la meilleure** (　　　　)**!**
君、一番いいところ（←部分・分け前）をとったな！

□ **849.** (　　　　) **n'est venu me voir.**　誰も私に会いに来なかった。

□ **850. Dans la** (　　　　)**, il y a un biscuit.**　ポケットの中にはビスケットが 1 つ。

□ **851. Tu as fait cette pizza avec** (　　　　) **? Ça sent mauvais !**
君は何を使ってこのピザを作ったの？　臭いよ！

□ **852. Tomoko porte toujours une jolie** (　　　　).
知子はいつもきれいなドレスを着ている。

□ **853. Satoshi est spécialiste de l'histoire des** (　　　　).
聡は科学史の専門家だ。

□ **854. Les** (　　　　) **sont entourés par les manchots.**
兵士たちはペンギンに囲まれている。

□ **855. Comme il avait manqué son train, il est venu en** (　　　　).
列車に乗り遅れたので、彼はタクシーで来た。

□ 856. Yasuo a pris un ( ) pour Keisei Takasago.

恭央は京成高砂行きの電車に乗った。

□ 857. Les pompiers ont sauvé la ( ) de trois personnes.

消防士たちは 3 人の命を救った。

□ 858. Beaucoup de ( ) descendent à Oizumi-Gakuen.

たくさんの乗客が大泉学園で降りる。

□ 859. Avec l'( ), M. Tanaka devient de plus en plus bizarre.

年をとるにつれて（←年とともに）、田中氏はますます風変わりになっていっている。

□ 860. Masato a grimpé à un ( ) et s'est assis sur une branche.

将登は木に登り、枝の上に座った。

□ 861. La Belle et la ( ) habitent à Tsudanuma.

美女と野獣は津田沼に住んでいます。

□ 862. L'aéroport n'a apporté aucune solution au problème du
( ) des avions.

空港は、飛行機による騒音問題に、何の解決策も出さなかった（←もたらさなかった）。

□ 863. C'est ta voiture ? — Non, c'est ( ) de ma tante.

「これ君の車？」「いいや、おばさんの」

□ 864. Le ( ) de blé s'étend jusqu'à l'horizon.

麦畑が地平線まで広がっている。

□ 865. Les étudiants de M. Tanaka écrivent beaucoup pendant la
( ). 田中先生の学生は、授業中にたくさん書く。

□ 866. La ( ) de la Sagrada Família a commencé en 1882.

サグラダ・ファミリアの建設は 1882 年に始まった。

□ 867. Ce professeur n'a que trois ( ).

この先生は、ネクタイを 3 本しか持っていない。

□ 868. Voici le mot du ( ) de l'école. 校長のお言葉です。

□ 869. Je ne veux pas aller à l'( ) ! 学校行きたくない！

□ 870. Soudain, cette idée m'est venue à l'( ).

急にその考えが頭に浮かんだ（←精神に（自分の体の外から）来た）。

☐ 841. Yumiko a dormi toute la (journée).

☐ 842. De quoi ai-je besoin pour apprendre l'anglais en (ligne) ?

　　成句 en ligne　オンライン

☐ 843. Il se réjouit du (malheur) des autres.

☐ 844. La ville de Saitama a plus d'un (million) d'habitants.

> mille は形容詞だけど、million は名詞なんだ。だから、「1000人」は mille personnes と形容詞 mille が名詞 personnes に直接付くけど、「100万人」は un million de personnes のように million に冠詞が付き、personnes との間に名詞と名詞を結ぶための前置詞 de が入るんだ。

☐ 845. Je suis bouleversée par la (mort) de mon ami.

☐ 846. Nous vous conseillons de ne pas avoir sur vous des (objets) de valeur.

> sur vous のイメージ分かるかな。avoir は所有を表すけれど、今は手元になくてもよい。sur は「上」で、「vous の上」、つまり身につけていることを表すね。Je n'ai pas mon portable sur moi. というと、携帯電話は持っている（契約している）けれど、今は身につけていない感じ。家に忘れてきた場合など。

☐ 847. L'(ordre) des mots dans une phrase est très important.

☐ 848. Tu as pris la meilleure (part) !

> partie は「部分」。part も「部分」だけど、part の場合、それぞれの人に分け与えられる分け前、役割のイメージがある。

☐ 849. (Personne) n'est venu me voir.

> （不定）代名詞の personne には性の概念がないので、過去分詞は venue にならないよ。

☐ 850. Dans la (poche), il y a un biscuit.

☐ 851. Tu as fait cette pizza avec (quoi) ?　Ça sent mauvais !

> 前置詞の後だから que じゃなくて quoi だね。➡ つぶやきの仏文法 p.90-91

☐ 852. Tomoko porte toujours une jolie (robe).

☐ 853. Satoshi est spécialiste de l'histoire des (sciences).

☐ 854. Les (soldats) sont entourés par les manchots.

☐ 855. Comme il avait manqué son train, il est venu en (taxi).

☐ 856. Yasuo a pris un (train) pour Keisei Takasago.

☐ 857. Les pompiers ont sauvé la (vie) de trois personnes.

☐ 858. Beaucoup de (voyageurs) descendent à Oizumi-Gakuen.

☐ 859. Avec l'(âge), M. Tanaka devient de plus en plus bizarre.

> 🐦 この avec は同時性を表しているよ。➡ つぶやきの仏文法 p.114

☐ 860. Masato a grimpé à un (arbre) et s'est assis sur une branche.

> 🐦 bois が持っている「木」の意味は、「木材」の意味
> であって、1 本の木を un bois とはいわないよ。

☐ 861. La Belle et la (Bête) habitent à Tsudanuma.

☐ 862. L'aéroport n'a apporté aucune solution au problème du (bruit) des avions.

☐ 863. C'est ta voiture ? — Non, c'est (celle) de ma tante.

> 🐦 celle は指示代名詞だね。la voiture de ma tante。

☐ 864. Le (champ) de blé s'étend jusqu'à l'horizon.

> 🐦 フランス語では、「地平線」も「水平線」も horizon というよ。

☐ 865. Les étudiants de M. Tanaka écrivent beaucoup pendant la (classe).

☐ 866. La (construction) de la Sagrada Família a commencé en 1882.

☐ 867. Ce professeur n'a que trois (cravates).

> **成句** ne ... que　～しか～ない　➡ つぶやきの仏文法 p.197-198

☐ 868. Voici le mot du (directeur) de l'école.

☐ 869. Je ne veux pas aller à l'(école) !

☐ 870. Soudain, cette idée m'est venue à l'(esprit).

> 自分の体の外から、cette idée がやってくる感じ。何かを思いつくまでは自分の体
> の中に、その考え・アイディアはない、ってことかな。

□ **871. Parking réservé aux (　　　) électriques.**　電気自動車専用駐車場。

□ **872. Quelle est la plus belle chanson d'(　　　).**
一番美しい愛の歌はどれ？

□ **873. Je ne comprends rien à l'(　　　) populaire.**
大衆芸術はまったく分からん。
成句 ne rien comprendre à 名 ～のことはまったく分からない

□ **874. L'ex-Premier ministre a la (　　　) mauvaise.**　元総理は口が悪い。

□ **875. Ma femme a un (　　　) bizarre.**　妻は変わった性格をしていまして。

□ **876. (　　　) a son goût.**
好みは人それぞれ（←それぞれがそれぞれの好みを持っている）。

□ **877. Les (　　　) de mon père blanchissent.**
親父の髪の毛が白くなってきた。

□ **878. Hayate est allé boire avec ses (　　　).**　颯は同僚と飲みに行った。

□ **879. Le liquide avait une (　　　) sombre.**　その液体は暗い色をしていた。

□ **880. Tu as encore oublié tes (　　　)!**　君はまた宿題を忘れたのか！

□ **881. Koji a changé le (　　　) en certitude.**　康史は疑いを確信に変えた。

□ **882. Le bec-en-sabot n'a pas d'(　　　) naturel.**
ハシビロコウには天敵（←生まれつきの・自然の敵）がいない。

□ **883. Le gouvernement ne souhaite pas faire (　　　) à la réalité.**
政府は現実を直視したがらない（←現実と向きあいたがらない）。

□ **884. Toute l'école a participé à la (　　　) sportive.**
学校全体がスポーツ祭に参加した。

□ **885. Deux (　　　) huit égale seize.**　2 × 8 ＝ 16（←8の2倍←2回8）

□ **886. La plupart des (　　　) ne connaissent pas encore la beauté des becs-en-sabot.**
大部分の人たちはまだ、ハシビロコウの美しさを知らない。

□ **887. En (　　　), la rivière gèle.**　冬には川は凍る。

□ **888. Tous les soirs, elle écrit son (　　　).**　毎晩彼女は日記を付けている。

□ **889. Il est interdit de fumer sur les (　　　) publics.**
公共の場では喫煙禁止。

☐ **890.** Le commandant a eu le (   ) de l'air. 機長が飛行機酔いした。

☐ **891.** Son (   ) familial est rempli d'amour.

彼の家庭環境は愛情に満ちている。

☐ **892.** Ne marche pas sur les (   ) de verre !

ガラスの破片の上を歩くなよ！

☐ **893.** Cette (   ), il fait très froid. 今夜はすげー寒い。

☐ **894.** L'(   ) a été inventé au XIXème siècle.

コンピュータは 19 世紀に発明された。

☐ **895.** Mes (   ) ont déménagé à Obuse. 両親は小布施に引っ越した。

☐ **896.** C'est une (   ) peu connue. この人はほとんど知られていない人だ。

☐ **897.** Les (   ) de bec-en-sabot sont belles et magnifiques.

ハシビロコウの羽毛は美しく素晴らしい。

☐ **898.** Le ministre ne répond pas aux (   ) du journaliste.

大臣は記者の質問に答えない。

☐ **899.** Ce contrat d'assurance semble couvrir tous les (   ).

この保険契約はあらゆるリスクをカバーしているみたいです。

☐ **900.** Le Secrétaire d'État a retrouvé sa (   ).

国務長官は健康を取り戻した。

――――――――――――

まとめ問題❺ 解答

871. voitures, 872. amour, 873. art, 874. bouche, 875. caractère, 876. Chacun, 877. cheveux, 878. collègues, 879. couleur, 880. devoirs, 881. doute, 882. ennemi, 883. face, 884. fête, 885. fois, 886. gens/hommes/personnes, 887. hiver, 888. journal, 889. lieux, 890. mal, 891. milieu, 892. morceaux, 893. nuit, 894. ordinateur（口語では ordi とも）, 895. parents, 896. personne, 897. plumes, 898. questions, 899. risques, 900. santé

> bizarre は「普通」「標準」「一般」などから外れていて「変」「奇妙」な感じ。
> étrange は「なんだか分からない」「なぜだか分からない」ので「変」「奇妙」な感じ。
> singulier はユニーク、curieux は好奇心をそそる感じ。

> 「素晴らしい」の意味になりそうなものは他にもあるね。意味的に、admirable < magnifique < merveilleux < splendide の順に強くなるよ。

Leçon 26　（　　）の中に適切な名詞か代名詞を入れてみましょう。

☐ **901. Marie est partie en vacances avec sa (　　　　).**
麻里恵は家族とバカンスに出発した。

☐ **902. Observez bien la (　　　　) suivante et répondez aux questions de 2 à 4.**
次の図をよく観察して、2 から 4 の質問に答えてください。

☐ **903. Le ballon du rugby a une (　　　　) un peu bizarre.**
ラグビーのボールはちょっと変わった形をしている。

☐ **904. Comme d'(　　　　), M. Tanaka boit du vin rouge dans un bistrot.**
いつものように、田中氏はビストロで赤ワインを飲んでいる。

☐ **905. Ma femme ne m'écoute pas avec (　　　　).**
妻は、私の話を関心を持って聞いてくれない。

☐ **906. C'est la raison pour (　　　　) Satoshi s'est marié avec Yumiko.**
これが哲が弓子と結婚した理由だ。

☐ **907. Le temps est souvent nuageux à (　　　　).**
ロンドンではしょっちゅう曇り空だ。

☐ **908. Ce (　　　　), une vingtaine de chats noirs sont venus dans mon jardin.**　今朝、20 匹近い黒猫が我が家の庭へ来た。

☐ **909. La (　　　　) de ce champ de blé a été ravagée par un incendie.**　この麦畑の半分が火事によって被害を受けた (←荒らされた)。

☐ **910. J'aime la (　　　) et les animaux.** 私は自然と動物が好きだ。

☐ **911. Ne te frotte pas les (　　　　) !** 目をこすっちゃダメ!

☐ **912. Tu manges du (　　　　) avec du wasabi ?**
君、パンにわさび付けて食べるの?

☐ **913. La Suisse est un (　　　) de montagnes.** スイスは山国である。

☐ **914. Giant Baba avait de grands (　　　　).**
ジャイアント馬場は大きな足をしていた。

☐ **915. Satoru contrôle la (　　　　) des étudiants.**
暁は学生の出席をチェックしている。

☐ **916. Si on soustrait cinq de quinze, le (　　　　) est dix.**
15 から 5 を引いたら、残りは 10。

☐ 917. La (　　　) alpine relie Tateyama à Omachi.

アルペンルートは立山と大町を結んでいる。

☐ 918. En France, l'année scolaire commence en (　　　).

フランスでは、学年度は９月に始まる。

☐ 919. Je n'aime vraiment pas cette (　　　) de gens.

俺はこういう奴ら（←こういう種類の人たち）が本当に嫌いだ。

☐ 920. Ryoji marche en (　　　). 良次は先頭を歩いている。

☐ 921. Pendant les (　　　), Aika est allée en Allemagne.

バカンス中に愛香はドイツへ行った。

☐ 922. Hideki a choisi le meilleur (　　　). 秀樹は一番良いワインを選んだ。

☐ 923. Ce dictateur a vendu son (　　　) au diable.

この独裁者は自らの魂を悪魔に売った。

☐ 924. Dans ce pays d'Afrique, les (　　　) ont pris le pouvoir.

アフリカのこの国では、軍隊が権力を握った。

☐ 925. Georges téléphone à sa petite amie au (　　　) de la Seine.

ジョルジュがセーヌ川沿いで彼女に電話をかけている。

> 異性の友人を表す ami(e) に所有形容詞を付けて mon amie などとすると、ふつう「恋人」の意味になるよ。さらに、petit(e) ami(e) とすれば明らかに「恋人」を指す。恋愛感情を持たない「友人」の場合は不定冠詞を付けて un ami/une amie。「私の」ということを表現したければ、un(e) ami(e) à moi のようにするよ。

☐ 926. Ann est allée chanter avec ses (　　　) de classe.

杏はクラスメイトと歌いに行った。

☐ 927. Tu prends quel vin ? (　　　) ou (　　　) ?

どのワインにする？ このワイン？ それともあのワイン？

☐ 928. Prenons le plus court (　　　)! 一番の近道を行こう（←選ぼう）!

☐ 929. On a rencontré notre professeur au (　　　) de la rue.

街角で（←通りの角で）先生に会った。

☐ 930. À (　　　) de la gare de Minami-Koshigaya, il y a la gare de Shin-Koshigaya.

南越谷駅の隣に新越谷駅がある。

☐ 901. Marie est partie en vacances avec sa (famille).

☐ 902. Observez bien la (figure) suivante et répondez aux questions de 2 à 4.

☐ 903. Le ballon du rugby a une (forme) un peu bizarre.

☐ 904. Comme d'(habitude), M. Tanaka boit du vin rouge dans un bistrot.

成句 comme d'habitude　いつものように、いつも通りに

くだけた言葉づかいでは、comme d'hab と省略することもあるよ。

☐ 905. Ma femme ne m'écoute pas avec (intérêt).

派生 intéressant 形　興味・関心を引く、興味深い

☐ 906. C'est la raison pour (laquelle) Satoshi s'est marié avec Yumiko.

前置詞＋関係代名詞の場合。関係代名詞が代わりをする語（普通は直前にある。今回は la raison）が ひと なら qui、もの なら lequel、laquelle、lesquels、lesquelles、名詞以外なら quoi を選ぶよ。la raison は もの で、女性単数だから laquelle。

☐ 907. Le temps est souvent nuageux à (Londres).

☐ 908. Ce (matin), une vingtaine de chats noirs sont venus dans mon jardin.

vingt は「20」ぴったり、vingtaine は「約20」だよ。また、この問題文では、chats noirs に合わせて sont venus となっているけれど、une vingtaine に合わせて est venue とすることもできるよ。

☐ 909. La (moitié) de ce champ de blé a été ravagée par un incendie.

☐ 910. J'aime la (nature) et les animaux.

☐ 911. Ne te frotte pas les (yeux) !

この否定文を仮に肯定文にすると、frotte-toi les yeux になるね。se frotter les yeux が元にあるよ。

☐ 912. Tu manges du (pain) avec du wasabi ?

お寿司を食べるフランス人も増えてきたので、「わさび」もフランス語に入ったよ。ジャムやバターと同じように部分冠詞が付くことが多いみたい。ただ、わさびの味が苦手なフランス人は多いらしい。

☐ 913. La Suisse est un (pays) de montagnes.

☐ 914. Giant Baba avait de grands (pieds).

☐ 915. Satoru contrôle la (présence) des étudiants.

☐ 916. Si on soustrait cinq de quinze, le (reste) est dix.

☐ 917. La (route) alpine relie Tateyama à Omachi.

☐ 918. En France, l'année scolaire commence en (septembre).

scolaire は école の形容詞だよ。

☐ 919. Je n'aime vraiment pas cette (sorte) de gens.

☐ 920. Ryoji marche en (tête).

☐ 921. Pendant les (vacances), Aika est allée en Allemagne.

☐ 922. Hideki a choisi le meilleur (vin).

参考 choix 男 選択、商品などの品揃え

☐ 923. Ce dictateur a vendu son (âme) au diable.

diable を使った成句がいくつかあるよ。Diable !「ちくしょう！」、C'est [là] le diable.「そこが難しいところだ」「そこが面倒なところだ」、du diable「非常に悪い」（un temps du diable「ひどい天気」）とかね。

☐ 924. Dans ce pays d'Afrique, les (armées) ont pris le pouvoir.

☐ 925. Georges téléphone à sa petite amie au (bord) de la Seine.

☐ 926. Ann est allée chanter avec ses (camarades) de classe.

「友だち」「友人」として最も一般的なのは ami。camarade は仕事、趣味など共通のもので結ばれていたり、学校などの同じ組織に所属している仲間のこと。copain / copine はくだけた表現で「仲間」「相棒」のことだよ。

☐ 927. Tu prends quel vin ? (Celui-ci) ou (celui-là) ?

これは指示代名詞。celui-ci ou celui-là とはいうけれど、celui-là ou celui-ci とはいわないよ。順番は固定だね。➡ つぶやきの仏文法 p.80-81

☐ 928. Prenons le plus court (chemin) !

「道」の総称的ないい方は chemin だね。

☐ 929. On a rencontré notre professeur au (coin) de la rue.

☐ 930. À (côté) de la gare de Minami-Koshigaya, il y a la gare de Shin-Koshigaya.

成句 à côté de 名 ～の隣に

Leçon 27 （　　）の中に適切な名詞か代名詞を入れてみましょう。

☐ **931. Voie 3, (　　　) de l'express pour Kowa.**
３番線、河和行き急行が発車します。

☐ **932. C'est une affaire (　　　) on parle souvent au Japon.**
これは、最近日本でよく話題になっている事件だ。

☐ **933. Le Président a déclaré la victoire aux (　　　).**
大統領は選挙での勝利を宣言した。

☐ **934. Nous sommes moins drôles qu'(　　　).**
あいつらほど、おもろくない。

☐ **935. Mon mari a essayé de sortir par la (　　　).**
夫は窓から出て行こうとした。

> この前置詞 par は通過点を表す。「窓を通って」のイメージだね。
> de にはできないよ。➡ つぶやきの仏文法 p.119

☐ **936. Plus de vin à la cave ? C'est la (　　　) du monde !**
地下室にもうワインがないって？　世界の終わりだ！

☐ **937. Pourquoi as-tu écrit « viande » sur ton (　　　) ?**
なんで君はおでこに「肉」って書いたの？

☐ **938. Non, non, c'est une (　　　) vécue !**
いやいや、これは実話（←実際に体験した話）だよ。

☐ **939. Ce matin, notre bec-en-sabot a attrapé un poisson dans le**
(　　　). 今朝、我が家のハシビロコウ君が庭で魚を捕まえた。

☐ **940. Elle a les (　　　) sèches.**
彼女は唇ががさがさだ（←かわいた唇を持っている）。

☐ **941. Hideaki aime rester à la (　　　).** 英昭は家にいるのが好きだ。

☐ **942. Demain, c'est la fête des (　　　).** 明日は母の日だ。

☐ **943. (　　　) Yamanaka est allé au travail en courant.**
山中氏は走って出勤した。

☐ **944. Quel est ton (　　　) ?** 君の名は？

☐ **945. À l'(　　　) d'un arbre, il fait nettement plus frais qu'au**
soleil. 日なたより、木かげのほうが明らかに涼しい。

☐ **946. Il pleut à verse à Cherbourg, mais je n'ai pas de (　　　).**
シェルブールではどしゃ降りだが、僕には傘がない。

□ 947. Toshiro a résumé sa ( ). 敏郎は自分の考えを要約した。

□ 948. La ( ) est pleine d'étoiles de mer. 浜はヒトデでいっぱいだ。

日本語でも「ヒトデ」を「海星」と書くこともあるね。

□ 949. Autour de la table, les chats attendent ( ).

テーブルの周りで、ネコたちが何かを待っている。

□ 950. Mon mari ne me répond ( ). 夫は私に何も答えてくれない。

□ 951. La ( ) d'attente était pleine de kangourous.

待合室はカンガルーだらけだった。

□ 952. L'église est plongée dans le ( ).

教会は静まりかえっていた（←静寂の中に沈んでいた）。

□ 953. Nous avons sorti la ( ) en bois dans le jardin.

庭に木製テーブルを出した。

□ 954. Nous sommes remontés au sommet de la ( ) Eiffel.

エッフェル塔のてっぺんにまた上った。

□ 955. Le ( ) a tourné. 風向きが変わった（←風が曲がった）。

□ 956. Ce projet de loi a été adopté par 138 ( ) pour et 20
( ) contre.

この法案は賛成 138 票反対 20 票で可決された。

□ 957. Toshio est vraiment un homme d'( ).

利夫は本当に行動の人だ。

□ 958. Sa grand-mère est morte à 80 ( ).

彼の祖母は 80 歳で亡くなった。

□ 959. ( ) aux piétons et aux perroquets ! 歩行者とオウムに注意！

□ 960. Mai a serré sa fille dans ses ( ).

舞は娘を抱きしめた（←両腕の中でぎゅっとする）。

□ 931. Voie 3, (départ) de l'express pour Kowa.

□ 932. C'est une affaire (dont) on parle souvent au Japon.

> que ではなく dont を使うのは、on parle souvent de cette affaire というように、前置詞 de が必要だからだ。➡ つぶやきの仏文法 p.87-88

□ 933. Le Président a déclaré la victoire aux (élections).

> élection は多くの場合複数形で使われるよ。

□ 934. Nous sommes moins drôles qu'(eux).

□ 935. Mon mari a essayé de sortir par la (fenêtre).

□ 936. Plus de vin à la cave ? C'est la (fin) du monde !

> 最初の文は、Il n'y a plus de vin ... の省略だね。

□ 937. Pourquoi as-tu écrit « viande » sur ton (front) ?

□ 938. Non, non, c'est une (histoire) vécue !

> 「実話」は histoire vraie ともいうよ。

□ 939. Ce matin, notre bec-en-sabot a attrapé un poisson dans le (jardin).

□ 940. Hideaki a les (lèvres) sèches.

> lèvres は普通複数形で使うけど、「上唇」「下唇」みたいな時は単数になるよ。それぞれ lèvre supérieure, lèvre inférieure というよ。

□ 941. Elle aime rester à la (maison).

□ 942. Demain, c'est la fête des (Mères).

> フランスでは5月の最終日曜日だよ。

□ 943. (Monsieur) Yamanaka est allé au travail en courant.

□ 944. Quel est ton (nom) ?

> quel は（疑問）形容詞。フランス語では、形容詞は主語になることができないから、この文の主語は ton nom だよ。

□ 945. À l'(ombre) d'un arbre, il fait nettement plus frais qu'au soleil.

> この文の soleil は太陽そのものではなく、太陽・日光が当たっているところ、の意味だね。

□ 946. Il pleut à verse à Cherbourg, mais je n'ai pas de (parapluie).

> シェルブールはフランス北西部、ドーバー海峡（イギリス海峡）に突きだしたコタンタン半島の先端に位置する港湾都市。1964年に公開されたフランス・西ドイツ合作の恋愛映画『シェルブールの雨傘』でも有名だよ。

☐ 947. Toshiro a résumé sa (pensée).

☐ 948. La (plage) est pleine d'étoiles de mer.

☐ 949. Autour de la table, les chats attendent (quelque chose).

> この答えずるいぞ、と思った人もいるかも。quelque chose は離して書くけれど、普通1語扱いで、形容詞 quelque を名詞 chose に付けたとは考えないんだ。ごめんね。➡ つぶやきの仏文法 p.98

レベル②

☐ 950. Mon mari ne me répond (rien).

> **成句** ne ... rien　何も〜ない　➡ つぶやきの仏文法 p.196

☐ 951. La (salle) d'attente était pleine de kangourous.

> カンガルーというのは、オーストラリアの先住民族アボリジニの人たちのことばで「跳ぶもの」を意味する語が変化してできたと考えられているよ。

☐ 952. L'église est plongée dans le (silence).

☐ 953. Nous avons sorti la (table) en bois dans le jardin.

> 材料としての「木」は arbre ではないよ。また、nous sommes sortis ではなく nous avons sorti と助動詞が avoir になっていることに注目してね。複合過去形などを作る時に助動詞が必要になるけれど、直接目的語をとる動詞（つまり他動詞）はすべて助動詞 avoir になる。➡ つぶやきの仏文法 p.140-141

☐ 954. Nous sommes remontés au sommet de la (Tour) Eiffel.

☐ 955. Le (vent) a tourné.

☐ 956. Ce projet de loi a été adopté par 138 (voix) pour et 20 (voix) contre.

> s, x, z で終わる名詞は複数形にしても不変だね。➡ つぶやきの仏文法 p.22

☐ 957. Toshio est vraiment un homme d'(action).

☐ 958. Sa grand-mère est morte à 80 (ans).

☐ 959. (Attention) aux piétons et aux perroquets !

☐ 960. Mai a serré sa fille dans ses (bras).

Leçon 28　（　　）の中に適切な名詞か代名詞を入れてみましょう。

☐ **961. On ne connaît pas encore la (　　　) réelle de son décès.**

彼の本当の死因 (←死亡の本当の原因) はまだ分からない。

☐ **962. Toshiaki a cassé une (　　　) en bois.**　俊彰は木製のイスを壊した。

☐ **963. On a beaucoup de (　　　) à faire aujourd'hui.**

今日はやらないといけないことがたくさんある。

☐ **964. Les (　　　) ne sont pas favorables pour mes légumes.**

私が栽培している野菜 (←私の野菜) にとっては (環境) 条件はよくないね。

☐ **965. Miho parle avec ses amis dans la (　　　).**

美保は中庭で友だちたちと話している。

☐ **966. Le (　　　), le magasin est fermé.**　毎週日曜日、お店はお休みです。

☐ **967. Yuka porte son enfant sur les (　　　).**

裕香は子どもを肩車している (←肩の上に子どもを乗せて運んでいる)。

☐ **968. Le (　　　) japonais a refusé la demande.**

日本政府は要求を拒否した。

☐ **969. C'est sa (　　　) d'exprimer son amour.**

これが彼の愛情表現の方法 (←やり方) だ。

☐ **970. Totoro habite au (　　　) de la forêt.**　トトロは森の奥に住んでいる。

☐ **971. Il a levé les (　　　) et dit : « Je n'en sais rien... »**

彼は肩をすくめ (←肩をあげ)「何も知らん」といった。

> Je n'en sais rien. の en は中性代名詞。Je ne sais rien de cette affaire.「その件については何も知らない」のように、「～について」は de + 名詞などで表す。この部分を代名詞にすると en になるね。➡ つぶやきの仏文法 p.76-77

☐ **972. Les pompiers combattent le (　　　) de forêt.**

消防士たちが山火事に立ち向かっている (←山火事と戦っている)。

☐ **973. Ils vont descendre à un (　　　) de luxe.**

彼らは豪華なホテル (←デラックスなホテル) に泊まる。

> descendre は「高いところから低いところへ移動する」こと。例えば、馬や乗り物から地面に下りること。長旅の途中で、馬や乗り物から下りる理由の1つが宿泊だったことから、descendre に「泊まる」の意味があるんじゃないかな。

☐ **974. Évitez de faire une longue sieste pendant la (　　　).**

昼間に長い昼寝をするのは避けてください。

□ **975. Mon (   ) s'est effondré.** 私のベッドが崩れ落ちた。

> s'effondrer は床や底が抜けて崩れる感じ。

□ **976. Certains pensent que le corbeau est un oiseau de (   ).**
カラスは災いをもたらす鳥 (←不幸の鳥) だと考えている人たちもいる。

レベル2

□ **977. Il est quatre heures six (   ).** 4 時 6 分です。

□ **978. Je voudrais ajouter un (   ).** 一言付け足したい。

□ **979. Sortez tout (   ) métallique de vos poches.**
ポケットからあらゆる金属製品を出してください。

□ **980. Mayumi aime se nettoyer les (   ).** 麻由美は耳掃除が好きだ。

□ **981. M. Tanaka passe une grande (   ) de sa vie à caresser son bec-en-sabot.**
田中氏は人生の大部分をハシビロコウを撫でることで過ごしている。

□ **982. Le petit chat tremble de (   ).** 子猫は恐怖で震えていた。

□ **983. Quel est le (   ) commun entre un bec-en-sabot et Doraemon ?** ハシビロコウとドラえもんの (間の) 共通点は？

□ **984. Quand M. Tanaka boit, la (   ) le quitte.**
田中氏がお酒を飲むと、理性を失う (←理性は彼のもとを去る)。

□ **985. La visite du (   ) anglais Charles III en France est prévue en septembre.**
イギリス王チャールズ 3 世のフランス訪問が 9 月に予定されている。

□ **986. Tokio joue au (   ) une fois par semaine.**
凱雄は週に 1 回サッカーをしている。

□ **987. Les (   ) ont défilé sur la Place Rouge.**
兵士たちは赤の広場を行進した。

□ **988. La rue commerçante de Nakamise mène au (   ) Sensoji.**
仲見世商店街は浅草寺へ通じる。

□ **989. Le service de la Ligne Hachiko est suspendu en raison de (   ).** 八高線 (の運行) は工事のため運休 (←中断) しています。

□ **990. On dit que la (   ) est chère à Paris.**
パリでの生活費は高くつく (←パリで生活は高い) といわれている。

☐ 961. On ne connaît pas encore la (cause) réelle de son décès.

☐ 962. Toshiaki a cassé une (chaise) en bois.

☐ 963. On a beaucoup de (choses) à faire aujourd'hui.

☐ 964. Les (conditions) ne sont pas favorables pour mes légumes.

☐ 965. Miho parle avec ses amis dans la (cour).

> cour は、壁や建物などに囲まれた庭のことだよ。日本語の「庭」に近いのは jardin かな。「前庭」は avant-cour、「裏庭」は arrière-cour。

☐ 966. Le (dimanche), le magasin est fermé.

> le + 曜日名で「毎週○曜日」だね。➡ つぶやきの仏文法 p.27

☐ 967. Yuka porte son enfant sur les (épaules).

☐ 968. Le (gouvernement) japonais a refusé la demande.

☐ 969. C'est sa (façon) d'exprimer son amour.

☐ 970. Totoro habite au (fond) de la forêt.

成句 au fond de 图　〜の奥/底に

☐ 971. Il a levé les (épaules) et dit : « Je n'en sais rien... »

> lever/hausser les épaules「肩をすくめる（←肩をあげる）」は、何かに対して関心がない、何かに不満があることを表すよ。

☐ 972. Les pompiers combattent le (feu) de forêt.

☐ 973. Ils vont descendre à un (hôtel) de luxe.

☐ 974. Évitez de faire une longue sieste pendant la (journée).

☐ 975. Mon (lit) s'est effondré.

☐ 976. Certains pensent que le corbeau est un oiseau de (malheur).

反意 bonheur 男　幸福

☐ 977. Il est quatre heures six (minutes).

> minute[s] は省略されることが多いけどね。

☐ 978. Je voudrais ajouter un (mot).

> 日本語でも同じだと思うけれど、un mot といっても、実際にはちょっとした文だよ。

☐ 979. Sortez tout (objet) métallique de vos poches.

> tout は（不定）形容詞で男性単数形だから、カッコには男性単数名詞が入るね。➡ つぶやきの仏文法 p.50-51

☐ 980. Mayumi aime se nettoyer les (oreilles).

> se nettoyer の代わりに se curer les oreilles ともいうよ。ちなみに、「耳かき」は un cure-oreille。「耳かき」が複数だと cure-oreilles となる。2 つ以上の語を組み合わせてできている名詞（「合成名詞」などというよ）の場合、最初の語が名詞なら s が付き、動詞などの場合には s が付かないことが多いよ。cure は動詞 curer から来ているね。➡ つぶやきの仏文法 p.24

レベル2

☐ 981. M. Tanaka passe une grande (partie) de sa vie à caresser son bec-en-sabot.

☐ 982. Le petit chat tremble de (peur).

参考 tremblement 男 震え、震動、揺れ

☐ 983. Quel est le (point) commun entre un bec-en-sabot et Doraemon ?

> ちなみに、身長がだいたい同じ。

☐ 984. Quand M. Tanaka boit, la (raison) le quitte.

> le は M. Tanaka で、もともと M. Tanaka にあった la raison が M. Tanaka のところからなくなってしまうというわけだね。

☐ 985. La visite du (roi) anglais Charles III en France est prévue en septembre.

☐ 986. Tokio joue au (football) une fois par semaine.

☐ 987. Les (soldats) ont défilé sur la Place Rouge.

> 赤の広場は、ロシア・モスクワの中心にある広場だけど、「赤い」に相当するロシア語の Красная（クラースナヤ）には元々「美しい」という意味もあり、「美しい広場」が本来の訳語だよ。

☐ 988. La rue commerçante de Nakamise mène au (temple) Sensoji.

参考 commerce 男 商業、商売、貿易、商店

☐ 989. Le service de la Ligne Hachiko est suspendu en raison de (travaux).

☐ 990. On dit que la (vie) est chère à Paris.

Leçon 29 　（　　）の中に適切な名詞か代名詞を入れてみましょう。

□ **991. Il arrive que la (　　) baisse de plus en plus.**

視力がどんどん落ちていくことはある。

成句 il arrive que 接続法 〜することがある

□ **992. Quel (　　) as-tu ? — J'ai 100061 ans.** 「君、何歳?」「100061歳」

□ **993. Je ne lui prête pas d'(　　).** あいつにはお金を貸さない。

□ **994. M. Tanaka gagne sa vie en ne disant que des (　　).**

田中氏は、バカなことしかいわずに生計を立てている。

成句 gagner sa vie 生計を立てる

□ **995. Passe-moi (　　)!** それ、とって!

□ **996. (　　) qui travaillent beaucoup gagnent beaucoup.**

たくさん働く人は、たくさん稼ぐ。

□ **997. Tu as de la (　　)! Mon mari dort.**

ついてるね(←運を持っているね)。夫は寝ているわ。

□ **998. Quelques étudiants ont préparé le pot-au-feu dans la (　　).** 何人かの学生が教室でポトフを作った。

□ **999. Anna a changé de (　　).** 杏奈は話題を変えた(←会話を変えた)。

□ **1000. Tous les matins, il prend un café et un (　　).**

毎朝、彼はコーヒーを飲み、クロワッサンを食べる。

□ **1001. Il est vingt-deux heures (　　).** 22時10分です。

□ **1002. Je ne vois aucun (　　) visible.**

目に見える効果はまったくない(←いかなる目に見える効果も見えない)。

□ **1003. Quel est ton (　　) d'esprit actuel ?** 今の君の精神状態は?

□ **1004. Yoshiro aime sa (　　).** 佳郎は家族が好きだ。

□ **1005. Elle ne dit pas de mal ni de son (　　), ni de sa (　　).**

彼女は息子のことも娘のことも悪くいわない。

成句 dire du mal de [ひと] 〜の悪口をいう

□ **1006. L'Italie a la (　　) d'une botte.** イタリアは長靴の形をしている。

□ **1007. J'ai l'(　　) de boire un verre d'eau avant d'aller au lit.**

寝る前に、水をコップ1杯飲む習慣があります。

□ **1008. Cet homme n'agit que par (　　).**

この男は、私利私欲によってしか(←利益によってしか)動かない。

☐ **1009. C'est un grand coussin sans (　　　) M. Tanaka ne peut pas dormir.**

これは、それがないと田中氏が眠ることができない大きなクッションだ。

☐ **1010. (　　　), je suis vraiment désolé mais nous n'avons plus de vodka.**

奥様、大変申し訳ございません、ウオッカは売り切れでございます。

成句 ne ... plus もはや〜ない ➡ つぶやきの仏文法 p.195

☐ **1011. Appelle vite le (　　　) ! Mes poils du nez n'arrêtent pas de pousser !** 早く医者を呼んでくれ！ 俺の鼻毛の伸びが止まらない！

☐ **1012. Dans ce pays, la (　　　) des hommes est sans travail.**

この国では男性の半数は無職だ。

☐ **1013. La (　　　) humaine est toujours la même.**

人間の本質はいつも同じである。

☐ **1014. Quelle est la définition d'une (　　　) d'art ?**

芸術作品の定義って何なん？

☐ **1015. Nous allons prier pour la (　　　) du monde.**

世界平和のために祈りましょう。

☐ **1016. Ce (　　　) souffre de lourds problèmes de santé.**

この農民は健康上の重大な問題に苦しんでいる。

☐ **1017. Attention à la chute de (　　　) !** 落石注意（←石の落下に注意）！

☐ **1018. On dit qu'un nouveau smartphone entraîne une baisse d'environ 100 euros sur le (　　　) de tous les anciens modèles.**

新しいスマホは、すべての旧モデルの価格において約100ユーロの値下げを引き起こすといわれている。

☐ **1019. Le bleu du ciel est le (　　　) de la diffusion de la lumière solaire par l'atmosphère.**

空が青いのは、大気によって太陽光が散乱されるからである（←散乱の結果である）。

☐ **1020. La (　　　) de la Gare est devenue une (　　　) déserte.**

駅前通りは、人気のない通りになってしまった。

☐ 991. Il arrive que la (vue) baisse de plus en plus.

派生 voir **動** 見る、会う、訪問する

☐ 992. Quel (âge) as-tu ? — J'ai 100061 ans.

☐ 993. Je ne lui prête pas d'(argent).

☐ 994. M. Tanaka gagne sa vie en ne disant que des (bêtises).

☐ 995. Passe-moi (ça) !

☐ 996. (Ceux) qui travaillent beaucoup gagnent beaucoup.

> ceux は指示「代名詞」だけど、何も指していないよ。何も指すものがない場合、「人」の意味。ここでは複数形だから les hommes みたいな意味。➡ つぶやきの仏文法 p.80-81

☐ 997. Tu as de la (chance) ! Mon mari dort.

☐ 998. Quelques étudiants ont préparé le pot-au-feu dans la (classe).

> pot は、現在のフランス語では「つぼ」「(お酒ではなくジャムやマスタードなどの) ビン」だけど、昔は「鍋」の意味もあったんだ。feu は「火」。つまり、「火のところにある鍋」。牛肉と野菜をとろ火で煮込んだ料理だね。

☐ 999. Anna a changé de (conversation).

☐ 1000. Tous les matins, il prend un café et un (croissant).

☐ 1001. Il est vingt-deux heures (dix).

> minutes は省略されているね。

☐ 1002. Je ne vois aucun (effet) visible.

☐ 1003. Quel est ton (état) d'esprit actuel ?

☐ 1004. Yoshiro aime sa (famille).

☐ 1005. Elle ne dit pas de mal ni de son (fils), ni de sa (fille).

> dire du mal の mal は名詞、du は部分冠詞。du mal が dire の直接目的語だけど dire が否定されているので、部分冠詞 du が変化して de になっているんだ。➡ つぶやきの仏文法 p.194-195

☐ 1006. L'Italie a la (forme) d'une botte.

☐ 1007. J'ai l'(habitude) de boire un verre d'eau avant d'aller au lit.

> フランス語の glace は、乗り物などの「窓ガラス」の意味はあるけれど、飲み物を飲むための「グラス」の意味はないよ。「ワイングラス」は un verre à vin。この à は、une tasse à café「コーヒーカップ」と同様、用途を表すよ。

☐ 1008. Cet homme n'agit que par (intérêt).

☐ 1009. C'est un grand coussin sans (lequel) M. Tanaka ne peut pas dormir.

☐ 1010. (Madame), je suis vraiment désolé mais nous n'avons plus de vodka.

☐ 1011. Appelle vite le (médecin) ! Mes poils du nez n'arrêtent pas de pousser !

> docteur は肩書きに使うよ。「医者」「医師」は médecin。
> médecin de famille「ホームドクター」、médecin généraliste「一般医」、médecin spécialiste「専門医」、médecin traitant「主治医」。

☐ 1012. Dans ce pays, la (moitié) des hommes est sans travail.

☐ 1013. La (nature) humaine est toujours la même.

☐ 1014. Quelle est la définition d'une (œuvre) d'art ?

参考 définir 動 定義する

☐ 1015. Nous allons prier pour la (paix) du monde.

参考 prière 女 祈り、頼み、願い

☐ 1016. Ce (paysan) souffre de lourds problèmes de santé.

> 今では、paysan には「田舎者」というイメージがついてちょっと差別的かも。マスコミなどでは agriculteur「農業従事者」を使うよ。

☐ 1017. Attention à la chute de (pierres) !

> pierre「石」、caillou「小石」、roche「岩」、rocher「岸壁」。

☐ 1018. On dit qu'un nouveau smartphone entraîne une baisse d'environ 100 euros sur le (prix) de tous les anciens modèles.

☐ 1019. Le bleu du ciel est le (résultat) de la diffusion de la lumière solaire par l'atmosphère.

> フランス語とは関係ないけれど、もう少し詳しく説明しよう。大気（atmosphère）中には、酸素（oxygène）や窒素（azote）などの微粒子（particule）が浮遊しているんだけど、太陽から届く光（lumière solaire）は微粒子によって散乱（diffusion）、つまり色々な方向に散らばり広がっていく。波長の短い青い光は、波長の長い赤い光より強く散乱され、赤い光よりも青い光のほうが空いっぱいに広がるので、空が青く見えるんだ。

☐ 1020. La (rue) de la Gare est devenue une (rue) déserte.

Leçon 30 　（　　）の中に適切な名詞か代名詞を入れてみましょう。

☐ **1021. Je voudrais vous demander un petit (　　　).**
　　ちょっとお願いしたいことがあるのですが（←あなたに求めたい小さな手助け
　　があるのですが）。

☐ **1022. Takeshi a toujours un (　　　) d'enfant.**
　　剛士はいつも子どものような微笑みを浮かべている。

☐ **1023. M. Tanaka n'a rien dans la (　　　).**
　　田中氏は頭が空っぽ（←頭の中に何も持っていない）。

☐ **1024. Bonnes (　　　)!　よい休みを！**

☐ **1025. Il a tourné son (　　　) vers le mur.**　彼は壁の方へ顔を向けた。

☐ **1026. Hier, je suis allé au cinéma avec une (　　　).**
　　昨日、女友達と映画館へ行った。

☐ **1027. Ce train va jusqu'à Kotesashi.　Le prochain (　　　), c'est
Hibarigaoka.**
　　この電車は小手指までまいります。次の停車駅はひばりヶ丘です。

☐ **1028. Otsu est au (　　　) du lac Biwa.**　大津は琵琶湖のほとりにある。

☐ **1029. Le poète a choisi de finir ses jours à la (　　　).**
　　詩人は田舎で余生を送ることにした（←送ることを選んだ）。

☐ **1030. (　　　) disent que la guerre entre la Russie et l'Ukraine
pourrait durer des années.**
　　ロシアとウクライナの戦争は何年も続くかもしれないという人たちもいる（←何
　　人かの人たちは〜といっている）。

☐ **1031. Vous cherchez votre (　　　)?　Je l'ai vu au salon de
coiffure.**　馬をお探しですか？ 床屋で見ましたよ。

☐ **1032. Ma femme est très en (　　　) contre moi.**
　　妻は私に対してとても腹を立てている。

☐ **1033. Minoru tient un très bon restaurant italien juste à (　　　)
de la gare de Soka.**
　　実は草加駅のすぐ隣で美味しいイタリア料理店を経営している。

☐ **1034. Le conseil d'administration envisage un plan de (　　　)
volontaires.**
　　取締役会は早期退職（←自発的な退職）計画を検討している。

☐ **1035. Satoko porte un petit sac à** ( ).

聡子は小さなリュックサックを背負っている。

☐ **1036. C'est un bon** ( ) **pour surprendre tes amis.**

ここは、君の友だちを驚かせるのにちょうどよい場所だよ。

☐ **1037. On pourrait multiplier les** ( ) **de noyades.**

溺死事故の例は枚挙にいとまがない（←溺死事故の例を増やすことができるだろう）。

☐ **1038. Clarisse regarde la tour de l'horloge par la** ( ).

クラリスは窓越しに時計台を見ている。

☐ **1039. Naoya a acheté des** ( ) **pour Eri.**　直也は絵里に花を買った。

☐ **1040. On a eu un deuxième** ( ).

我が家に 2 人目の男の子が生まれた（← 2 番目の男の子を手に入れた）。

☐ **1041. La spécialité de Shunsuke, c'est l'**( ) **de l'Allemagne de l'Est.**　俊輔の専門は東ドイツ史だ。

☐ **1042. La vie n'est qu'un** ( ).　人生はゲームでしかない。

☐ **1043. Ce sous-chef de bureau agit en toute** ( ).

この課長補佐は自由奔放に行動している。

☐ **1044. La ville a construit des** ( ) **préfabriquées.**

町はプレハブ住宅を建てた。

☐ **1045. Le shaku est une ancienne unité de** ( ) **de longueur.**

尺は古い長さの測定単位である。

☐ **1046. Le** ( ) **de l'armée était très bas.**

軍隊の士気は非常に低かった。

☐ **1047. Vous aimez les** ( ) **pairs ou les** ( ) **impairs ?**
— J'aime les ( ) **premiers.**

「偶数が好きですか、それとも奇数が好きですか？」「素数が好きです」

☐ **1048. Il fait frais à l'**( ) **des palmiers.**　ヤシの木の木陰は涼しい。

☐ **1049. N'oublie pas ton** ( ) **! Il va pleuvoir.**

傘を忘れるなよ。（もうすぐ）雨が降るよ。

☐ **1050. Mon** ( ) **ne sort pas de la salle de bain !**

お父さんがお風呂場から出てこないんだ！

☐ 1021. Je voudrais vous demander un petit (service).

☐ 1022. Takeshi a toujours un (sourire) d'enfant.

☐ 1023. M. Tanaka n'a rien dans la (tête).

☐ 1024. Bonnes (vacances) !

> vacances は夏休みなどの比較的長い休み、休暇のこと。congé は個人の事情により与えられる休暇のこと。たとえば、congés payés「有給休暇」。jour férié は休日となる「祝祭日」。

☐ 1025. Il a tourné son (visage) vers le mur.

> 「顔」を現す語については 733. を。

☐ 1026. Hier, je suis allé au cinéma avec une (amie).

☐ 1027. Ce train va jusqu'à Kotesashi. Le prochain (arrêt), c'est Hibarigaoka.

☐ 1028. Otsu est au (bord) du lac Biwa.

> **成句** au bord de 图 　～のほとりに、～の沿岸に

☐ 1029. Le poète a choisi de finir ses jours à la (campagne).

☐ 1030. (Certains) disent que la guerre entre la Russie et l'Ukraine pourrait durer des années.

> durer は、あとどのくらいの期間続くのかという時の表現を伴うことが多いよ。continuer はこれまでの状態・行為が止まずに、終わらずにまだ続くというイメージ。

☐ 1031. Vous cherchez votre (cheval) ? Je l'ai vu au salon de coiffure.

☐ 1032. Ma femme est très en (colère) contre moi.

> très は名詞に直接付けることはできないけれど、動詞＋名詞でできている動詞句には付けることができるよ。例えば、avoir faim に付けて、「私はとてもお腹が空いている」J'ai très faim. のようにね。

☐ 1033. Minoru tient un très bon restaurant italien juste à (côté) de la gare de Soka.

> **成句** à côté de 图 　～の隣に

☐ 1034. Le conseil d'administration envisage un plan de (départs) volontaires.

> départ の動詞形 partir にも、「退職する」「辞任する」という意味があるよ。それまで勤めていた場所から他へ移動する感じかな。

□ 1035. Satoko porte un petit sac à (dos).

> porter 自体では「背負う」の意味がないけれど、porter しているものが sac à dos なので、常識的に背中（dos）に持っているのだろうと考えるんだ。

□ 1036. C'est un bon (endroit) pour surprendre tes amis.

□ 1037. On pourrait multiplier les (exemples) de noyades.

□ 1038. Clarisse regarde la tour de l'horloge par la (fenêtre).

□ 1039. Naoya a acheté des (fleurs) pour Eri.

□ 1040. On a eu un deuxième (garçon).

> avoir の複合過去形や単純未来形が「所有」ではなく「獲得」を表すことがあるよ。➡ つぶやきの仏文法 p.129

□ 1041. La spécialité de Shunsuke, c'est l'(histoire) de l'Allemagne de l'Est.

□ 1042. La vie n'est qu'un (jeu).

派生 jouer 動 遊ぶ、楽器を弾く

□ 1043. Ce sous-chef de bureau agit en toute (liberté).

派生 libre 形 自由な、暇な

□ 1044. La ville a construit des (maisons) préfabriquées.

□ 1045. Le shaku est une ancienne unité de (mesure) de longueur.

□ 1046. Le (moral) de l'armée était très bas.

□ 1047. Vous aimez les (nombres) pairs ou les (nombres) impairs ?

— J'aime les (nombres) premiers.

> 素数とは、1と、それ自体以外に約数をもたない正の整数のこと。たとえば、7は1と7以外では割れないので素数だけど、8は1・2・4・8で割れるので素数ではないよ。フランス語で素数のことを nombres premiers というけど、premier には「素」「礎」のような意味があるよ。matières premières「原料・素材」とかね。

□ 1048. Il fait frais à l'(ombre) des palmiers.

□ 1049. N'oublie pas ton (parapluie) ! Il va pleuvoir.

> この va は aller だけど、aller + 不定詞 の近接未来形だね。
> ➡ つぶやきの仏文法 p.155

□ 1050. Mon (père) ne sort pas de la salle de bain !

☐ **1051. Ce** ( ), **j'irai vous voir.**
今晩、あなたに会いに行きます。

☐ **1052. Akane a deux** ( ) **à café.**
朱音はコーヒーカップを 2 つ持っている。

☐ **1053. Miyu a** ( ) **compris.** 未優はすべてを理解した。

☐ **1054. Vous avez assez de temps pour préparer 1000** ( ) **de lait à la fraise.**
イチゴ牛乳 1000 杯 (←グラス 1000 杯) を作るのに十分な時間があります。

☐ **1055. Yoshiki est en** ( ) **d'affaires à Yokohama.**
芳樹は横浜へ出張中 (←仕事の旅行中) です。

☐ **1056. Yuki a l'**( ) **d'aller à pied jusqu'à son bureau.**
由紀には職場まで歩いて行く習慣がある。

☐ **1057. J'aime l'omelette au fromage de ma** ( ).
母のチーズオムレツが好き。

☐ **1058. On est allé surfer à la** ( ) **de Shonan.**
湘南の海水浴場へ、サーフィンをしに行った。

☐ **1059. Pendant l'entraînement, je me suis cassé le** ( ) **gauche.**
トレーニング中に左腕を折ってしまった。

☐ **1060. C'était la plus longue** ( ) **pour mon père.**
それは親父にとって一番長い日だった。

☐ **1061. La durée des heures de** ( ) **est de 35 heures par semaine.** 労働時間は週 35 時間である。

☐ **1062.** ( ) **fait 98 yens.** 98 円になります。

☐ **1063. On a fait** ( )**-**( ). 割り勘にした (←半分半分にした)。

☐ **1064. Ils ont construit une maison en** ( ).
彼らは石造りの家を建てた。

☐ **1065. Masao est devenu chef de** ( ).
雅夫は部長になった。

☐ **1066. Ils ont passé les** ( ) **au bord de la Méditerranée.**
彼らはバカンスを地中海沿岸で過ごした。

☐ **1067. L'(　　　) cardiaque est une perte soudaine de la fonction cardiaque.**

心拍停止（←心臓の停止）は、心臓の機能が突然失われることである。

☐ **1068. Le (　　　) de la tasse est cassé !** カップの縁が欠けてるよ！

☐ **1069. Le (　　　) de candidats reçus est en légère baisse.**

合格者数（←受け入れられた候補者の数）はわずかに減少している。

☐ **1070. Depuis ce matin, j'ai mal à la (　　　).** 今朝から頭が痛いんだよ。

☐ **1071. Pas de (　　　) !** ついてねぇなあ（←運がないな）。

☐ **1072. Il a été célibataire toute sa (　　　).**

彼は一生涯（←全部の人生）独身だった。

☐ **1073. Cette (　　　), on a beaucoup d'absents.** 今週は欠席が多い。

☐ **1074. Le jugement fait l'(　　　) de révision.**

この判断は再検討の対象となっている（←対象をなしている）。

☐ **1075. Le (　　　) est encore instable.** 政権はまだ不安定である。

☐ **1076. Remettez le curry sur le (　　　).** カレーをまた火にかけてください。

☐ **1077. On aperçoit au loin les (　　　) de Shinjuku.**

遠くに新宿の高層ビル群（←塔のような高い建物複数）が見える。

☐ **1078. Internet est devenu populaire à la (　　　) des années 90.**

インターネットが普及したのは 90 年代末である。

☐ **1079. Vous connaissez les (　　　) jaunes ?**

イエローワインって知ってます？

ジュラ地方でのみ造られている黄色を帯びた独特なワイン。ジュラ地方のみで栽培されているサヴァニャンという品種のぶどうで作られる。

☐ **1080. Il y a un moustique sur ton (　　　) !** おでこに蚊がとまってるぞ。

まとめ問題❻　解答

1051. soir, 1052. tasses, 1053. tout (語順注意 ➡ つぶやきの仏文法 p.101) , 1054. verres, 1055. voyage, 1056. habitude, 1057. mère, 1058. plage, 1059. bras, 1060. journée, 1061. travail, 1062. Ça, 1063. moitié-moitié, 1064. pierre, 1065. service, 1066. vacances, 1067. arrêt,　1068. bord, 1069. nombre, 1070. tête, 1071. chance, 1072. vie, 1073. semaine, 1074. objet, 1075. gouvernement, 1076. feu, 1077. tours, 1078. fin, 1079. vins, 1080. front

Leçon 31　（　　）の中に適切な名詞か代名詞を入れてみましょう。

☐ **1081. Regarde mon bec-en-sabot ! C'est le (　　　) des yeux.**

僕のハシビロコウさんを見て！　目の保養だよ（←目の喜びだよ）。

☐ **1082. Il y a (　　　) de nouveau ?**

何か変わったことは（←これまでになかった新しいことある）？

☐ **1083. Je n'ai (　　　) à ajouter.**

私からは補足することは何もありません（←付け足すものは何もありません）。

☐ **1084. Masahiro a essuyé le (　　　) avec la serviette.**

昌大はタオルで血を拭いた。

☐ **1085. Je n'ai pas de frère[s] mais j'ai une (　　　).**

兄弟はいませんが、妹が一人います。

☐ **1086. À (　　　) ! ごはーん（←食卓について）！**

☐ **1087. La (　　　) de Babel se trouvait à Shimo-Kitazawa ?**

バベルの塔って、下北沢にあったの？

☐ **1088. Mon mari ne dit jamais la (　　　).**

夫は本当のことを決していわない。

　　成句 ne ... jamais　決して〜ない ➡ つぶやきの仏文法 p.195

☐ **1089. La durée du (　　　) est de 18 heures 40 minutes.**

飛行時間は 18 時間 40 分です。

☐ **1090. Mesdames et messieurs, nous allons atterrir à l'(　　　) de Yonago Kitaro.**

当機（←我々）はまもなく米子鬼太郎空港に着陸いたします。

☐ **1091. L'(　　　) prochaine, Shuji sera plus occupé.**

来年、修司はもっと忙しくなるだろう。

☐ **1092. (　　　) des étudiants de M. Tanaka n'a fait ses devoirs.**

田中氏の学生は誰一人として宿題をやらなかった。

☐ **1093. La fille s'est cassé le (　　　) en jouant au softball.**

女の子は、ソフトボールをしていて腕を折った。

☐ **1094. Les (　　　) de la panne sont inconnues.**

故障の原因は不明である。

☐ **1095. Ta (　　　) n'a pas de porte !?**

君の部屋、ドアがないの！？

□ **1096. Voilà une petite (　　　) pour vous.**

つまらないもの（←ささいなもの←小さなもの）ですが、どうぞ。

□ **1097. Il est impossible dans ces (　　　) que Hiroko ne boive pas.**

この状況で、裕子がお酒を飲まないなんてありえない（←飲まないなんて不可能だ）。

成句 **il est impossible que** 接続法 ～は不可能だ

□ **1098. Je n'ai pas de (　　　) pour dire toute la vérité à tout le monde.**

私にはみんなにすべての真実をいうだけの勇気がない。

□ **1099. Kanako ne boit que le (　　　) soir.**

佳奈子は日曜夜にしかお酒を飲まない。

□ **1100. La ville de Genève est célèbre pour son jet d'(　　　).**

ジュネーヴの町は噴水で有名だ。

□ **1101. Cette (　　　) n'atteindra jamais son but.**

このチームが目標に到達することは絶対ないだろう。

□ **1102. Soixante ans de mariage : ce n'est pas un (　　　) courant !**

結婚60周年：これはよくあることではないよ（←よくある出来事・事柄ではない）！

□ **1103. Le (　　　) est au rouge !** 信号は赤だよ!

□ **1104. Les Brésiliens aiment le (　　　).** ブラジル人はサッカーが好きだ。

□ **1105. Pour vous, quelle est la règle de (　　　) française la plus étrange ?**

あなたにとって、フランス語の文法で最も奇妙な規則は何ですか？

□ **1106. Toi, tu as ton (　　　). Moi, j'ai mon (　　　).**

君には君の、僕には僕の考えがある。

□ **1107. Il faut agir pour la paix et la (　　　).**

平和と正義のために行動しなければならない。

参考 **action** 囡 行動

□ **1108. Quel est ton (　　　) préféré ?** 君の好きな本は?

□ **1109. La (　　　) de Kouki d'expliquer les choses est claire.**

幸喜の物事の説明の仕方は分かりやすい。

□ **1110. Une (　　　) suffit à changer la vie.**

1分あれば人生は変えられる（←人生を変えるのに1分で十分だ）。

レベル 2

☐ 1081. Regarde mon bec-en-sabot ! C'est le (plaisir) des yeux.

☐ 1082. Il y a (quelque chose) de nouveau ?

> quelque chose については、949. を見てね。

☐ 1083. Je n'ai (rien) à ajouter.

> 否定の ne とセットになり、avoir の直接目的語にもなるものが必要だね。

☐ 1084. Masahiro a essuyé le (sang) avec la serviette.

☐ 1085. Je n'ai pas de frère[s] mais j'ai une (sœur).

> 否定の de の後の名詞を単数形にするか複数形にするかは、肯定文の場合が基準になりやすいよ。Je n'ai pas de père. は単数形、Les arbres n'ont plus de feuilles. は複数形が普通。だから、frère は複数形にもできるよ。

☐ 1086. À (table) !

☐ 1087. La (Tour) de Babel se trouvait à Shimo-Kitazawa ?

☐ 1088. Mon mari ne dit jamais la (vérité).

☐ 1089. La durée du (vol) est de 18 heures 40 minutes.

> これは、2023 年度現在で最長航空路線のシンガポール⇔ニューヨーク便（ノンストップ）。

☐ 1090. Mesdames et messieurs, nous allons atterrir à l'(aéroport) de Yonago Kitaro.

> エアターミナルは aérogare というよ。日本語でもフランス語でも、空港内にある乗客が発着手続きや待ち合わせなどをする施設のことだけでなく、空港行きバスが発着する市内ターミナル（東京シティ・エアターミナルなど）をいう場合もあるよ。

☐ 1091. L'(année) prochaine, Shuji sera plus occupé.

> an, année の違いは意味というより使い方の部分のほうが大きいかも。数詞（基数詞）を付けるのは an(s)。たとえば、deux ans「2 歳 /2 年」、dix ans「10 歳 /10 年」のように。一方 année には、chaque, cette, combien de(d') や、品質形容詞を付けられる。l'an dernier, l'année dernière のようにどちらも可能な場合もあるけれど、an を使った表現のほうがちょっと堅い感じかな。

☐ 1092. (Aucun) des étudiants de M. Tanaka n'a fait ses devoirs.

> この aucun は代名詞だよ。n'a fait の主語になっているね。aucun に合わせて leurs ではなく ses になっていることにも注意してね。➡ つぶやきの仏文法 p.100

☐ 1093. La fille s'est cassé le (bras) en jouant au softball.

☐ 1094. Les (causes) de la panne sont inconnues.

☐ 1095. Ta (chambre) n'a pas de porte !?

☐ 1096. Voilà une petite (chose) pour vous.

☐ 1097. Il est impossible dans ces (conditions) que M. Tanaka ne boive pas.

成句 il est impossible que 接続法 ～は不可能だ

☐ 1098. Je n'ai pas de (courage) pour dire toute la vérité à tout le monde.

成句 avoir du courage pour 不定詞 = avoir le courage de 不定詞 ～する勇気がある

☐ 1099. Kanako ne boit que le (dimanche) soir.

☐ 1100. La ville de Genève est célèbre pour son jet d'(eau).

噴水といっても、高さ140mまで噴出されている大きなものだよ。位置や風向きによっては、見ている人たちがずぶ濡れになるんだ。

☐ 1101. Cette (équipe) n'atteindra jamais son but.

☐ 1102. Soixante ans de mariage : ce n'est pas un (fait) courant !

☐ 1103. Le (feu) est au rouge !

フランス語で信号の「青」は vert。日本語とずれているように見えるのは、日本語の「青」が表す範囲がかなり広かったためじゃないかな。「緑」のものにも「青」ということが結構あるよね。「青リンゴ」「青葉」「青汁」「青々とした新緑」など。

☐ 1104. Les Brésiliens aiment le (football).

foot と略すことも多いよ。

☐ 1105. Pour vous, quelle est la règle de (grammaire) française la plus étrange ?

奇妙かどうかはともかく、代名動詞の過去分詞の一致のルールが複雑で難しいと感じているフランス人は多いみたい。

☐ 1106. Toi, tu as ton (idée). Moi, j'ai mon (idée).

ton, mon だからといって、男性名詞とは限らないよね。➡ つぶやきの仏文法 p.43

☐ 1107. Il faut agir pour la paix et la (justice).

☐ 1108. Quel est ton (livre) préféré ?

☐ 1109. La (manière) de Kouki d'expliquer les choses est claire.

☐ 1110. Une (minute) suffit à changer la vie.

Leçon 32　（　　）の中に適切な名詞か代名詞を入れてみましょう。

□ **1111. La Bourse est toujours en (　　　　　).**　証券市場は常に動いている。

□ **1112. C'est une très bonne (　　　　　) de boire le lait à la fraise.**
イチゴ牛乳を飲むのにとてもよい機会ですね。

□ **1113. Le fennec a de très longues (　　　　　).**
フェネックはとても長い耳をしている。

□ **1114. Relisez la première (　　　　).**　第一部を読み直しなさい。

□ **1115. N'ayez pas (　　　　)! M. Tanaka ne mord pas !**
怖がらないで。田中先生は噛まないから。

□ **1116. J'ai oublié mon (　　　　) chez elle.**
彼女の家に携帯電話を忘れてしまった。

□ **1117. Il n'y a pas de (　　　　) pour que je ne revienne pas ici.**
私がここへ戻って来ない理由はない（←戻って来ないための理由はない）。

□ **1118. Quel est le (　　　　) de ce levier ?**　このレバーの役割は？

□ **1119. La (　　　　) dernière, il a neigé à Matsudo.**
先週、松戸で雪が降った。

□ **1120. Le (　　　　) est caché derrière les nuages noirs.**
太陽は黒い雲の向こうに隠れている。

□ **1121. Naoki ne passe son (　　　　) qu'à travailler.**
直樹は、仕事に明け暮れている（←働くことでしか自分の時間を過ごさない）。

　成句 ne … que　〜しか〜ない ➡ つぶやきの仏文法 p.197-198

□ **1122. Allez, au (　　　　)!**　さあ、仕事！

□ **1123. Cette rue aboutit à l'église du (　　　　).**
この道は、村の教会に続いている。

□ **1124. Travailler avec une faible lumière fatigue la (　　　　).**
暗いところで仕事をする（←弱い光で仕事をする）と、目（←視覚・視力）を
疲れさせる。

> この意味では、fatiguer les yeux ということのほうが多いよ。
> ちなみに、「眼精疲労」は asthénopie というよ。

□ **1125. On va renouveler l'(　　　　).**　空気を入れ換えよう。

□ **1126. Sur la table, il y avait des cuillères en (　　　　).**
テーブルの上には銀製のスプーンがあった。

☐ **1127.** **Le banc en (   ) était mouillé.** 木製のベンチは濡れていた。

☐ **1128.** **(   ) ne fait rien !** かまわんよ (←それは、何も作り出さない)。

☐ **1129.** **Ce garçon n'aime que (   ) qui l'aiment.**

この男の子は、自分のことを好きになってくれる女性しか好きにならない。

カッコ内には代名詞が入るよ。カッコの後にある l' は代名詞で、ce garçon を指すね。

☐ **1130.** **M. Tanaka a une cinquantaine de (   ).**

田中氏は 50 個近い帽子を持っている。

カッコに入る名詞は複数形になるね。50 個ぴったりだったら、カッコに入る名詞の直前に cinquante が付くよね。

☐ **1131.** **Le (   ) de Mutsumi est plein de son mari.**

睦美の心は夫のことでいっぱいだ。

☐ **1132.** **Keisuke suit un cours de (   ) française.**

敬祐はフランス語会話の授業を受けている。

☐ **1133.** **Cette (   ) est toujours aimable.**

このご婦人はいつも愛想がいい。

☐ **1134.** **Masanori s'est blessé au petit (   ) en tombant.**

真典は転んで小指に怪我をした。

☐ **1135.** **Je n'ai jamais senti d'(   ) direct sur ma santé.**

私の健康状態に、直接的な効果・影響を感じたことはない。

☐ **1136.** **La Suisse est un (   ) fédéral.** スイスは連邦国家である。

☐ **1137.** **À cause de la (   ), Wataru est resté en pyjama toute la journée.** 疲れていたので、亘は一日中パジャマで過ごした。

☐ **1138.** **Quel âge a votre (   ) ? — Il a dix-huit ans.**

「息子さん、おいくつ?」「18 歳です」

☐ **1139.** **Une pomme par jour éloigne le médecin. Et une (   ) ?**

1 日 1 個のリンゴは医者を遠ざける。じゃあ、イチゴは?

☐ **1140.** **Quel (   ) !** なんという偶然!

☐ 1111. La Bourse est toujours en (mouvement).

☐ 1112. C'est une très bonne (occasion) de boire le lait à la fraise.

☐ 1113. Le fennec a de très longues (oreilles).

> サン＝テグジュペリの『星の王子さま』に出てくるキツネのモデルになったとされる。北アフリカの砂漠に住むよ。

☐ 1114. Relisez la première (partie).

> 「章」は chapitre というよ。

☐ 1115. N'ayez pas (peur) ! M. Tanaka ne mord pas !

☐ 1116. J'ai oublié mon (portable) chez elle.

☐ 1117. Il n'y a pas de (raison) pour que je ne revienne pas ici.

☐ 1118. Quel est le (rôle) de ce levier ?

☐ 1119. La (semaine) dernière, il a neigé à Matsudo.

> ややこしい時の表現を整理するよ。ポイントは、いつを基準とするか。今日を基準として、直前・直後の週は la semaine dernière「先週」、la semaine prochaine「来週」。今日以外の時を基準にして、直前・直後の週は la semaine précédente「(その) 前の週」、la semaine suivante「(その) 翌週」だね。

☐ 1120. Le (soleil) est caché derrière les nuages noirs.

☐ 1121. Naoki ne passe son (temps) qu'à travailler.

☐ 1122. Allez, au (travail) !

> se mettre の命令形 mettez-vous を補って Mettez-vous au travail ! とすると完全な文の形になるね。

☐ 1123. Cette rue aboutit à l'église du (village).

☐ 1124. Travailler avec une faible lumière fatigue la (vue).

> この文は、fatigue が動詞。fatigue の主語(正確には主部)は、Travailler avec une faible lumière の部分だよ。

☐ 1125. On va renouveler l'(air).

☐ 1126. Sur la table, il y avait des cuillères en (argent).

> 複数あったのなら cuillères は複数形になるけれど、素材・材料を表す argent を複数形にする必要はないよ。

☐ 1127. Le banc en (bois) était mouillé.

> 参考 sec 形 渇いた

☐ 1128. (Ça) ne fait rien !

☐ 1129. Ce garçon n'aime que (celles) qui l'aiment.

> celles は指示「代名詞」だけど、何も指していないよ。何も指すものがない場合、「人」の意味になるけど、ここでは女性複数形だから les femmes, les filles みたいな意味だね。 ➡ つぶやきの仏文法 p.80-81

☐ 1130. M. Tanaka a une cinquantaine de (chapeaux).

☐ 1131. Le (cœur) de Mutsumi est plein de son mari.

☐ 1132. Keisuke suit un cours de (conversation) française.

☐ 1133. Cette (dame) est toujours aimable.

> 参考 amabilité 女 愛想のよさ

☐ 1134. Masanori s'est blessé au petit (doigt) en tombant.

> 参考 blessure 女 傷、怪我

> 「指」に関する表現は 796. を見てね。

☐ 1135. Je n'ai jamais senti d'(effet) direct sur ma santé.

☐ 1136. La Suisse est un (État) fédéral.

> 「国」については 780.

> république fédérale「連邦共和国」、république populaire「人民共和国」、république socialiste「社会主義共和国」

☐ 1137. À cause de la (fatigue), Wataru est resté en pyjama toute la journée.

> 前置詞 en を使って「〜を着た」を表すことがあるよ。être en uniforme「制服を着た」、être en noir「黒い服を着ている」、rester en chapeau「帽子を被ったままでいる」など。

☐ 1138. Quel âge a votre (fils) ? — Il a dix-huit ans.

☐ 1139. Une pomme par jour éloigne le médecin. Et une (fraise) ?

> これは、「1日1個のリンゴを食べていれば医者にかからなくて済む」という意味のウェールズ地方発祥とされることわざ。栄養価が高いからだろうね。

☐ 1140. Quel (hasard) !

> これは、quel を使った感嘆文だね。

Leçon 33　（　　）の中に適切な名詞か代名詞を入れてみましょう。

☐ **1141. Hina et Mio ont accepté mon (　　　).**
比菜と充央は私の招待を受け入れた。

☐ **1142. Il manque une (　　　) ici.**　ここ、1 文字抜けているよ。

☐ **1143. Haut les (　　　)! Sinon, je continue à faire des gag !**
手をあげろ！　さもないとギャグをし続けるぞ！

☐ **1144. Est-ce que l'eau de la (　　　) Noire est vraiment noire ?**
黒海の水は本当に黒いの？

☐ **1145. Le (　　　) est venu de boire ce lait à la fraise.**
このイチゴ牛乳を飲む時（←瞬間）が来た。

☐ **1146. Mon (　　　) est venu chez nous.**　甥っ子が我が家に来た。

> 親族関係の表現。grands-parents「祖父母」、grand-père「祖父」、grand-mère「祖母」、arrière-grand-père「曾祖父」、arrière-grand-mère「曾祖母」、oncle「伯父・叔父」、tante「伯母・叔母」、petit-fils「孫（の男の子）」petite-fille「孫娘」、cousin[e]「いとこ」、arrière-cousin[e]「またいとこ（親がいとこ同士である子ども同士の関係）」

☐ **1147. Ce musée possède plusieurs (　　　) de Rembrandt.**
その美術館はレンブラントの作品を複数所有している。

☐ **1148. Le pigeon blanc symbolise la (　　　).**
白い鳩は平和の象徴である。

☐ **1149. Voici la saison de la (　　　)!**　釣りの季節が来たよ！

☐ **1150. Le chemin est plein de (　　　).**　道は石ころだらけだ。

☐ **1151. Le (　　　) des étudiants dormait.**　学生の 4 分の 1 は寝ていた。

☐ **1152. Nous n'avons aucun doute sur les (　　　).**
結果に関して、まったく疑いも持っていない。

☐ **1153. L'appartement de Koji donne sur la (　　　).**
康司のアパルトマンは通りに面している。

☐ **1154. Un (　　　) comprend cent ans. Une année est divisée en douze mois.**
1 世紀は 100 年からなり、1 年は 12 の月に分けられる。

☐ **1155. Mon père continue à vivre dans le (　　　) de ses amis.**
私の父は、その友人たちの思い出の中で生き続けている。

□ **1156. Kazuo préfère le** ( ) **au cinéma.**

一男は映画より演劇が好きだ。

□ **1157. Yuki et Kie vont au travail à** ( ).

幸と季恵は自転車で仕事へ行く。

□ **1158. On a loué une** ( ) **à l'aéroport de Naha.**

那覇空港でレンタカーを借りた（←車を借りた）。

□ **1159. Kensuke est un de mes** ( ). 健介は私の友だちの1人だ。

□ **1160. Il est très curieux et il nous pose sans** ( ) **des questions indiscrètes.**

彼にはとても好奇心があり、たえず、ぶしつけな質問を我々にしてくる。

□ **1161. Ma femme sent mauvais de la** ( ).

妻は口が臭い（←口から悪い匂いがする）。

成句 sentir mauvais　悪い匂いがする

参考 sentir bon　良い匂いがする

□ **1162. Je préfère la** ( ). 田舎のほうが好き。

□ **1163.** ( ) **d'elles est rentrée en voiture.**

彼女たちはそれぞれ車で帰った。

□ **1164. Au Japon, on mange du** ( ). 日本では馬肉を食べる。

□ **1165. Ma femme s'est mise en** ( ).

妻は怒り出した（←怒りの状況に自分の身を置いた）。

□ **1166. De quelle** ( ) **est ta voiture ?** 君の車、何色？

□ **1167. La police a manqué à son** ( ) **de mise en garde sur ce point.**

警察はその点について警告するという義務を怠った。

□ **1168. Malgré ses 80 ans, il avait le** ( ) **droit.**

80歳にもかかわらず、彼は背筋がぴんとしている（←まっすぐな背中を持っている）。

□ **1169. Goemon cherche un** ( ) **convenable pour son entraînement.**

五右衛門は修行に適した場所を探している。

□ **1170. La conduite de Hiroki est un très bon** ( ).

弘規の素行はとてもよいお手本だ。

☐ 1141. Hina et Mio ont accepté mon (invitation).

☐ 1142. Il manque une (lettre) ici.

☐ 1143. Haut les (mains) ! Sinon, je continue à faire des gag !

 les mains は複数形なのに、hautes のように性数一致していないので、この haut は副詞だよ。「高く」「高いところに」のような意味。あと、日本の芸人が やるような「一発ギャグ」のようなものは、フランスには今のところなさそう。

☐ 1144. Est-ce que l'eau de la (Mer) Noire est vraiment noire ?

☐ 1145. Le (moment) est venu de boire ce lait à la fraise.

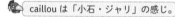 Le moment de boire ce lait à la fraise est venu. という語順も可能だよ。

☐ 1146. Mon (neveu) est venu chez nous.

☐ 1147. Ce musée possède plusieurs (œuvres) de Rembrandt.

☐ 1148. Le pigeon blanc symbolise la (paix).

☐ 1149. Voici la saison de la (pêche) !

 pêche には「桃」という意味もあるけれど、これは同音異義語だよ。もとも と別の語だったものが、時の流れとともに発音・スペルが変化し、たまたま 同じ発音・スペルになってしまい、同音異義語になったんだ。「桃」のほうは、 もともと「ペルシアの」という意味から。これは、「桃」が中国から、シル クロード、ペルシア経由でヨーロッパに伝わったからとされているよ。

☐ 1150. Le chemin est plein de (pierres).

 caillou は「小石・ジャリ」の感じ。

☐ 1151. Le (quart) des étudiants dormait.

 le quart des 名詞, la moitié des 名詞 などが動詞の主語になった場合、動詞は 単数形になることも複数形になることもあるよ。quart, moitié などのほうに焦 点を当てるか、des の後の名詞に焦点を当てるかによって選ぶんだ。文法的に はどちらが正しいということはない。この問題文も dormaient にもできるよ。

☐ 1152. Nous n'avons aucun doute sur les (résultats).

☐ 1153. Mon appartement donne sur la (rue).

何かを実現するための「道筋」のように、比喩的・抽象的ではない「道」を意味す る語をまとめておくよ。rue は町中の通り。route は町と町を結ぶ街道。boulevard は城壁があったところに作られた環状の大通り、avenue は大きな広場などに通じる 直線の大通り、chemin は田舎の小道。ただ、国や地域によって若干異なったり、通 りの名前が決まってから町並みなどが変わってしまって、ここで説明したような基 準に当てはまらないものもたくさんあるよ。

☐ 1154. Un (siècle) comprend cent ans. Une année est divisée en douze mois.

☐ 1155. Mon père continue à vivre dans le (souvenir) de ses amis.

派生 se souvenir 動 覚えている、思い出す

☐ 1156. Kazuo préfère le (théâtre) au cinéma.

théâtre は「劇場」という施設と、その施設で上演されるもの（=「演劇」）も théâtre といえるよ。

☐ 1157. Yuki et Kie vont au travail à (vélo).

「自転車で」は à vélo が正しいとされているけれど、en vélo ということも増えてきているね。 ➡ つぶやきの仏文法 p.113

☐ 1158. On a loué une (voiture) à l'aéroport de Naha.

☐ 1159. Kensuke est un de mes (amis).

☐ 1160. Il est très curieux et il nous pose sans (arrêt) des questions indiscrètes.

sans cesse との違いはないと思っていいよ。ただ、cesse は成句だけで使う名詞。

☐ 1161. Ma femme sent mauvais de la (bouche).

☐ 1162. Je préfère la (campagne).

☐ 1163. (Chacune) d'elles est rentrée en voiture.

☐ 1164. Au Japon, on mange du (cheval).

☐ 1165. Ma femme s'est mise en (colère).

☐ 1166. De quelle (couleur) est ta voiture ?

☐ 1167. La police a manqué à son (devoir) de mise en garde sur ce point.

成句 manquer à son devoir 義務を怠る

「義務を果たす」は faire son devoir, accomplir son devoir だよ。

☐ 1168. Malgré ses 80 ans, il avait le (dos) droit.

☐ 1169. Goemon cherche un (endroit) convenable pour son entraînement.

☐ 1170. La conduite de Hiroki est un très bon (exemple).

Leçon 34　（　　）の中に適切な名詞か代名詞を入れてみましょう。

☐ **1171. Il faut battre le (　　　　) quand il est chaud. Mais c'est dangereux.**　鉄は熱いうちに打て。でも、それは危ない。

☐ **1172. Ikumi arrose des (　　　　) tous les matins.**
郁美は毎朝、お花に水をあげている。

☐ **1173. Le (　　　　) du café nous a apporté les boissons.**
カフェのギャルソンが飲み物を持ってきてくれた。

☐ **1174. L'(　　　　) approche.**　冬が近付いている。

☐ **1175. Les (　　　　) en ligne sont amusants, mais ils présentent aussi des risques.**
オンラインゲームは面白いけれど、リスクもある（←リスクも示している）。

☐ **1176. Quel est votre (　　　　) de naissance ?　— C'est Higashi-Kurume.**　「出生地はどちらですか?」「東久留米市です」

☐ **1177. Notre bec-en-sabot reconnaît la voix de son (　　　　).**
うちのハシビロコウさんは、飼い主の声を聞き分ける（←認識する）。

☐ **1178. La ville a pris des (　　　　) pour assurer la qualité de son eau potable.**　飲み水の品質を保証するために、町は措置を講じた。

☐ **1179. Il met quatorze (　　　　) de sucre dans son café. Mais il est maigre.**　彼はコーヒーに角砂糖を14個入れる。でも彼は痩せている。

☐ **1180. J'ai une bonne (　　　　) et une mauvaise (　　　　) pour toi.**
君によい知らせと悪い知らせがあるよ。

☐ **1181. Masayuki a laissé tomber sa hache d'(　　　　) dans la rivière.**　正行は金の斧を川に落としてしまった。

☐ **1182. Elle habite avec ses (　　　　).**　彼女は両親と一緒に住んでいる。

☐ **1183. Il y a une centaine de (　　　　) sur la place.**
広場には100名くらいの人がいる。

☐ **1184. Un demi, s'il vous plaît !　— Avec (　　　　) !**
「生ビール1つお願いします!」「よろこんで!」

☐ **1185. Être ou ne pas être. C'est là la (　　　　).**
生きるべきか死ぬべきか。それが問題だ（←そこが問題だ）。

☐ **1186. Rieko et Hirofumi ont éclaté de (　　　　).**
理恵子と浩史は爆笑した（←笑いで爆発した）。

☐ **1187. Quel est le type de (　　　) de Yuji ?**

佑二の血液型は？

☐ **1188. Ayez bien (　　　) de fermer la porte à clé.**

ちゃんとドアに鍵をかけてください（←ドアに鍵をかけることによく気をつけてください）。

☐ **1189. Marco écrit sur le (　　　) noir.**

マルコは黒板に文字を書いている。

☐ **1190. On a fait un (　　　) de la vieille ville.**

旧市街を一回りした。

☐ **1191. Dis-moi tout de suite la (　　　) !**

今すぐ本当のことをいえ！

☐ **1192. L'année dernière, Kimiko a fait un (　　　) en France.**

去年、公子はフランスへ旅行した。

☐ **1193. Le Ministère français des (　　　) étrangères a confirmé qu'il avait rappelé l'ambassadeur.**

フランス外務省は、大使を召還した（呼び戻した）ことを認めた（←確言した）。

☐ **1194. L'(　　　) dernière, ma fille est entrée au collège.**

昨年、娘は中学に入った。

☐ **1195. (　　　) de ces voitures ne l'a satisfait.**

これらの車のうち、どれ一つとして彼を満足させなかった。

☐ **1196. Les (　　　) et les allumettes sont généralement interdits dans le bagage à main.**

ライターとマッチは、一般的に手荷物に入れることは禁止されている。

☐ **1197. Notez bien (　　　) : les becs-en-sabot ne mangent pas de poissons cuits.**

次のことに注意してください。ハシビロコウは煮魚は食べません。

☐ **1198. Cache-toi vite dans ma (　　　) !**

急いで私の部屋に隠れて！

☐ **1199. On compte les étoiles dans le (　　　).**

空の星（←空の中の星）の数を数えている。

☐ **1200. Je suis le (　　　) de ma mère.**

私は母の助言に従っている。

□ 1171. Il faut battre le (fer) quand il est chaud. Mais c'est dangereux.

> 「鉄は熱いうちに打て」は、ヨーロッパで広く使われていることわざからの翻訳。オランダから江戸後期に日本に入ってきたのが最初らしい。

□ 1172. Ikumi arrose des (fleurs) tous les matins.

> 日本語で、「お花に」というけれど、「水をやる」に相当するフランス語の arroser は、水をやる対象（花、木など）を直接目的語にとるよ。

□ 1173. Le (garçon) du café nous a apporté les boissons.

> カフェの店員さんを呼ぶ時に Garçon ! と呼びかけるのは失礼だよ。今では、Monsieur ! などと呼びかける方が普通だよ。

□ 1174. L'(hiver) approche.

> 四季はいえるかな？　printemps 春　été 夏　automne 秋

□ 1175. Les (jeux) en ligne sont amusants, mais ils présentent aussi des risques.

> -eu で終わる名詞の複数形は -eux になるのが原則だよ。un pneu → des pneus はどちらかというと例外。

□ 1176. Quel est votre (lieu) de naissance ? — C'est Higashi-Kurume.

> endroit, lieu, place の違いはかなり微妙だけど、place は人や物が（本来）占める場所・空間、あるいは「広場」。endroit は何かをする具体的な場所のイメージ。lieu は成句化された一部の表現（lieu de naissance 出生地、lieu de séjour 滞在地、lieu de travail 職場、lieu de l'accident 事故現場、lieu public 公共の場）などで用いることが多い。

□ 1177. Notre bec-en-sabot reconnaît la voix de son (maître).

□ 1178. La ville a pris des (mesures) pour assurer la qualité de son eau potable.

> 「措置」の意味では普通複数形で使うよ。

□ 1179. Il met quatorze (morceaux) de sucre dans son café. Mais il est maigre.

□ 1180. J'ai une bonne (nouvelle) et une mauvaise (nouvelle) pour toi.

□ 1181. Masayuki a laissé tomber sa hache d'(or) dans la rivière.

□ 1182. Elle habite avec ses (parents).

> parent と単数形にすると、「両親」ではなく、父親か母親どちらか一人の「親」の意味になるけど、普通は père または mère というよ。

□ 1183. Il y a une centaine de (personnes) sur la place.

☐ 1184. Un demi, s'il vous plaît ! — Avec (plaisir) !

> フランスのお店でこの状況なら、Oui, monsieur. などと答えるのが普通。

☐ 1185. Être ou ne pas être. C'est là la (question).

> 不定詞を否定する時には ne pas を不定詞の前に並べて
> おくことが多いよ。➡ つぶやきの仏文法 p.192-193

☐ 1186. Rieko et Hirofumi ont éclaté de (rire).

☐ 1187. Quel est le type de (sang) de Yuji ?

> 「血液型」は groupe sanguin ともいうよ。sanguin は sang の形容詞。

☐ 1188. Ayez bien (soin) de fermer la porte à clé.

成句 avoir/prendre soin de 不定詞　〜するように気をつける

> Ayez って何の動詞か分かる？ avoir の命令法現在形だね。

☐ 1189. Marco écrit sur le (tableau) noir.

☐ 1190. On a fait un (tour) de la vieille ville.

☐ 1191. Dis-moi tout de suite la (vérité) !

☐ 1192. L'année dernière, Kimiko a fait un (voyage) en France.

☐ 1193. Le Ministère français des (Affaires) étrangères a confirmé qu'il avait rappelé l'ambassadeur.

> 「外務省」の Affaires は大文字で書くことが多いよ。

☐ 1194. L'(année) dernière, ma fille est entrée au collège.

☐ 1195. (Aucune) de ces voitures ne l'a satisfait.

☐ 1196. Les (briquets) et les allumettes sont généralement interdits dans le bagage à main.

☐ 1197. Notez bien (ceci) : les becs-en-sabot ne mangent pas de poissons cuits.

> ceci は「以下のこと」、cela は「以上のこと」のような
> 意味で使うことがあるよ。➡ つぶやきの仏文法 p.81

☐ 1198. Cache-toi vite dans ma (chambre) !

☐ 1199. On compte les étoiles dans le (ciel).

☐ 1200. Je suis le (conseil) de ma mère.

> この suis は suivre の直説法現在形。je suis, tu suis, il
> suit, nous suivons, vous suivez, ils suivent と活用するよ。

173

Leçon 35 　（　　）の中に適切な名詞か代名詞を入れてみましょう。

☐ **1201.** Ayez du (　　　) ! Ce n'est pas si aigre !

勇気を出しなさい。そんなに酸っぱくないから。

☐ **1202.** Il n'y avait que des brocolis au (　　　).

夕飯にはブロッコリーしかなかった。

☐ **1203.** Shoko s'est lavé la figure à l'(　　　) froide.

翔子は冷水で顔を洗った。

☐ **1204.** Quelques mois plus tard, l'(　　　) d'explorateurs de Kawaguchi a enfin trouvé le crocodile géant.

数か月後、川口探検隊（←探検家チーム）はようやく巨大ワニを発見した。

☐ **1205.** Ici, les écoles de (　　　) sont moins nombreuses que les écoles de garçons.　ここでは女子校は男子校より少ない。

☐ **1206.** Les rhinocéros noirs mangent des (　　　).

クロサイは葉っぱを食べる。

☐ **1207.** Mon grand-père n'a plus la (　　　) de marcher.

祖父にはもう歩く力がなかった。

☐ **1208.** Le (　　　) d'opposants est sorti de la salle de l'assemblée.

反対派グループは議場を出ていった。

☐ **1209.** Bonne (　　　) ! 　名案だ！

☐ **1210.** Quelle (　　　) apprenez-vous ? — J'apprends le chinois.

「何語を学んでいるのですか？」「中国語を学んでいます」

☐ **1211.** Katsunori a toujours un (　　　) à la main.

勝慎はいつも手に本を持っている。

☐ **1212.** Elle prend son bain avec son (　　　).

彼女は夫と一緒にお風呂に入る。

☐ **1213.** Mayumi va chez le dentiste tous les trois (　　　).

3か月ごとに真由美は歯医者へ行っている。

☐ **1214.** Bun a eu une note supérieure à la (　　　).

文は平均を上回る点数をとった。

☐ **1215.** Certains pays européens ont avancé leur montre à l'(　　　) du passage à l'heure d'été dans la nuit.　いくつかのヨーロッパの

国々は、夏時間への移行に際して（←移行の機会に）、夜中に時計を進めた。

□ **1216. Depuis 3 jours, les (　　　) font la grève.**
3日前から労働者たちはストライキをしている。

□ **1217. Mon bec-en-sabot a mis dix heures pour faire un (　　　) en avant.** うちのハシビロコウは、1歩前へ出るのに10時間かけた。

レベル②

□ **1218. J'ai trouvé soixante-cinq (　　　) de cinq yens dans le tiroir.**
引き出しの中で、5円玉を65枚見つけた。

□ **1219. Ferme la (　　　) ! Sinon, les buffles entrent !**
ドアを閉めろ！ 水牛が入ってきちゃう（←さもないと水牛が入ってくる）！

□ **1220. Mitsuru a jeté un (　　　) sur Takayuki, mais celui-ci ne s'en est pas aperçu.**
満は隆行をちらっと見たが、隆行はそれに気づかなかった。

□ **1221. J'aime les (　　　) d'amour.** 恋愛小説が好きです。

□ **1222. Quel est le (　　　) propre de ce mot ?**
この単語のもとの意味（←原義）は？

□ **1223. Kazuhisa a gagné des (　) folles en un jour.**
一央は、1日で巨万の富（←異常な金額←狂ったような金額）を手に入れた。

□ **1224. Tes chaussures blanches sont couvertes de (　　　) !**
白い靴が土まみれじゃないか（←土で覆われているじゃないか）！

□ **1225. Sous mon lit, j'ai trouvé plusieurs (　　　) de taupe.**
ベッドの下でモグラの穴をいくつも見つけた。

□ **1226. Sapporo est la plus grande (　　　) de la région d'Hokkaido.**
札幌は北海道地方で最大の町である。

□ **1227. Kohei a amené son enfant au (　　　).**
耕平は子どもを動物園へ連れて行った。

□ **1228. Ça a l'(　　　) bon !** うまそー（←それは美味しそうな様子を持っている）！

□ **1229. Les macaronis ne servent pas d'(　　　) !**
マカロニは、武器の代わりにはならん（←武器としては役立たん）！
成句 servir de 図　〜として役立つ

□ **1230. Nous nous sommes promenés dans le (　　　) de Boulogne.**
私たちはブーローニュの森を散歩した。

☐ 1201. Ayez du (courage) ! Ce n'est pas si aigre !

☐ 1202. Il n'y avait que des brocolis au (dîner).

☐ 1203. Shoko s'est lavé la figure à l'(eau) froide.

> la figure が直接目的語だから、過去分詞 lavé は一致していないよね。

☐ 1204. Quelques mois plus tard, l'(équipe) d'explorateurs de Kawaguchi a enfin trouvé le crocodile géant.

☐ 1205. Ici, les écoles de (filles) sont moins nombreuses que les écoles de garçons.

☐ 1206. Les rhinocéros noirs mangent des (feuilles).

☐ 1207. Mon grand-père n'a plus la (force) de marcher.

☐ 1208. Le (groupe) d'opposants est sorti de la salle de l'assemblée.

☐ 1209. Bonne (idée) !

☐ 1210. Quelle (langue) apprenez-vous ? — J'apprends le chinois.

> français フランス語、anglais 英語、japonais 日本語などは langue だね。男性名詞 langage は個別の言語というより、ことばを使うこと、言語活動に近いよ。

☐ 1211. Katsunori a toujours un (livre) à la main.

☐ 1212. Elle prend son bain avec son (mari).

☐ 1213. Mayumi va chez le dentiste tous les trois (mois).

> 「〜毎」は tous/toutes les + 数 + 時間の単位 で表すよ。15 分毎は、toutes les 15 minutes（minute が女性名詞なので女性複数形 toutes）。

☐ 1214. Bun a eu une note supérieure à la (moyenne).

> supérieur は比較の意味を持つけれど、比較の基準は que ではなく à を使うよ。➡ つぶやきの仏文法 p.219

☐ 1215. Certains pays européens ont avancé leur montre à l'(occasion) du passage à l'heure d'été dans la nuit.

> 2018 年にオンラインで行われた調査によると、約84％の人がサマータイムに否定的らしい。これをうけ、サマータイム廃止の議論が始まったけれど、新型コロナウイルス感染症の流行により議論が止まっている。

☐ 1216. Depuis 3 jours, les (ouvriers) font la grève.

☐ 1217. Mon bec-en-sabot a mis dix heures pour faire un (pas) en avant.

> 川で魚をとる時など、素早く動くこともあるよ。

☐ 1218. J'ai trouvé soixante-cinq (pièces) de cinq yens dans le tiroir.

☐ 1219. Ferme la (porte) ! Sinon, les buffles entrent !

☐ 1220. Mitsuru a jeté un (regard) sur Takayuki, mais celui-ci ne s'en est
pas aperçu.

成句 jeter/lancer un regard sur 名　～をちらっと見る

成句 s'apercevoir de 名　～に気づく

celui-ci はここでは Takayuki を指すよ。celui-ci の代わりに il を使うと、Mitsuru を
指すのか Takayuki を指すのかあいまい。celui-ci にすると、それより前に出てくる
男性単数名詞で、celui-ci からさかのぼって近いほうを指すよ。Mitsuru を指すため
には celui-là を使うんだ。➡ つぶやきの仏文法 p.80-81。また、ne s'en est pas
aperçu の en は中性代名詞。s'apercevoir de 名 の de 名 の代わりになっているよ。

☐ 1221. J'aime les (romans) d'amour.

récit 口語または文章による物語一般、roman 長めの小説、nouvelle 中編・短編の小
説、conte 気晴らしのための架空の短めの物語、fable 寓話、feuilleton 連載小説、
histoire 何らかの事件や出来事（想像上のものでもよい）について語ったもの。

☐ 1222. Quel est le (sens) propre de ce mot ?

反意 sens figuré　転義

☐ 1223. Kazuhisa a gagné des (sommes) folles en un jour.

☐ 1224. Tes chaussures blanches sont couvertes de (terre) !

「土」の意味では数えないことが多いよ。

☐ 1225. Sous mon lit, j'ai trouvé plusieurs (trous) de taupe.

-ou で終わる名詞で、複数形が s ではなく x になるのは、bijou, caillou,
chou, genou, hibou, joujou, pou の 7 語だけだよ。理不尽だよね。

☐ 1226. Sapporo est la plus grande (ville) de la région d'Hokkaido.

☐ 1227. Kohei a amené son enfant au (zoo).

☐ 1228. Ça a l'(air) bon !

成句 avoir l'air 形 /l'air de 名　～のようだ、～のように見える

☐ 1229. Les macaronis ne servent pas d'(armes) !

☐ 1230. Nous nous sommes promenés dans le (bois) de Boulogne.

一般的に、forêt のほうが bois よりも広いよ。ドイツ南西部にある「シュ
ヴァルツヴァルト（Schwarzwald）」、日本語に直訳すると「黒い森」は、
フランス語では Forêt Noire という。

☐ **1231. Quoi ? Tu as un (　　　) noir chez toi ?**

え？　お前んち、ブラックホール（←黒い穴）があるの？

☐ **1232. La (　　　) principale est fermée.**　正門は閉まっています。

☐ **1233. La vie est un chemin à (　　　) unique.**

人生は一方通行の（←一つだけの方向の）道。

☐ **1234. Cette (　　　) est vacante.**　この部屋は空いています。

☐ **1235. C'est de l'(　　　) bouillante ?**　これ、熱湯だろ？

☐ **1236. On a invité Shohei et Ryo au (　　　).**　正平と諒を夕飯に招いた。

☐ **1237. Chie a fait un petit (　　　) après le repas.**

智恵は食後にちょっと散歩してきた（←ちょっとした一回りをした）。

☐ **1238. Nous espérons que nous aurons le (　　　) de vous revoir.**

またお目にかかれるのを楽しみにしております（←再会する喜びを持てることを

期待しています）。

☐ **1239. Vous allez faire du ski cet (　　　) ?**

この冬、スキー行きます？

☐ **1240. Regardez l'(　　　) 3.**　例3をご覧ください。

☐ **1241. Je n'aime pas la (　　　) de ses cheveux.**

彼女の髪の色が好きじゃないんです。

☐ **1242. À la (　　　), le temps passe lentement.**

田舎では時はゆっくり流れる。

☐ **1243. Nous avons des (　　　) communs.**

僕たち、共通の友人がいるんです。

☐ **1244. Il y a des parkings à (　　　) géants devant la gare.**

駅前に巨大な駐輪場がある。

☐ **1245. Il est de plus en plus difficile de maintenir la (　　　).**

平和を維持することはますます難しくなっている。

☐ **1246. Doraemon est venu du vingt-deuxième (　　　).**

ドラえもんは22世紀からやってきた。

☐ **1247. Notre chat est entré dans la boîte aux (　　　).**

ネコが郵便受けに入ってしまった。

□ **1248. Asahiko a agité la (　　　) pour me saluer.**

朝彦は私に挨拶するために手を振った。

□ **1249. Ces deux pays sont en (　　　) de guerre.**

この2か国は戦争状態にある。

□ **1250. Kazuki est allé chercher du (　　　).** 一樹は薪を探しに行った。

□ **1251. Le (　　　) n'a pas de marché.**

この村には市が立たない (←この村は市場を持っていない)。

□ **1252. Kiho a joué le premier (　　　).** 希帆は主役を演じた。

□ **1253. Tu as mangé (　　　)?** 何か食べたの?

□ **1254. Le (　　　) de Sosuke a été annulé à cause d'une grève.**

ストライキのせいで、宗介の便 (←宗介の飛行) はキャンセルになった。

□ **1255. Autour de la (　　　), nos tigres dansent gaiement.**

テーブルの周りで虎たちが陽気に踊っている。

□ **1256. Une (　　　) que je ne comprends pas, c'est ...**

ひとつ分からないのは…

□ **1257. Certains n'aiment pas la (　　　).**

文法が好きではない人たちもいる。

□ **1258. Des milliers et des milliers de (　　　) sont entassés dans la chambre.** 何千何万という本が部屋の中で山積みになっている。

□ **1259. Mon père n'a jamais son (　　　) sur lui.**

父が携帯電話を携帯していることはない (←携帯電話を決して身につけていない)。

□ **1260. La (　　　) d'âge de ce groupe d'idoles est de 42 ans.**

このアイドルグループの平均年齢は42歳。

まとめ問題❼　解答

1231. trou, 1232. porte, 1233. sens, 1234. chambre, 1235. eau, 1236. dîner, 1237. tour, 1238. plaisir, 1239. hiver, 1240. exemple, 1241. couleur, 1242. campagne, 1243. amis, 1244. vélos, 1245. paix, 1246. siècle, 1247. lettres, 1248. main, 1249. état, 1250. bois, 1251. village, 1252. rôle, 1253. quelque chose, 1254. vol, 1255. table, 1256. chose, 1257. grammaire, 1258. livres, 1259. portable, 1260. moyenne

Leçon 36 　（　　）の中に適切な名詞か代名詞を入れてみましょう。

☐ **1261. Tu veux un (　　　　) ?**　コーヒー飲む（←コーヒー欲しい）？

☐ **1262. Tu connais cette fille ? — Oui ! C'est (　　　　) dont je t'avais parlé il y a longtemps..**

「この女の子知ってる?」「知ってるよ、これが、ずっと前に君に話した子だよ」

☐ **1263. Le (　　　) n'est pas là. Il est à l'école de cuisine.**

ボスは今いないぜ。お料理教室に行っている。

☐ **1264. Mon (　　　) bat vite.**

心臓の鼓動が早い（←私の心臓は早くうっている）。

☐ **1265. Akihide a un (　　　) de fer.**

昭英は頑強な体をしている（←鉄の体を持っている）。

☐ **1266. La cérémonie du mariage n'est que le (　　　) de votre union.**　結婚式はお二人の結婚生活の始まりでしかありません。

☐ **1267. Paul a fait claquer ses (　　　　).**

ポールは指ぱっちんをした（←指を鳴らした）。

☐ **1268. Comment nettoyer son micro-ondes sans (　　　　) ni produits chimiques.**

どうやって、苦労することなく、化学製品も使わずに電子レンジをきれいにする？

☐ **1269. La plupart des (　　　　) japonais apprennent l'anglais à l'université.**　日本人大学生の大部分は、大学で英語を学んでいる。

☐ **1270. Il y a une (　　　) de grammaire dans cette phrase.**

この文には文法上の誤りが1つあるよ。

☐ **1271. Mon (　　　) aîné est plus grand que moi.**　長男は私より大きい。

☐ **1272. Mon (　　　) est un ingénieur système.**

私の兄はシステムエンジニアだ。

☐ **1273. Ce professeur ne finit jamais ses cours à l'(　　　).**

この先生は時間通りには授業を決して終えない。

☐ **1274. Cet enfant n'arrive pas encore à croiser les (　　　).**

この子はまだ足を組むこと（←クロスすること）ができない。

☐ **1275. Ce matin, j'ai reçu une (　　　) exprès.**

今朝、速達（←速達の手紙）を受け取った。

☐ **1276. Lave-toi les** ( ) **avant les repas !**
ご飯の前には手を洗いなさい!

☐ **1277. La** ( ) **autour de l'île d'Ishigaki est bleue.**
石垣島の周りの海は青い。

☐ **1278. Aujourd'hui, il y a du** ( ) **à la piscine !**
今日、プールには人があふれているなあ。

☐ **1279. En 20 ans, le** ( ) **de vie a augmenté.**
20年で生活水準は向上した。

☐ **1280. Tu as raison. Nous ne mangeons que des** ( ) **depuis une semaine.**
君のいう通りだ。1週間前から、我々はタマネギしか食べていない。

☐ **1281. J'ai besoin d'un joli** ( ) **d'emballage.**
かわいい包装紙が必要なんだけど…。
成句 avoir besoin de 名 ～が必要だ

☐ **1282. Ce malade a de la** ( ) **à marcher.**
この病人は、歩行が困難だった (←歩くのに骨を折る)。

☐ **1283. Sur cette** ( ), **il y a des statues.**
この広場には彫像が建っている。

☐ **1284. Il y a** ( ) **dans le salon ? — Ah, c'est un tigre sauvage.**
「客間に誰かいるのかね?」「ああ、野良のトラですよ」

☐ **1285. Bonne nuit et fais de beaux** ( ) **!** おやすみ、いい夢を!

☐ **1286. La Princesse avait un** ( ) **plein d'oignons.**
皇太子妃は、タマネギでいっぱいの袋を持っていた。

☐ **1287. Il a fait** ( ) **au taxi, mais celui-ci ne s'est pas arrêté.**
彼はタクシーに合図をしたのに、タクシーは停まらなかった。

☐ **1288. La** ( ) **au prochain numéro.** つづきは次号。

☐ **1289. Yoko va au** ( ) **une fois par mois.** 庸子は月に1回劇場へ行く。

☐ **1290. Kayo est allée chercher son enfant en** ( ).
佳代は子どもを自転車で迎えに行った。

☐ 1261. Tu veux un (café) ?

☐ 1262. Tu connais cette fille ? — Oui ! C'est (celle) dont je t'avais parlé il y a longtemps..

> 答えの文は、C'est la fille. + Je t'avais parlé de cette fille il y a longtemps. に分けられるよ。de cette fille が関係代名詞 dont で結ばれているんだね。

☐ 1263. Le (chef) n'est pas là. Il est à l'école de cuisine.

> chef は組織や集団の長、リーダーのこと。chef de famille「世帯主」、chef d'État 「国家元首」、chef de gare「駅長」、chef de bureau「課長・主任」、chef d'orchestre「(オーケストラの) 指揮者」、chef de cuisine「料理長」とかね。

☐ 1264. Mon (cœur) bat vite.

☐ 1265. Akihide a un (corps) de fer.

☐ 1266. La cérémonie du mariage n'est que le (début/commencement) de votre union.

> commencement と début はほぼ同じ意味。以下のような、いくつか成句的な表現では début しか使えないよ。「まず」au début、「6月はじめ」début juin (6月以外の月も同様)。 また union は、異なる2つ以上のものが、un になること、un になっている状態を表すよ。

☐ 1267. Paul a fait claquer ses (doigts).

☐ 1268. Comment nettoyer son micro-ondes sans (effort) ni produits chimiques.

☐ 1269. La plupart des (étudiants) japonais apprennent l'anglais à l'université.

☐ 1270. Il y a une (faute) de grammaire dans cette phrase.

> faute は規則やルールを守らないことによる過ち、落ち度。erreur は誤解、誤った判断、不注意などによるミス、間違い。ただ、この区別は微妙なこともあるよ。いくつか例をあげてみよう。faute de calcul 計算間違い、faute de grammaire 文法上のミス、faute de frappe タイプミス、faute d'impression 誤植、ミスプリント、faute d'orthographe 綴りの誤り。それに対して、erreur de calcul 計算ミス、erreur de date 日付の間違え、erreur de sens 意味の取り違え、erreur de traduction 誤訳、erreur de jugement 判断ミス、erreur judiciaire 誤審。faute de calcul は、たとえば 2 + 3 × 3 の答えを 15 とした場合。かけ算・割り算は、足し算・引き算よりも先に行うので、2 + 3 × 3 の答えは正しくは 11。これに対して、erreur de calcul は 4 + 8 の答えを 13 とした場合など。文法は「法律」なので、erreur de grammaire より faute de grammaire のほうが良いかな。

☐ 1271. Mon (fils) aîné est plus grand que moi.

182

☐ 1272. Mon (frère) est un ingénieur système.

☐ 1273. Ce professeur ne finit jamais ses cours à l'(heure).

成句 à l'heure 定刻に、時間通りに

☐ 1274. Cet enfant n'arrive pas encore à croiser les (jambes).

☐ 1275. Ce matin, j'ai reçu une (lettre) exprès.

☐ 1276. Lave-toi les (mains) avant les repas !

☐ 1277. La (mer) autour de l'île d'Ishigaki est bleue.

☐ 1278. Aujourd'hui, il y a du (monde) à la piscine !

monde「世界」に部分冠詞が付いているね。

☐ 1279. En 20 ans, le (niveau) de vie a augmenté.

☐ 1280. Tu as raison.　Nous ne mangeons que des (oignons) depuis une semaine.

mangons ではなく mangeons になることに注意してね。➡ つぶやきの仏文法 p.137

☐ 1281. J'ai besoin d'un joli (papier) d'emballage.

☐ 1282. Ce malade a de la (peine) à marcher.

成句 avoir de la peine à 不定詞 ～するのに苦労する

☐ 1283. Sur cette (place), il y a des statues.

☐ 1284. Il y a (quelqu'un) dans le salon ? — Ah, c'est un tigre sauvage.

☐ 1285. Bonne nuit et fais de beaux (rêves) !

beaux のスペルに注意して！　複数形だね。de は des が変形したものだよ。une belle maison → de belles maisons（本来 des belles maisons は誤り）➡ つぶやきの仏文法 p.31

☐ 1286. La Princesse avait un (sac) plein d'oignons.

☐ 1287. Il a fait (signe) au taxi, mais celui-ci ne s'est pas arrêté.

成句 faire signe à 名 ～に合図をする

☐ 1288. La (suite) au prochain numéro.

☐ 1289. Yoko va au (théâtre) une fois par mois.

☐ 1290. Kayo est allée chercher son enfant en (vélo).

à vélo ともいうよ。1157. を見て。

Leçon 37　（　　　）の中に適切な形容詞か副詞を入れるか、適当な1
語を入れて副詞句を作りましょう。

☐ **1291. D'**（　　　）**, Masashi a bu de la bière, puis du vin.**

まず、将司はビールを、その後ワインを飲んだ。

☐ **1292. Eriko s'est endormie**（　　　）**.**　英里子はすぐに眠りについた。

☐ **1293. En hiver,**（　　　）**animaux deviennent beaucoup moins
actifs.**

冬になると、大幅に活発的でなくなる動物もいる（←いくつかの動物は大幅に
活発的でなくなる）。

☐ **1294. Comme tu es fatigué, il faut manger**（　　　）**.**

君は疲れているから、もっと食べないとダメだよ。

☐ **1295. Il est obligé de dormir sur un lit**（　　　）**.**

彼は硬いベッドの上で眠ることを強いられている。

☐ **1296. Aujourd'hui, le vent est**（　　　）**. Il faut une écharpe.**

今日は風が冷たいね。マフラーが必要だ。

☐ **1297. Il est**（　　　）**d'assister au cours de M. Tanaka.**

田中先生の授業に出席するのは無駄だ。

☐ **1298. M. Tanaka danse vraiment**（　　　）**.**

田中先生は本当に踊りが下手だ。

☐ **1299.**（　　　）**, Satsuki a réussi. Elle avait bien travaillé.**

もちろん、彩月は合格した。よく勉強していた。

☐ **1300. Autour de la gare de Hase, il y a**（　　　）**temples.**

長谷駅の周りには複数のお寺がある。

☐ **1301. Vous avez beaucoup de chiens ? — Non, je n'ai que**（　　　）
chiens.

「たくさん犬を飼ってらっしゃるんですか？」「いえ、15頭だけです」

☐ **1302. Misa va**（　　　）**boire avec ses collègues.**

実紗は同僚とよく（←しょっちゅう）飲みに行く。

☐ **1303. Le prochain train pour Misaki-guchi arrive dans**（　　　）
minutes.　次の三崎口行きの列車は3分後に到着します。

☐ **1304. Hiroko sera**（　　　）**en réunion.**　その頃、浩子は会議中でしょう。

☐ **1305. Demain, il fera**（　　　）**.**　明日は晴れるでしょう。

□ **1306. Koichi a atteint ses (　　　　) ans.**

広一は 50 歳になった (← 50 歳に到達した)。

□ **1307. Ryotaro a voyagé en Europe pendant un mois et (　　　　).**

遼太郎はヨーロッパを 1 か月半旅行した。

□ **1308. Yui et Narumi ont accueilli chaleureusement les étudiants**

(　　　　). 　優衣となるみは留学生を温かく迎えた。

□ **1309. Le Mont-Fuji est une très (　　　　) montagne japonaise.**

富士山は日本のとても高い山である。

□ **1310. Elle est allée en Italie. Elle restera (　　　　) un an.**

彼女はイタリアへ行った。向こうに 1 年とどまるだろう。

□ **1311. Nous sommes arrivés à Dijon le (　　　　) jour.**

私たちは同じ日にディジョンに着いた。

□ **1312. Laisse-moi (　　　　) !** 　放っておいてくれ (そっとしておいてくれ) !

□ **1313. Il n'y a (　　　　) plus de vin dans la bouteille.**

ビンにはもうほとんどお酒が残っていないよ。

□ **1314. Le magasin est ouvert (　　　　) jours sur (　　　　).**

お店は毎日営業しています (←週に 7 日中 7 日開いています)。

□ **1315. (　　　　) professeur, (　　　　) étudiant.**

この先生にしてこの学生あり (←このような先生、このような学生)。

□ **1316. Le pop art est facilement reconnaissable par ses couleurs**

(　　　　).

ポップアートは、その鮮やかな色 (使い) で、容易に見分けられる。

□ **1317. (　　　　), le service des trains est suspendu.**

今日、列車は運休です。

□ **1318. Ce matin, la mer est (　　　　).** 　今朝、海は穏やかだ。

□ **1319. La vie d'une rose est (　　　　).** 　バラの寿命は短い。

□ **1320. Cette fraise est vraiment (　　　　) !** 　このイチゴは本当に甘いね !

☐ 1291. D'(abord), Masashi a bu de la bière, puis du vin.

成句 d'abord　まず

☐ 1292. Eriko s'est endormie (aussitôt).

☐ 1293. En hiver, (certains) animaux deviennent beaucoup moins actifs.

☐ 1294. Comme tu es fatigué, il faut manger (davantage/plus).

> plus と davantage はほとんど同じ意味を持っているけれど、plus と違って davantage は形容詞・副詞に付けることはできないよ。Paul est plus grand que moi. とはいえるけど、Paul est davantage grand que moi. とはいえない。また、Paul a plus de cravates que moi.「ポールは僕よりたくさんネクタイを持っている」とはいえるけど、Paul a davantage de cravates que moi. はちょっと古い感じ。逆に、この問題のように、動詞に付ける場合、特に文末に置く場合は plus より davantage のほうが好まれるかもしれない。

☐ 1295. Il est obligé de dormir sur un lit (dur).

反意 mou 形　やわらかい

☐ 1296. Aujourd'hui, le vent est (froid). Il faut une écharpe.

☐ 1297. Il est (inutile) d'assister au cours de M. Tanaka.

il は非人称だね。

☐ 1298. M. Tanaka danse vraiment (mal).

反意 bien 副　上手に

☐ 1299. (Naturellement), Satsuki a réussi. Elle avait bien travaillé.

☐ 1300. Autour de la gare de Hase, il y a (plusieurs) temples.

☐ 1301. Vous avez beaucoup de chiens ? — Non, je n'ai que (quinze) chiens.

☐ 1302. Misa va (souvent) boire avec ses collègues.

反意 rarement 副　まれに

boire は直接目的語が付かない時、「お酒を飲む」の意味になるのが普通だよ。

☐ 1303. Le prochain train pour Misaki-guchi arrive dans (trois) minutes.

☐ 1304. Hiroko sera (alors) en réunion.

☐ 1305. Demain, il fera (beau).

成句 il fait beau　天気がいい

反意 il fait mauvais　天気が悪い

☐ 1306. Koichi a atteint ses (cinquante) ans.

ses は省略されることもあるよ。

☐ 1307. Ryotaro a voyagé en Europe pendant un mois et (demi).

☐ 1308. Yui et Narumi ont accueilli chaleureusement les étudiants (étrangers).

☐ 1309. Le Mont-Fuji est une très (haute) montagne japonaise.

☐ 1310. Elle est allée en Italie. Elle restera (là-bas/là) un an.

> là-bas は là よりも遠いところを表すよ。外国などの場合には là より là-bas を使いやすいかも。➡ つぶやきの仏文法 P.61。中性代名詞 y を使った Elle y restera un an. と同じだね。

☐ 1311. Nous sommes arrivés à Dijon le (même) jour.

☐ 1312. Laisse-moi (tranquille) !

☐ 1313. Il n'y a (presque) plus de vin dans la bouteille.

☐ 1314. Le magasin est ouvert (sept) jours sur (sept).

> sept jours sur sept は「7分の7」のイメージ。7の上に7がのっている 7/7 の感じかな。

☐ 1315. (Tel) professeur, (tel) étudiant.

> 「この父にしてこの子あり」は、Tel père, tel fils. というよ。

☐ 1316. Le pop art est facilement reconnaissable par ses couleurs (vives).

> 男性形→女性形で、語末子音が f → v になるよ。actif → active、neuf → neuve、bref → brève などもあるよね。

☐ 1317. (Aujourd'hui), le service des trains est suspendu.

☐ 1318. Ce matin, la mer est (calme).

☐ 1319. La vie d'une rose est (courte/brève).

> bref/brève「短い」は court に比べると少し改まった感じがする。

☐ 1320. Cette fraise est vraiment (douce) !

派生 douceur 囡 甘さ、甘いもの

> 男性単数形が -eux/-oux で終わる形容詞は、女性形で不規則な形になるよ。curieux → curieuse, glorieux → glorieuse, faux → fausse, roux → rousse, doux → douce。➡ つぶやきの仏文法 p.39

Leçon 38 （　　）の中に適切な形容詞か副詞を入れてみましょう。

□ **1321.** **Takuya est (　　) en anglais.**

卓也は英語がよくできる（←英語で強い）。

□ **1322.** **Il est (　　) de traduire le mot «sempai» en français.**

「先輩」という単語をフランス語に翻訳することは不可能だ。

□ **1323.** **Reina a (　　) habité à Kyoto.**

玲奈は長いこと京都に住んでいた。

□ **1324.** **La population humaine augmente à l'échelle (　　).**

人口は世界規模（←世界スケール）では増えている。

□ **1325.** **M. Tanaka dort (　　).**   田中氏はほとんど眠らない。

□ **1326.** **Ali Baba, les (　　) voleurs et cinq mille vingt becs-en-sabot.**   アリババと40人の盗賊と5020羽のハシビロコウ。

□ **1327.** **Tu as (　　) secondes pour prouver ton innocence.**

無実を証明するためにおまえには60秒ある。

□ **1328.** **À la gare de Higashi-Hanno, il y a un train toutes les (　　) minutes.**

東飯能駅では、30分に1本の列車がある（→列車は30分間隔）。

□ **1329.** **Tu ne veux pas ces barres d'or ? (　　) ?**

この金の延べ棒いらないの？　本当に？

□ **1330.** **Grâce à Hidenori, tout le monde travaille (　　).**

秀典のおかげで、みんな気持ちよく仕事をしている。

□ **1331.** **On ne peut pas faire (　　).**

どうしようもない（←他のやり方ではできない）。

□ **1332.** **Attention, l'eau est (　　)！** 危ない、お湯は熱いよ！

□ **1333.** **À midi, ma femme boit (　　).**

お昼の12時には、妻はすでにお酒を飲んでいる。

□ **1334.** **(　　) mon fils a fini ses devoirs.**

ようやく息子が宿題を終えた。

□ **1335.** **Il est arrivé un accident (　　) sur la Tokyo-Wan Aqua Line.** 東京湾アクアラインで重大事故が発生した。

□ **1336.** **Midori porte toujours une (　　) robe.**

実都理はいつもきれいなドレスを着ている。

☐ **1337. Mon fils avait un regard (　　　). Il n'y avait plus de lait à la fraise.**

息子は不幸そうな眼差しをしていた。家にイチゴ牛乳がもうなかったのだ。

☐ **1338. M. Tanaka aime le chat (　　　) qui habite sur le campus.**

田中氏はキャンパスに住んでいる黒猫が好きだ。

☐ **1339. (　　　) est-ce que ma femme est cachée derrière le rideau ?**

なぜ妻はカーテンの裏に隠れているのだろう？

☐ **1340. La fraise est (　　　) en vitamine C, minéraux et fibres.**

イチゴは、ビタミンC、ミネラル、食物繊維が豊富に含まれている。

☐ **1341. Une grande quantité de touristes visitent Kyoto, (　　　) en automne.** 大勢の観光客が特に秋に京都を訪れる。

☐ **1342. Comment peut-on être (　　　) à la société ?**

どうすれば社会の役に立てるようになれるのか？

☐ **1343. Asahiko est (　　　) tout au fond.** 朝彦は一番奥に座っている。

☐ **1344. Le prince a reçu un coup de pied du cheval (　　　).**

王子さまは白馬に蹴られた。

☐ **1345. (　　　) joue-t-on au kabaddi ?**

カバディーはどうやってプレイするの？

☐ **1346. L'opinion de Monsieur Tanaka est (　　　) de celle de sa femme.** 田中氏の意見は田中氏の妻の意見と異なる。

☐ **1347. Ce sera une victoire (　　　) !**

楽勝でしょ（←それは簡単に得られる勝利になるだろう）！

☐ **1348. (　　　), nous avons visité le Musée d'Orsay.**

昨日、私たちはオルセー美術館を見学しました。

☐ **1349. Il n'y a pas de taxi (　　　) aujourd'hui.**

今日は空車のタクシーがいない。

☐ **1350. La ville de Taketomi a environ quatre (　　　) habitants.**

竹富町には約4000人住んでいる（←約4000の住人を持っている）。

☐ 1321. Takuya est (fort) en anglais. **反意** faible 形 弱い、苦手だ

☐ 1322. Il est (impossible) de traduire le mot «sempai» en français.

参考 traduction 囡 翻訳

☐ 1323. Reina a (longtemps) habité à Kyoto.

☐ 1324. La population humaine augmente à l'échelle (mondiale).

☐ 1325. M. Tanaka dort (peu).

☐ 1326. Ali Baba, les (quarante) voleurs et cinq mille vingt becs-en-sabot.

☐ 1327. Tu as (soixante) secondes pour prouver ton innocence.

seconde は女性名詞。1秒なら une seconde になるよ。

☐ 1328. À la gare de Higashi-Hanno, il y a un train toutes les (trente) minutes.

☐ 1329. Tu ne veux pas ces barres d'or ? (Vraiment) ?

☐ 1330. Grâce à Hidenori, tout le monde travaille (agréablement).

☐ 1331. On ne peut pas faire (autrement).

☐ 1332. Attention, l'eau est (chaude) !

日本語と異なり、eau は温度に関係なく、「水」も「湯」も表すことができるよ。区別したい場合には froide を付けて「冷水」、chaude を付けて「温水、湯」のようにもできる。

☐ 1333. À midi, ma femme boit (déjà).

☐ 1334. (Enfin) mon fils a fini ses devoirs.

☐ 1335. Il est arrivé un accident (grave/sérieux) sur la Tokyo-Wan Aqua Line.

il は非人称の il だね。sur は「アクアライン上で」のイメージ。

☐ 1336. Midori porte toujours une (jolie) robe.

☐ 1337. Mon fils avait un regard (malheureux). Il n'y avait plus de lait à la fraise.

☐ 1338. M. Tanaka aime le chat (noir) qui habite sur le campus.

☐ 1339. (Pourquoi) est-ce que ma femme est cachée derrière le rideau ?

☐ 1340. La fraise est (riche) en vitamine C, minéraux et fibres.

関連して、炭水化物 glucide、タンパク質 protéine、脂肪 graisse、カルシウム calcium、鉄分 fer というよ。

□ 1341. Une grande quantité de touristes visitent Kyoto, (surtout) en automne.

> une grande quantité + 名詞 のまとまりが主語になる時、動詞は名詞に合わせて複数形にも、quantité に合わせて単数形にもできるよ。つまり、visitent ではなく visite にもできるんだ。ちなみに、過度に観光客が集中することを表すオーバーツーリズムは sur-tourisme というよ。

□ 1342. Comment peut-on être (utile) à la société ?

□ 1343. Asahiko est (assis) tout au fond.

> **反意** debout 形 立っている（男女同形）

> この文の tout は au fond を強調している。

□ 1344. Le prince a reçu un coup de pied du cheval (blanc).

□ 1345. (Comment) joue-t-on au kabaddi ?

> カバディーは、インド発祥とされているスポーツで、インドでは国技。フランスでもカバディーの大会が開かれているけれど、まだ競技人口は少なそう。ちなみに、柔道はフランスで人気があるよ。

□ 1346. L'opinion de Monsieur Tanaka est (différente) de celle de sa femme.

> celle は指示代名詞で女性単数名詞、ここでは l'opinion の代わりだね。... est différente de l'opinion de sa femme。

□ 1347. Ce sera une victoire (facile) !

□ 1348. (Hier), nous avons visité le Musée d'Orsay.

□ 1349. Il n'y a pas de taxi (libre) aujourd'hui.

□ 1350. La ville de Taketomi a environ quatre (mille) habitants.

> mille は複数形でも s が付かずに不変だよ。

Leçon 39　（　　）の中に適切な形容詞か副詞を入れてみましょう。

☐ **1351. Ta jupe est (　　　) à la mienne !**

　　お前のスカート、俺のとそっくりやんけ！

☐ **1352. Le lac Tazawa, c'est le lac le plus (　　　) du Japon.**

　　田沢湖、それは日本で最も深い湖。

　　🐦 最上級の構文だね。カッコに入るのは形容詞。➡ つぶやきの仏文法 p.217

☐ **1353. Ce lait à la fraise de luxe coûte (　　　) 19800 yens.**

　　この高級イチゴ牛乳はたったの 19800 円です。

☐ **1354. Ma femme dit qu'elle a (　　　) sommeil.**

　　妻はいつも眠いといっている。

☐ **1355. (　　　) Takuya, et (　　　) Takahisa.　Les deux se ressemblent beaucoup !**

　　こちらが拓也であちらが孝久。二人はよく似ている！

☐ **1356. (　　　), il fait du brouillard.**　今日は霧が出ている。

☐ **1357. Vous êtes combien ? — Nous sommes (　　　) treize.**

　　「何名様でしょうか？」「113 名です」

☐ **1358. Kana a les cheveux (　　　).**　夏名は髪の毛が短い。

☐ **1359. Un an a (　　　) mois.**　1 年は 12 か月ある。

☐ **1360. Chieko est (　　　) de ce chanteur.**

　　千恵子はこの歌手に夢中だ（←この歌手に狂っている）。

☐ **1361. C'est (　　　) !**　ありえない（←それは不可能だ）！

☐ **1362. (　　　) après, on a appris cette nouvelle.**

　　ずっと後になって、そのニュースを知った。

☐ **1363. Le quartier de la gare est devenu un quartier (　　　).**

　　駅の辺りは人気のない地区（←死んだような地区）になってしまった。

☐ **1364. Il ne viendra (　　　) pas ce soir.**

　　あいつはおそらく今晩来ないだろう。

☐ **1365. (　　　) est le nom de cet oiseau bizarre ?**

　　この奇妙な鳥の名前は？

☐ **1366. Il était une fois un prince et (　　　)-quinze ours.**

　　昔々あるところに、王子さまと 75 頭の熊がいました。

☐ **1367. Shunsuke avait (　　　) faim.**　俊介はとてもお腹が空いていた。

□ **1368. Emi est** ( ) **devant la télévision.**

絵美はテレビの前に座っている。

□ **1369. Hayao Miyazaki a une barbe** ( ). 宮﨑駿は白い髭をしている。

□ **1370.** ( ) **dit-on «通勤特快» en français ?**

フランス語で「通勤特快」は何といいますか？

□ **1371. Au Japon, il est très** ( ) **de prendre des photos d'un bec-en-sabot.**

日本では、ハシビロコウの写真を撮ることは非常に難しい。

□ **1372. Nous sommes très** ( ) **devant les forces de la nature.**

自然の力を前に、我々は非常に弱い。

□ **1373.** ( ), **on peut voir les becs-en-sabot sauvages.**

ここでは野生のハシビロコウに会うことができます。

□ **1374. Vous êtes** ( ) **d'accepter ou de refuser.**

断っても断らなくてもあなたの自由です（←あなたには承諾するあるいは拒否する自由がある）。

□ **1375. Dans une société** ( ), **les ONG jouent un rôle très important.**

近代社会においては、NGO が非常に重要な役割を果たしている。

🐷 ONG は Organisation Non Gouvernementale の略だよ。

□ **1376. Chez toi, il y a des champignons** ( ) **!**

おまえの家、そこらじゅうにキノコが生えているな！

□ **1377. Le scandale du ministre est devenu** ( ).

大臣のスキャンダルは公然の事実と（←公に）なった。

□ **1378. Pour aller au Louvre ? C'est très** ( ) **! Prenez un taxi !**

ルーヴル美術館へ行きたいの？ とても簡単（←単純）だよ。タクシーに乗りな！

□ **1379. Shun réfléchit** ( ) **le jour.** 駿は一日中よく考えている。

□ **1380. Ce pays entretient de bonnes relations avec tous ses pays** ( ). この国は、すべての周辺国とよい関係を維持している。

☐ 1351. Ta jupe est (pareille) à la mienne !

男性形 pareil に対して、女性形 pareille になることに注意してね。発音は同じなんだけどね。

☐ 1352. Le lac Tazawa, c'est le lac le plus (profond) du Japon.

☐ 1353. Ce lait à la fraise de luxe coûte (seulement) 19800 yens.

☐ 1354. Ma femme dit qu'elle a (toujours) sommeil.

☐ 1355. (Voici) Takuya, et (voilà) Takahisa.　Les deux se ressemblent beaucoup !

> voici / voilà は提示詞といったりすることもあるよ。どちらも voir の命令形に ici / là を付けてできあがったもの。活用はしないけれど、動詞と同じように直接目的語の代名詞を付けることができるんだ。Me voici.「ぼく、来たよ」のようにね。

☐ 1356. (Aujourd'hui), il fait du brouillard.

☐ 1357. Vous êtes combien ? — Nous sommes (cent) treize.

☐ 1358. Kana a les cheveux (courts).

☐ 1359. Un an a (douze) mois.

☐ 1360. Chieko est (folle) de ce chanteur.

fou / folle については ➡ つぶやきの仏文法 p.39

☐ 1361. C'est (impossible) !

☐ 1362. (Longtemps) après, on a appris cette nouvelle.

☐ 1363. Le quartier de la gare est devenu un quartier (mort).

☐ 1364. Il ne viendra (peut-être) pas ce soir.

☐ 1365. (Quel) est le nom de cet oiseau bizarre ?

oiseau が母音から始まる男性名詞なので ce ではなく cet と男性第二形になっているね。➡ つぶやきの仏文法 p.42

☐ 1366. Il était une fois un prince et (soixante)-quinze ours.

il était は il y avait と同じことだよ。il は非人称。

☐ 1367. Shunsuke avait (très) faim.

☐ 1368. Emi est (assise) devant la télévision.

☐ 1369. Hayao Miyazaki a une barbe (blanche).

この a < avoir は porte < porter にもできるね。

☐ 1370. (Comment) dit-on « 通勤特快 » en français ?

☐ 1371. Au Japon, il est très (difficile) de prendre des photos d'un bec-
en-sabot.

il は非人称だよ。ちなみに、日本国内でハシビロコウが見られるのは、2023
年末現在、千葉市動物公園（千葉県）、恩賜上野動物園（東京都）、掛川花鳥
園（静岡県）、神戸どうぶつ王国（兵庫県）、松江フォーゲルパーク（島根県）、
高知県立のいち動物公園（高知県）だよ。

レベル2

☐ 1372. Nous sommes très (faibles) devant les forces de la nature.
反意 fort 形 強い

☐ 1373. (Ici), on peut voir les becs-en-sabot sauvages.

☐ 1374. Vous êtes (libre[s]) d'accepter ou de refuser.

☐ 1375. Dans une société (moderne), les ONG jouent un rôle très
important.

☐ 1376. Chez toi, il y a des champignons (partout) !

キノコに関する表現をいくつか。champignons comestibles「食用キノコ」、
champignons vénéneux「毒キノコ」、champignon shiitake / champignon
parfumé「シイタケ」、polypore en touffe / poule des bois「舞茸」、
collybie à pied velouté / énokitaké「エノキタケ」、champignon de Paris /
champignon de couche「マッシュルーム」。

☐ 1377. Le scandale du ministre est devenu (public).

☐ 1378. Pour aller au Louvre ? C'est très (simple) ! Prenez un taxi !
反意 compliqué 形 複雑な

☐ 1379. Shun réfléchit (tout) le jour.

toute la journée とすると、日の出から日没までの感じがするかな。

☐ 1380. Ce pays entretient de bonnes relations avec tous ses pays
(voisins).

参考 entretien 男 維持、手入れ、会談、面接

entretenir は何かをよい状態、同じ状態で保つことをいう。
conserver は、月日が経っても傷まないようにすること。garder は
事故や盗難などの被害にあわないように守ることをいうよ。

Leçon 40 （　　）の中に適切な形容詞か副詞を入れるか、適当な1語を入れて副詞句を作りましょう。

□ **1381. Il vend des livres** (　　　). 彼は古書を売っている。

□ **1382. Sur l'île de Yonaguni, il y a** (　　　) **de chevaux à l'état semi-sauvage.** 与那国島には半野生の馬がたくさんいる。

> 人間との接触には慣れているけれど、完全には飼い慣らされていない状態のことをいうよ。英語では semi-feral。ここでは、semi-「半ば」、sauvage「野生の」を理解してね。

□ **1383. Sawa travaille dans un bureau très** (　　　).
佐和はとても明るい事務室で働いている。

□ **1384. Le shinkansen met environ 2 heures et** (　　　) **entre Tokyo et Shin-Osaka.**
新幹線は東京・新大阪間を約2時間半かけて走る（←約2時間半かける）。

□ **1385. Est-ce qu'il y aura de l'impact sur la politique** (　　　)**?**
外交政策に衝撃・影響があるだろうか。

□ **1386. Ce matin, la mer est** (　　　). 今朝、海は満潮だ（←海は高い）。

□ **1387. Omote-Sando est une** (　　　) **avenue.**
表参道は幅広い通りである。

□ **1388.** (　　　) **quand il neige, le facteur passe.**
雪が降っている時でさえ、郵便配達員はやってくる。

□ **1389. Vous êtes Natsuki ?** — (　　　). 「夏紀さんですか?」「そうです」

□ **1390.** (　　　) **tous les dimanches, elle va à la messe.**
ほぼ毎週日曜日、彼女はミサへ行く。

□ **1391. Shugo est un étudiant très** (　　　). 修吾はとても真面目な学生だ。

□ **1392. Il fait un vent** (　　　) **à l'aéroport de Haneda.**
羽田空港ではものすごい風が吹いています。

□ **1393. Je te téléphonerai** (　　　) **fois ce soir.** 今晩、20回電話するね。

□ **1394. Ma femme était** (　　　) **au moment de l'accident.**
事故があった時、妻は別の場所にいた。

□ **1395.** (　　　), **un nouveau restaurant a ouvert ses portes près de chez nous.**
一昨日、近所に新しいレストランが開店した（←ドアを開いた）。

☐ **1396. L'électricité est maintenant très (　　　).**

電気代は今ではとても高い。

☐ **1397. On va fermer ! —(　　　) ?** 「閉店です！」「もう？」

☐ **1398. Takako et Yasuko viennent toujours (　　　).**

貴子と保子はいつも一緒に来る。

☐ **1399. Le joueur a une blessure (　　　) au pied.**

選手は足に重傷を負っている。

☐ **1400. Le professeur doit être (　　　) dans ses notations.**

教師は学生の評価において公正でなければならない。

☐ **1401. Franchement, ce film était très (　　　).**

正直なところ、この映画はひどかった（←とても悪かった）。

☐ **1402. Il est dans la chambre (　　　) de son laboratoire.**

彼は研究所の暗室（←黒い部屋）にいる。

☐ **1403. Il nous faut (　　　) avancer.**

それでも我々は前へ進まなければならない。

☐ **1404. Comme M. Tanaka a la peau (　　　), il utilise de la crème.**

田中氏はかさかさお肌なので、クリームを使っている。

☐ **1405. Tu as tort de (　　　) boire !**

そんなに酒を飲んじゃだめだよ（←そんなに酒を飲むのは間違いだよ）。

☐ **1406. Quel est le nom (　　　) de M. Tanaka ?**

田中氏の本名は何ですか？

☐ **1407. D'(　　　), écrivez votre nom ici.**

まずはここに名前を書いてください。

☐ **1408. Tu pourras venir voir notre bec-en-sabot (　　　) de fois que tu voudras.**

好きなだけ（←君が望むのと同じ回数だけ）、うちのハシビロコウちゃんに会いに来ていいよ。

☐ **1409. Junichi viendra (　　　). Parce qu'il a des réunions.**

淳一はきっと来るよ。だって会議があるから。

☐ **1410. Notre bec-en-sabot est (　　　) sur le toit.**

我が家のハシビロコウ君は屋根の上に立っている。

☐ 1381. Il vend des livres (anciens).

> 名詞の後に付く ancien は「古くからある」のイメージ。「古本」「中古本」は livre d'occasion というよ。

☐ 1382. Sur l'île de Yonaguni, il y a (beaucoup) de chevaux à l'état semi-sauvage.

☐ 1383. Sawa travaille dans un bureau très (clair).

☐ 1384. Le shinkansen met environ 2 heures et (demie) entre Tokyo et Shin-Osaka.

> et demi の構文では、et の前にある名詞の性に合わせて、demi に e が付くよ。heure が女性名詞なので、ここでは demie になっているね。

☐ 1385. Est-ce qu'il y aura de l'impact sur la politique (étrangère) ?

☐ 1386. Ce matin, la mer est (haute).

> haute mer は「沖合」「公海」の意味だよ。岸から海を見た時、岸に近いほうが下に、遠いほうが上に見えるからみたい。

☐ 1387. Omote-Sando est une (large/grande) avenue.

☐ 1388. (Même) quand il neige, le facteur passe.

☐ 1389. Vous êtes Natsuki ? — (Oui).

☐ 1390. (Presque) tous les dimanches, elle va à la messe.

☐ 1391. Shugo est un étudiant très (sérieux).

☐ 1392. Il fait un vent (terrible) à l'aéroport de Haneda.

☐ 1393. Je te téléphonerai (vingt) fois ce soir.

☐ 1394. Ma femme était (ailleurs) au moment de l'accident.

☐ 1395. (Avant-hier), un nouveau restaurant a ouvert ses portes près de chez nous.

☐ 1396. L'électricité est maintenant très (chère).

☐ 1397. On va fermer ! — (Déjà) ?

☐ 1398. Takako et Yasuko viennent toujours (ensemble).

☐ 1399. Le joueur a une blessure (grave/sérieuse) au pied.

> grave blessure の語順にもできるよ。

☐ 1400. Le professeur doit être (juste) dans ses notations.

☐ 1401. Franchement, ce film était très (mauvais).

☐ 1402. Il est dans la chambre (noire) de son laboratoire.

□ 1403. Il nous faut (cependant/pourtant) avancer.

 対立の表現としては、cependant < pourtant < mais の順に意味が強くなるよ。ただ、この文の cependant の位置に pourtant は入れられるけど、mais はダメ。Mais il nous faut avancer. としなければならないよ。

□ 1404. Comme M. Tanaka a la peau (sèche), il utilise de la crème.

□ 1405. Tu as tort de (tant) boire !

□ 1406. Quel est le nom (véritable/vrai) de M. Tanaka ?

véritable は、いろいろあるように思えるかもしれないけれど、これが本当・本物、という感じ。また、véritable は属詞としては使えず、名詞にくっつけてしか使えないよ。だから、C'est vrai. とはいえるけれど、C'est véritable. とはいえないんだ。

□ 1407. D'(abord), écrivez votre nom ici.

abord 自体は男性名詞だけど、abord を最もよく使うのは d'abord という副詞句においてかな。

□ 1408. Tu pourras venir voir notre bec-en-sabot (autant) de fois que tu voudras.

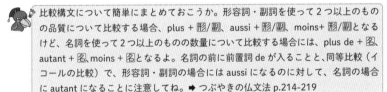 比較構文について簡単にまとめておこうか。形容詞・副詞を使って2つ以上のものの品質について比較する場合、plus + 形/副、aussi + 形/副、moins+ 形/副となるけど、名詞を使って2つ以上のものの数量について比較する場合には、plus de + 名、autant + 名、moins + 名となるよ。名詞の前に前置詞 de が入ることと、同等比較（イコールの比較）で、形容詞・副詞の場合には aussi になるのに対して、名詞の場合に autant になることに注意してね。➡ つぶやきの仏文法 p.214-219

□ 1409. Junichi viendra (certainement/sûrement). Parce qu'il a des réunions.

 certainement と sûrement の違いはほぼないと思ってよいよ。強いていえば、sûrement には「心配する必要がない」といったニュアンスがあるかもしれないけど、区別せずに使っている人のほうが多そう。

□ 1410. Notre bec-en-sabot est (debout) sur le toit.

☐ **1411. Ryuya m'a salué (　　　) qu'il m'a reconnu.**

隆弥は私に気づくとすぐ、私に挨拶をした。

☐ **1412. La réussite de sa fille est (　　　).** 娘の成功は確実だ。

☐ **1413. Je ne peux plus rester ici (　　　).**

もう、ここにはこれ以上はいられないよ。

☐ **1414. Kazunaga a détruit le disque (　　　) avec un marteau.**

和永はハンマーを使ってハードディスクを破壊した。

☐ **1415. Elle a des sueurs (　　　).**

彼女は冷や汗をかいている（←冷たい汗を持っている）。

☐ **1416. J'ai déjà refusé. Donc, il est (　　　) de répéter.**

すでにお断りしました。だから何度いっても無駄です。

☐ **1417. (　　　), il est 11 heures.** 今、11 時です。

☐ **1418. Ce robot parle (　　　) comme nous.**

このロボットは、我々のように自然に話す。

☐ **1419. Il a déjà écrit (　　　) livres sur ce thème.**

彼は、このテーマでもう何冊も本を書いている。

☐ **1420. Ma grande sœur a (　　　) ans.** お姉ちゃんは 15 歳。

☐ **1421. Ma femme sort (　　　) avec ce millionnaire.**

妻はこの大金持ちとしょっちゅう出かけている。

☐ **1422. Mettez de l'eau chaude, puis patientez (　　　) minutes.**

お湯を入れて、3 分待ってください。

☐ **1423. Il y a (　　　) de place ?** 十分な場所ある？

☐ **1424. Tomonori préfère le vin (　　　).** 朋紀は白ワインのほうが好き。

☐ **1425. (　　　) d'éléphants y a-t-il dans la salle de bain ?**

お風呂場に何頭ゾウがいるの？

☐ **1426. Depuis qu'elle est mariée, elle est toute (　　　).**

彼女は結婚してから、すっかり人が変わった（←まったく違う人だ）。

☐ **1427. C'est un exercice très (　　　).** これはとても簡単な問題です。

☐ **1428. (　　　), on a invité à boire la comtesse de Cagliostro.**

昨日、僕たちはカリオストロ公爵夫人を飲みに誘った。

□ **1429. L'entrée est (　　　).**　入場は無料です（←自由です）。

□ **1430. On ne peut pas vivre avec dix (　　　) yens par mois à Tokyo.**　東京では、月 1 万円では生活できないよ。

□ **1431. Certains disent que les idoles japonaises sont toutes (　　　).**

日本のアイドルはみんな似たり寄ったりだという人たちもいる。

□ **1432. Ma femme est tombée dans un (　　　) sommeil à côté de moi.**　妻は私の隣で深い眠りについた。

□ **1433. Le restaurant de Yoshiki est à (　　　) 2 minutes de la gare d'Asagaya.**

義樹のレストランは、阿佐ヶ谷駅からわずか 2 分のところにある。

□ **1434. Ikiko a (　　　) un document à la main.**

ゐき子はいつも手に書類を持っている。

□ **1435. On dit que le Président est en (　　　) santé.**

大統領は体調が悪いといわれている。

□ **1436. (　　　), il fait plus chaud qu'(　　　).**　今日は昨日より暑い。

□ **1437. Ce soir ? Je suis (　　　)！**　今晩？　暇だよ。

□ **1438. Ikue est (　　　) en cuisine.**　郁恵は料理が得意だ。

□ **1439. La soupe est (　　　)！**　スープ冷めてるやん！

□ **1440. La ville de Warabi est (　　　) petite.**

蕨市はとても小さい。

まとめ問題❽　解答

1411. aussitôt/dès, 1412. certaine/sûre, 1413. davantage, 1414. dur, 1415. froides, 1416. inutile, 1417. Maintenant, 1418. naturellement, 1419. plusieurs, 1420. quinze, 1421. souvent, 1422. trois, 1423. assez, 1424. blanc, 1425. Combien, 1426. différente, 1427. facile, 1428. Hier, 1429. libre, 1430. mille, 1431. pareilles, 1432. profond, 1433. seulement, 1434. toujours, 1435. mauvaise, 1436. Aujourd'hui, hier, 1437. libre, 1438. forte, 1439. froide, 1440. très

Leçon 41　（　　）の中に適切な形容詞か副詞を入れてみましょう。

☐ **1441.** Après la Seconde Guerre Mondiale, le Canada est entré dans une période de croissance（　　　）.

第二次世界大戦後、カナダは経済成長期に入った。

☐ **1442.** Il écrit de la main（　　　）. 彼は左手で字を書く。

☐ **1443.** Il ne prend（　　　）le bus. 彼はバスには決して乗らない。

☐ **1444.** Je dors（　　　）sous la tente.

テントの中（←テントの下）ではよく眠れない。

> 1 語で「よく … ない」の意味を出さないと。

☐ **1445.** （　　　）riez pas！ 笑うな！

☐ **1446.** J'aime le lait à la fraise（　　　）que le vin.

私はワインよりイチゴ牛乳のほうが好きだ。

☐ **1447.** Le train（　　　）n'arrête pas à Mukogawa.

特急列車は武庫川には停まりません。

☐ **1448.** Le loyer des étages（　　　）était moins cher que celui des étages inférieurs.

上層階（←より上の階）の家賃は低層階より安かった。

☐ **1449.** Le Musée national Picasso-Paris se trouve dans le（　　　）arrondissement.

ピカソ美術館は（パリ）3 区にある。

☐ **1450.** M. Tanaka fait le compte des étudiants（　　　）.

田中先生は欠席学生を数えている。

☐ **1451.** M. Tanaka ne travaille pas（　　　）que les autres.

田中氏は他の人たちほどは（←他の人たちと同じくらいには）働いていない。

☐ **1452.** Il y a beaucoup de nuages. Il va（　　　）pleuvoir.

雲が多い。きっと雨になるだろうね。

☐ **1453.** Toi, reste（　　　）là！ 君はそこに立っていなさい！

☐ **1454.** Kenichi dort（　　　）. 健一はまだ寝ている。

☐ **1455.** Le 15ème arrondissement de Paris est situé sur la rive（　　　）de la Seine. パリ 15 区はセーヌ川左岸に位置する。

☐ **1456.** Kumiko n'a（　　　）été en France.

久美子はフランスへ一度も行ったことがない。

☐ **1457. Mon fils avait une dent (   ).**

息子には虫歯が1本あった（←息子は病んだ歯を1本持っていた）。

☐ **1458. (   )appuie pas sur ce bouton. Les champignons poussent !** そのボタンを押すなよ。キノコが生えてきちゃう！

レベル8

☐ **1459. Je préfère (   ) le lait aux fraises.**

どちらかというと、イチゴ牛乳が好き。

☐ **1460. Ce village n'a pas de restaurant (   ).**

この村にはファストフード店がない。

☐ **1461. Million est (   ) à mille.** 100万は1000より大きい。

カッコが1つしかないのに、比較文だよね。

☐ **1462. La conclusion est à la (   ) partie.**

結論は第3部（←3番目の部分）にあります。

☐ **1463. Ne fais pas cuire la viande dans ma classe ! Fais-le (   ) !**

私の教室で肉を焼くな！ 他でやれ！

これもカッコが1つしかない＝1語しか入らないのに、1語で「他の場所で」を表すことになるんだけど…。

☐ **1464. Cette île a beaucoup de maisons (   ).**

この島にはたくさんの屋根の低い家（←階数の少ない家・低い家）がある。

☐ **1465. Tu connais un restaurant pas (   ) près d'ici ?**

この近くで高くないレストラン知ってる？

☐ **1466. Kenichi a (   ) bu dix verres de vodka ?**

健一はもうウオッカ10杯飲んだの？

☐ **1467. On a chanté (   ) au karaoké.** 僕たちはカラオケで一緒に歌った。

☐ **1468. M. Tanaka a un (   ) ventre. Il veut maigrir.**

田中氏は太鼓腹だ（←太いお腹を持っている）。痩せようと思っている。

☐ **1469. Ce n'est pas (   ) !** 不公平だ（←それは公平じゃない）！

☐ **1470. Ce matin, elle avait (   ) mine.**

今朝、彼女は顔色が悪かった（←悪い顔色を持っていた）。

☐ 1441. Après la Seconde Guerre Mondiale, le Canada est entré dans une période de croissance (économique).

☐ 1442. Il écrit de la main (gauche). 反意 droit 形 右の、まっすぐな

☐ 1443. Il ne prend (jamais) le bus.

☐ 1444. Je dors (mal) sous la tente.

> tente「テント」は tante「おば」と同音異義語だよ。ただ、多くの場合、文脈などによってどちらの語かは分かるんじゃないかな。たとえば、sous la tente/ tente といった時に「おばさんの下で」という状況はあまり考えられないよね。

☐ 1445. (Ne) riez pas !

☐ 1446. J'aime le lait à la fraise (plutôt) que le vin.

> この文は、J'aime plutôt le lait à la fraise que le vin. という語順にもできるよ。préférer を使うと、Je préfère le lait à la fraise au vin. となるね。まとめると、「B より A が好きだ」は、aimer plutôt A que B, aimer A plutôt que B, préférer A à B というい方ができるよ。

☐ 1447. Le train (rapide) n'arrête pas à Mukogawa.

☐ 1448. Le loyer des étages (supérieurs) était moins cher que celui des étages inférieurs.

☐ 1449. Le Musée national Picasso-Paris se trouve dans le (troisième) arrondissement.

☐ 1450. M. Tanaka fait le compte des étudiants (absents).

☐ 1451. M. Tanaka ne travaille pas (autant) que les autres.

☐ 1452. Il y a beaucoup de nuages. Il va (certainement/sûrement) pleuvoir.

> certainement と sûrement の違いは 1409.

☐ 1453. Toi, reste (debout) là !

> debout の品詞には論争があって、形容詞という人も副詞という人もいるよ。どちらにしても性数一致しない。Ils sont debout. のように。

☐ 1454. Kenichi dort (encore).

☐ 1455. Le 15ème arrondissement de Paris est situé sur la rive (gauche) de la Seine.

☐ 1456. Kumiko n'a (jamais) été en France.

> aller を使った Elle est allée en France. は「彼女はフランスへ行った」、être を使った Elle a été en France. は「彼女はフランスへ行ったことがある」に近いかな。

□ 1457. Mon fils avait une dent (malade).

□ 1458. (N')appuie pas sur ce bouton. Les champignons poussent !

□ 1459. Je préfère (plutôt) le lait aux fraises.

レベル2

> préférer A à B「B より A が好き」の構文があるので、この問題文は、「イチゴより牛乳が好き」という解釈もできてしまうね。
>
> 牛乳は液体だから数えにくく、単数形になっているけれど、イチゴは数えられるので複数形になっているんだ。

□ 1460. Ce village n'a pas de restaurant (rapide).

□ 1461. Million est (supérieur) à mille.

> 数のいい方を練習しておこう。1 un、10 dix、100 cent、1.000 mille、10.000 dix mille、100.000 cent mille、1.000.000 un million、10.000.000 dix millions、100.000.000 cent millions, 1.000.000.000 un milliard, 10.000.000.000 dix milliards, 100.000.000.000 cent milliards。フランス語では、右から左へ向かって3桁ごとに区切り記号（ピリオド）を打つことがあるよ。この点の打ち方が日本語とはずれているので注意。

□ 1462. La conclusion est à la (troisième) partie.

□ 1463. Ne fais pas cuire la viande dans ma classe ! Fais-le (ailleurs) !

□ 1464. Cette île a beaucoup de maisons (basses).

□ 1465. Tu connais un restaurant pas (cher) près d'ici ?

> フランス語には、「（値段が）安い」を表す1語の形容詞はないよ。同じように、「浅い」を表す1語の形容詞もないんだ。「浅い」というには、peu profond（「ほとんど深くない」）みたいな、迂言的ないい方をするよ。

□ 1466. Kenichi a (déjà) bu dix verres de vodka ?

□ 1467. On a chanté (ensemble) au karaoké.

> フランスにもカラオケ店はあるけれど、まだまだその数は少ない。日本のカラオケ店のほうが歌える曲が多かったり、お店で受けることのできるサービスが豊か。

□ 1468. M. Tanaka a un (gros) ventre. Il veut maigrir.

□ 1469. Ce n'est pas (juste) !

□ 1470. Ce matin, elle avait (mauvaise) mine.

Leçon 42　（　）の中に適切な形容詞か副詞を入れてみましょう。

□ **1471. C'est toujours moi qui décide. (　　　) vous.**

決めるのはいつも私だ。おまえたちではない。

□ **1472. M. Kojima s'assoit toujours au (　　　) rang.**

小島さんは、いつも最前列に座る（←一番目の列に座る）。

□ **1473. J'aime les raisins (　　　).** 干しぶどう（←乾燥させたぶどう）が好き。

□ **1474. On a (　　　) travaillé qu'on espère qu'on sera bien récompensé.**

とても働いたので、たくさん（←よく）報酬がもらえると期待している。

> récompenser には beaucoup よりも bien が付きやすいみたい。
> 「報酬が良い」のイメージかな。

□ **1475. De longues discussions sont nécessaires pour parvenir à un (　　　) consensus.**

真の合意に到達するためには、長い議論が必要である。

□ **1476. Le Gabon est une (　　　) colonie française.**

ガボンはフランスの旧植民地だ。

□ **1477. (　　　) de voyageurs descendent à Shinjuku.**

たくさんの乗客は新宿で降りる。

□ **1478. Ce qui n'est pas (　　　) n'est pas français. [Rivarol]**

明晰でないものはフランス語ではない。［リヴァロルの言葉］

□ **1479. Aujourd'hui, c'est mon (　　　) jour de travail.**

今日は最後の出勤日（←最後の仕事の日）だ。

□ **1480. La rue Takeshita est une rue (　　　).**

竹下通りは細い通りだ。

□ **1481. Il est (　　　) parce que sa femme n'est pas à la maison maintenant.** 彼は幸せだ、なぜなら今、妻が家にいないからだ。

□ **1482. Yoshitaka a une (　　　) connaissance sur nô.**

義孝は能について幅広い知識を持っている。

□ **1483. Il vaut (　　　) réfléchir avant d'écrire une lettre d'amour.**

ラブレターを書く前にはよく考えたほうがいい。

□ **1484. Tu aimes les loutres? —(　　　), bien sûr !**

「君、カワウソ好き？」「うん、もちろん！」

□ **1485.** Le (　　　) arrêt est Chiryu.　次の停車駅は知立です。

□ **1486.** L'homme souffrait d'une maladie (　　　).

男は重病に苦しんでいた。

□ **1487.** Hier, il y a eu un (　　　) accident de voiture sur la Meihan.

昨日、名阪国道で恐ろしい自動車事故が発生した。

□ **1488.** Donnez-moi (　　　) kilos d'oignons.　タマネギを 20 キロください。

□ **1489.** Maiko et Toshiko sont (　　　) sur le banc.

真以子と登志子はベンチに座っている。

□ **1490.** La fille aux yeux (　　　) a pris la ligne Toyoko à Yokohama.

青い目の女の子は横浜で東横線に乗った。

□ **1491.** Takahiro est (　　　) des mémoires de licence de ses étudiants.

貴宏は自分の学生の卒論に満足している。

□ **1492.** On dit que le sanskrit est une langue (　　　) à apprendre.

サンスクリット語は学ぶのが難しい言語であるといわれている。

□ **1493.** Est-ce que M. Tanaka est (　　　) du foie ?

田中氏は肝臓が弱いんだろうか。

□ **1494.** Ralentissez (　　　).　ここでは徐行。

□ **1495.** J'ai aperçu Michiko au (　　　).　遠くに倫子の姿が見えた。

□ **1496.** Le mot (　　　) n'est plus (　　　).

「近代的・現代的」という語は、もはや近代的・現代的ではない。

□ **1497.** L'écureuil cache sa nourriture un peu (　　　).

リスは食べ物をあちこちに隠す。

□ **1498.** Certains disent que l'opinion (　　　) est morte.

世論は死んだという人たちもいる（←何人かの人たちはいっている）。

□ **1499.** L'abbé a mené une vie (　　　), vouée à Dieu.

神父は質素で、神に捧げられた生活を送った。

□ **1500.** Je dois aller acheter de la bière (　　　) les jours pour ma femme.　私は妻のために毎日ビールを買いに行かなければならない。

☐ 1471. C'est toujours moi qui décide. (Pas/Non) vous.

🦗 日常的には non より pas を使うことのほうが多いかな。

☐ 1472. M. Kojima s'assoit toujours au (premier) rang.

☐ 1473. J'aime les raisins (secs).

☐ 1474. On a (tant) travaillé qu'on espère qu'on sera bien récompensé.

🦗 これは「あまりに〜なので〜」という結果構文の1つだよ。➡ つぶやきの仏文法 p.212

☐ 1475. De longues discussions sont nécessaires pour parvenir à un (vrai/véritable) consensus.

🐞 vrai, véritable については、1406. を見て。

☐ 1476. Le Gabon est une (ancienne) colonie française.

🐦 名詞の前に付く ancien は「もとの」「かつての」のイメージで、反意は actuel かな。ancien étudiant といえば「もとの学生」→「卒業生」。

☐ 1477. (Beaucoup) de voyageurs descendent à Shinjuku.

☐ 1478. Ce qui n'est pas (clair) n'est pas français. [Rivarol]

🦗 リヴァロルは、革命時代に生きたフランス王党派の作家、翻訳家だよ。

☐ 1479. Aujourd'hui, c'est mon (dernier) jour de travail.

☐ 1480. La rue Takeshita est une rue (étroite) .

☐ 1481. Il est (heureux) parce que sa femme n'est pas à la maison maintenant.

☐ 1482. Yoshitaka a une (large) connaissance sur nô.

☐ 1483. Il vaut (mieux) réfléchir avant d'écrire une lettre d'amour.

成句 il vaut mieux 不定詞 〜したほうがいい

「考える」は penser が最も一般的。songer は penser と比べて改まった表現。réfléchir は「よく、深く考える」感じ。ちなみに「恋は盲目」は L'amour est aveugle. というよ。

☐ 1484. Tu aimes les loutres? — (Oui), bien sûr !

☐ 1485. Le (prochain) arrêt est Chiryu.

☐ 1486. L'homme souffrait d'une maladie (sérieuse/grave).

☐ 1487. Hier, il y a eu un (terrible/horrible) accident de voiture sur la Meihan.

🐞 horrible には「ぞっとする」感じがあるかな。

☐ 1488. Donnez-moi (vingt) kilos d'oignons.

☐ 1489. Maiko et Toshiko sont (assises) sur le banc.

☐ 1490. La fille aux yeux (bleus) a pris la ligne Toyoko à Yokohama.

la fille aux yeux bleus の aux = à + les の à は、chou à la crème「シュークリーム」、café au lait「カフェオレ」などの à と同様、特徴を表すよ。➡ つぶやきの仏文法 p.109-110

レベル②

☐ 1491. Takahiro est (content) des mémoires de licence de ses étudiants.

☐ 1492. On dit que le sanskrit est une langue (difficile) à apprendre.

サンスクリット語は現在でもインド、ネパールの辺りで話されている言語。日本で学ぶことができる場所は限られているね。

☐ 1493. Est-ce que M. Tanaka est (faible) du foie ?

成句 être faible de 図　〜が弱い

派生 faiblesse 囡　弱さ

☐ 1494. Ralentissez (ici).

道路標識などでは、Ralentissez といった命令形の代わりに、Ralentir（不定詞）を使うこともあるよ。

☐ 1495. J'ai aperçu Michiko au (loin).

この loin の品詞は辞書によって定義が異なるよ。副詞または名詞。

☐ 1496. Le mot (moderne) n'est plus (moderne).

☐ 1497. L'écureuil cache sa nourriture un peu (partout).

成句 un peu partout　あちこちに、方々に

☐ 1498. Certains disent que l'opinion (publique) est morte.

男性形 public に対して、女性形は publique だね。

☐ 1499. L'abbé a mené une vie (simple), vouée à Dieu.

☐ 1500. Je dois aller acheter de la bière (tous) les jours pour ma femme.

Leçon 43　（　　）の中に適切な形容詞か副詞を入れてみましょう。

☐ **1501. Mes parents habitent dans la maison** (　　　).

両親は隣の家に住んでいる。

☐ **1502.** (　　　)**, ce train ne s'arrête pas à Koenji, à Asagaya et à Nishi-Ogikubo.**

今日、この電車は、高円寺、阿佐ヶ谷、西荻窪には停車しません。

☐ **1503. La Guerre de** (　　　) **ans a duré plus de** (　　　) **ans.**

百年戦争は 100 年以上続いた。

> 研究者によって定義が異なるけれど、百年戦争は 1337 年から 1453 年とする研究が多いみたいだよ。

☐ **1504. Ta cravate est trop** (　　　)**!**　君のネクタイ、短すぎるやん！

☐ **1505. Le** (　　　) **du tous les mois, c'est le jour de Tofu.**

毎月 12 日は豆腐の日だ。

☐ **1506. C'est un prix** (　　　)**!**

高っ！（←それは法外な値段だ←それは狂った値段だ）

☐ **1507. Reproduction** (　　　).　複製禁止。

☐ **1508. Ton sac à dos est** (　　　)**!**　君のリュックは重いねぇ。

☐ **1509. Ne jetez pas les piles** (　　　) **dans un feu.**

火の中に切れた電池（←死んでしまった電池）を投げ込まないでください。

☐ **1510. Tu viendras demain ? — Oui,** (　　　)…

「明日来る?」「そうね、たぶん」

☐ **1511. Il est** (　　　) **heure ?**　何時？

☐ **1512. Cette salle peut contenir** (　　　) **personnes.**

このホールは 60 人収容できる。

☐ **1513. Fumiko parle** (　　　) **bien l'allemand.**

史子はドイツ語をとても上手に話す。

☐ **1514. À la fin du cours de M. Tanaka, il n'y avait** (　　　) **étudiant.**

田中先生の授業の終わりには学生は一人もいなかった。

☐ **1515. Il avait les lèvres** (　　　) **de froid.**

彼は寒さで青い唇をしていた。

☐ **1516. Je suis** (　　　) **que tu sois venue.**

君が来てくれて嬉しいよ（←満足している）。

☐ **1517. Ma femme dort seule sur un lit** (　　　).

妻は一人でダブルベッドで寝ている。

☐ **1518. On dit que c'est un pays** (　　　) **en termes d'infrastructures.**

この国はインフラの面において弱小国であるといわれている。

成句 en termes de 名・en termes 形 ～の面において、～の観点で

☐ **1519. La somme des dégâts est** (　　　).

被害額は莫大である（←重大である）。

☐ **1520. Satsuki habite** (　　　) **de l'école.**

さつきは学校から遠いところに住んでいる。

☐ **1521. Il s'intéresse à l'histoire** (　　　) **de l'Afrique.**

彼はアフリカ近代史に興味を持っている。

☐ **1522. Dans certaines villes européennes, il y a des crottes de chien** (　　　). いくつかのヨーロッパの町では、そこらじゅうに犬の糞がある。

☐ **1523. Kenta a déjeuné et** (　　　) **il a fait la sieste.**

健太は朝食をとり、それから昼寝をした。

> 動詞 déjeuner は「朝食をとる」「昼食をとる」のどちらの意味にもなりうるけど、名詞 déjeuner は「昼食」のみ。名詞としての「朝食」は petit-déjeuner というよ。もともとは、朝食は déjeuner、昼食は dîner、夕食は souper といっていたけど、生活習慣の変化などにより、昼食を déjeuner、夕食を dîner、夜食を souper というようになったこともあり、朝食を petit-déjeuner というようになったんだよ。

☐ **1524. Tout** (　　　), **je veux boire du lait à la fraise !**

ただ単に、俺はイチゴ牛乳が飲みたいんだ！

☐ **1525. Restez** (　　　). **Je reviens tout de suite !**

おとなしくしていてね。すぐ戻る。

☐ **1526. On dit que Yukie est sévère, mais ce n'est pas** (　　　).

雪絵は厳しいといわれているが、そんなことはない（←それは真実ではない）。

☐ **1527. Sa femme est** (　　　). あいつの奥さんはあんな人だ。

☐ **1528. Le salaire de mon mari est très** (　　　).

主人の給料はとても安いざます。

☐ **1529. Le Parti communiste** (　　　) **est le plus grand parti au monde.** 中国共産党は世界最大の政党である。

☐ **1530.** (　　　), **c'est Noël !** 明日はクリスマス！

□ 1501. Mes parents habitent dans la maison (voisine).

voisin は隣だけでなく近く（近隣）も表せるよ。

□ 1502. (Aujourd'hui), ce train ne s'arrête pas à Koenji, à Asagaya et à Nishi-Ogikubo.

□ 1503. La Guerre de (Cent) ans a duré plus de (cent) ans.

□ 1504. Ta cravate est trop (courte) ! **反意** long 形 長い

□ 1505. Le (douze) du tous les mois, c'est le jour de Tofu.

厳密にいうと、この douze は名詞だね。形容詞に冠詞や冠詞に代わるものを付けることで名詞にできるよ。たとえば、petit「小さい」→ mon petit「私の子ども」のように。

□ 1506. C'est un prix (fou) !

□ 1507. Reproduction (interdite).

reproduction は女性名詞。-tion で終わる名詞はほぼ女性名詞だよ。➡ つぶやきの仏文法 p.20

□ 1508. Ton sac à dos est (lourd) ! **反意** léger 形 軽い

□ 1509. Ne jetez pas les piles (mortes) dans un feu.

□ 1510. Tu viendras demain ? — Oui, (peut-être)…

□ 1511. Il est (quelle) heure ?

□ 1512. Cette salle peut contenir (soixante) personnes.

□ 1513. Fumiko parle (très) bien l'allemand.

□ 1514. À la fin du cours de M. Tanaka, il n'y avait (aucun) étudiant.

personne は入らないよ。personne は代名詞。代名詞は名詞と同じ働きをするので、名詞 étudiant の直前には置けないよ。

□ 1515. Il avait les lèvres (bleues) de froid.

lèvre は女性名詞だよ。de froid の de は原因を表しているね。

□ 1516. Je suis (content) que tu sois venue.

成句 être content que 接続法 〜に満足している、嬉しい

□ 1517. Ma femme dort seule sur un lit (double).

「妻」なので seule と女性形になるよ。

 ベッドいろいろ。シングルベッド un lit pour une personne、ツインベッド des lits jumeaux、２段ベッド des lits superposés、ベビーベッド un berceau、補助ベッド un lit supplémentaire。

☐ 1518. On dit que c'est un pays (faible) en termes d'infrastructures.

☐ 1519. La somme des dégâts est (importante).

☐ 1520. Satsuki habite (loin) de l'école.

（反意）près 副 近くに

☐ 1521. Il s'intéresse à l'histoire (moderne) de l'Afrique.

☐ 1522. Dans certaines villes européennes, il y a des crottes de chien (partout).

☐ 1523. Kenta a déjeuné et (puis/ensuite) il a fait la sieste.

puis/ensuite については 1531. を見て。

☐ 1524. Tout (simplement), je veux boire du lait à la fraise !

☐ 1525. Restez (tranquille[s]). Je reviens tout de suite !

Je reviendrai と単純未来形にするより Je reviens と現在形を使うほうが、確実にすぐに戻ってくる印象を持ち、聞いている側は安心できそう。

☐ 1526. On dit que Yukie est sévère, mais ce n'est pas (vrai).

véritable は属詞としては使えないよ。1406. を見てね。

☐ 1527. Sa femme est (ainsi).

この ainsi は comme ça に近いよ。

☐ 1528. Le salaire de mon mari est très（bas）.

☐ 1529. Le Parti communiste (chinois) est le plus grand parti au monde.

☐ 1530. (Demain), c'est Noël !

Leçon 44 　（　　）の中に適切な形容詞か副詞を入れてみましょう。

□ **1531. D'abord, rincez-vous la bouche.** (　　　　), **buvez le lait à la fraise.**　まず口をすすいでください。次にイチゴ牛乳を飲んでください。

□ **1532. Yohei portait un** (　　　) **livre sous le bras.**
陽平は脇に分厚い本を抱えていた。

□ **1533. Son dernier roman a été apprécié** (　　　).
彼の最新作は、正当な評価を受けた（←正当に評価された）。

□ **1534. Tu as une** (　　　) **solution ?**
もっとよい解決策ある（←もっとよい解決策持っている）？

> 🐦 bon の比較級が入るよ。➡ つぶやきの仏文法 p.215

□ **1535. Quels sont les mots** (　　　) **de cette année ?**　今年の新語は？

□ **1536. Il a voyagé en** (　　　) **classe.**　彼は1等車で旅行した。

□ **1537. Cette église a été construite dans la** (　　　　) **moitié du XIIème siècle.**　この教会は12世紀後半に建てられた。

□ **1538. Hideya travaille jusque très** (　　　).
秀弥はとても遅くまで働いている。　**反意** tôt 副　早い

□ **1539. Quand il monte l'escalier, M. Tanaka se sent** (　　　).
階段を上っている時に、田中氏は自らが年老いたと感じる。

□ **1540. J'ai faim !** — **Moi** (　　　) **!**　「お腹空いた！」「おれも！」

□ **1541. Ils ont répondu** (　　　) **«non».**　それでも彼らは「いいえ」と応えた。

□ **1542. Yuko est** (　　　) **de tout.**　裕子はあらゆることに興味がある。

□ **1543. USJ se trouve sur la rive** (　　　) **de la rivière Aji.**
ユニバ（＝ユニバーサル・スタジオ・ジャパン）は安治川右岸にある。

□ **1544. La grammaire** (　　　) **est très difficile pour moi.**
フランス語の文法は僕にはとても難しいよ。

□ **1545. Non ! Je n'ai rien dans la poche** (　　　) **! C'est vrai !**
いや！　内ポケットには何もないよ。本当だよ！
反意 extérieur 形　外側の

□ **1546. Vous avez une** (　　　) **responsabilité !**
あなたには重大な責任があります！

□ **1547. Les États-Unis exportent du gaz** (　　　).
アメリカは天然ガスを輸出している。

☐ **1548. Ton balcon est (　　　) de pigeons !**

お前の家のベランダ、ハトだらけやん（←ハトでいっぱい）！

☐ **1549. Il reste encore (　　　) fautes d'orthographe.**

まだいくつかスペルミスが残っているよ。

☐ **1550. Il fait (　　　) dans son bureau.** 彼のオフィスは暗い。

☐ **1551. La fille avait un regard (　　　).** 女の子は悲しげな眼差しだった。

☐ **1552. M. Tanaka est allé boire avec ses (　　　) étudiants.**

田中先生は卒業生たちと飲みに行った。

☐ **1553. À (　　　) !** また近いうちに！

☐ **1554. Elle a (　　　) de becs-en-sabot ? — Elle en a dix.**

「彼女は何羽ハシビロコウを飼っているの？」「10羽」

☐ **1555. La semaine (　　　), mon cousin s'est marié.**

先週、いとこが結婚した。

☐ **1556. Il faut passer par l'escalier (　　　) pour monter au grenier.**

屋根裏部屋に上るには、狭い階段を通らなければならなかった。

☐ **1557. M. Tanaka travaille tous les jours pour que toute sa famille soit (　　　).** 家族全員が幸せになるよう、田中氏は毎日働いている。

成句 pour que 接続法　〜するように、〜するために ➡ つぶやきの仏文法 p.162

☐ **1558. Je préfère un repas (　　　) à digérer.**

消化にいい食事のほうがいいですね（←消化するのに軽い食事）。

☐ **1559. Takayuki joue au rugby (　　　) que les autres.**

貴行は他の人たちよりラグビーが上手い。

☐ **1560. Notre campus est (　　　) au public.**

本学のキャンパスは一般に開放されています。

☐ 1531. D'abord, rincez-vous la bouche. (Ensuite/Puis), buvez le lait à la fraise.

> ensuite と puis の違いも難しいね。puis より ensuite のほうが、時間の流れで「次」という感じがするかな。反対に ensuite より puis は時間の流れに関わらない場合にも使え、時には論理的な感じもする。たとえば、À Tokyo, il y a beaucoup de temples, puis de musées.「東京にはたくさんのお寺、そして博物館がある」とはいえるけど、ここで puis の代わりに ensuite を使うのはおかしい。また、puis は文や節の頭にしか置けないけど、ensuite は途中にも挿入できるよ。今回の問題文で Buvez le lait à la fraise ensuite. と書き換えられるけど、Buvez le lait à la fraise puis. にはできない。

☐ 1532. Yohei portait un (gros) livre sous le bras.

> 「大きい」に相当する最も一般的な語は grand。gros は体積が大きい感じ。grand と gros で意味が変わることもあるよ。grand nez は「高い鼻」、gros nez は「大きい鼻」とかね。

☐ 1533. Son dernier roman a été apprécié (justement).

☐ 1534. Tu as une (meilleure) solution ?

☐ 1535. Quels sont les mots (nouveaux) de cette année ?

> nouveau は、「最近出た」のような意味では名詞の後に置くことが多いよ。

☐ 1536. Il a voyagé en (première) classe.

☐ 1537. Cette église a été construite dans la (seconde) moitié du XIIème siècle.

☐ 1538. Hideya travaille jusque très (tard).

☐ 1539. Quand il monte l'escalier, M. Tanaka se sent (vieux).

☐ 1540. J'ai faim ! — Moi (aussi) !

☐ 1541. Ils ont répondu (cependant/pourtant) «non».

> cependant/pourtant は 1403. を見て。

☐ 1542. Yuko est (curieuse) de tout.

> tout は代名詞で「全部」みたいな意味だね。➡ つぶやきの仏文法 p.100-101

☐ 1543. USJ se trouve sur la rive (droite) de la rivière Aji.

> 右岸・左岸の表現は日本語でもフランス語でも、川の上流から下流・河口のほうを見て、右側が右岸、左側が左岸になるよ。

☐ 1544. La grammaire (française) est très difficile pour moi.

☐ 1545. Non ! Je n'ai rien dans la poche (intérieure) ! C'est vrai !

☐ 1546. Vous avez une (lourde) responsabilité !

> 責任、負担などが重い場合、名詞の前に lourd を置くことが多いよ。

☐ 1547. Les États-Unis exportent du gaz (naturel).

> アメリカ合衆国のほか、国名で複数形になるものは、フィリピン les Philippines、オランダ les Pays-Bas などがあるよ。

レ
ベ
ル
2

☐ 1548. Ton balcon est (plein) de pigeons !

☐ 1549. Il reste encore (quelques) fautes d'orthographe.

☐ 1550. Il fait (sombre) dans son bureau.

成句 il fait sombre　暗い

反意 il fait clair　明るい

☐ 1551. La fille avait un regard (triste).

☐ 1552. M. Tanaka est allé boire avec ses (anciens) étudiants.

☐ 1553. À (bientôt) !

☐ 1554. Elle a (combien) de becs-en-sabot ? — Elle en a dix.

> en は中性代名詞。ここで代名詞 en を使わないと、Elle a dix becs-en-sabot. になるよ。➡ つぶやきの仏文法 p.76-78

☐ 1555. La semaine (dernière), mon cousin s'est marié.

☐ 1556. Il faut passer par l'escalier (étroit) pour monter au grenier.

☐ 1557. M. Tanaka travaille tous les jours pour que toute sa famille soit (heureuse).

☐ 1558. Je préfère un repas (léger/facile) à digérer.

> léger は「消化するのに軽い」、facile は「消化が簡単な」のイメージだね。

☐ 1559. Takayuki joue au rugby (mieux) que les autres.

☐ 1560. Notre campus est (ouvert) au public.

反意 fermé 形　閉じている

Leçon 45 　（　　）の中に適切な形容詞か副詞を入れてみましょう。

□ **1561.** La（　　）coupe du Monde du rugby aura lieu en France.
次のラグビーワールドカップはフランスで開催される。

□ **1562.** Hiromi est（　　　　）dans son bureau. Il travaille
sérieusement.
博美は一人で事務室にいる。彼は真面目に仕事をしている。

□ **1563.** Jun se lève（　　　）. 潤は早起きだ。
反意 tard 副　遅く

□ **1564.** Le temps passe（　　　　）! C'est encore l'heure de boire du
lait à la fraise. 　時の経つのは早い。またイチゴ牛乳を飲む時間だ。
反意 lentement 副　ゆっくり

□ **1565.** Certains sont（　　　　）. Ils doivent être malades.
何人か欠席だ。病気に違いない。

□ **1566.** （　　　　）, il y avait un château à Iwatsuki aussi.
かつて、岩槻にもお城があった。

□ **1567.** M. Tanaka a donné quinze fraises à（　　　　）étudiant.
田中先生は、学生ひとりひとりに（←各学生に）イチゴを15個あげた。

□ **1568.** Je ne sais pourquoi, mais mes parents dorment（　　　　）.
なぜだか分からないが、両親は立って寝ている。

□ **1569.** （　　　　）une fois s'il vous plaît. 　もう一度お願いします。

□ **1570.** Remplacer progressivement les sacs plastiques, c'est une
tendance（　　　　）.
ポリ袋を徐々に（他のものに）置き換えていく。これは一般的な傾向だ。

□ **1571.** Je me demande ce que pense la（　　　　）génération.
若い世代は何を考えているんだろう（←何を考えているのかと自問する）。

□ **1572.** Pendant le voyage, elle est tombée（　　　　）.
旅行中に彼女は病気になった。

□ **1573.** Le temps est（　　　　）pour la compréhension.
理解するには時間が必要だ。

□ **1574.** Si c'est（　　　　）, téléphone-moi toutes les 30 minutes.
できれば、30分ごとに電話をくれ。

□ **1575.** Namihei a des cheveux（　　　　）. 　波平は髪の毛が薄い。

□ **1576. Vous êtes (　　　) que votre girafe ne soit pas cachée dans les toilettes ?**

キリンがトイレに隠れていないって、確か（←あなたは確信していますか）？

□ **1577. Il ne faut pas mettre (　　　) de fromage !**

チーズをかけすぎちゃダメよ。

□ **1578. Pourquoi me parlez-vous (　　　) ?**

どうしてそんなふうに私に話をするのですか？

□ **1579. On dit que Cléopâtre a été (　　　).**

クレオパトラは美人だったといわれている。

□ **1580. Ce pays a négocié avec le gouvernement (　　　).**

その国は中国政府と交渉した。

□ **1581. (　　　), nous partirons pour Bordeaux.**

明日、ボルドーへ向けて出発します。

□ **1582. Takaaki a mangé une baguette (　　　).**

剛士はバゲットを1本まるごと食べた。

□ **1583. Toru ne boit (　　　) de lait à la fraise.**

透はほとんどイチゴ牛乳を飲まない。

□ **1584. Reste (　　　) ! Je vais chercher mon chocolat.**

そこにいろ。チョコレートを取ってくる。

□ **1585. Vous n'auriez pas une (　　　) place ?**

もっと良い席はありませんか？

□ **1586. La livraison de ma (　　　) voiture est en retard.**

私の新車の納車が遅れている。

□ **1587. Keita habitait tout (　　　), mais maintenant il habite loin.**

圭太はすぐ近くに住んでいたが、今では遠くに住んでいる。

□ **1588. Beaucoup de jeunes ont résisté pendant la (　　　) guerre mondiale.**

多くの若者が第二次世界大戦中に抵抗した。

□ **1589. Kazuhiro se couche (　　　).** 一博は寝るのが遅い。

□ **1590. Ce professeur est (　　　) avant l'âge.**

この先生は年齢より老けている（←年齢より前に老けている）。

反意 jeune 形 若い

- [ ] 1561. La (prochaine) coupe du Monde du rugby aura lieu en France.
- [ ] 1562. Hiromi est (seul) dans son bureau. Il travaille sérieusement.

> ここでは seul は形容詞なので、主語が女性なら seule と女性形になる。ただ後の文を見て。この博美さんは男性ということ。

- [ ] 1563. Jun se lève (tôt).
- [ ] 1564. Le temps passe (vite) ! C'est encore l'heure de boire du lait à la fraise.

> 「光陰矢のごとし」の「光」は「日」、「陰」は「月」のこと。つまり、「月日は矢のように」の意味だけど、これをフランス語でも Le temps file comme une flèche. というよ。filer は速いスピードで何かが飛んだり走ったり過ぎ去ることを表す。「急いで逃げる」の意味にも。

- [ ] 1565. Certains sont (absents). Ils doivent être malades.
  - **反意** présent 形 いる、ある、出席している
- [ ] 1566. (Autrefois), il y avait un château à Iwatsuki aussi.
- [ ] 1567. M. Tanaka a donné quinze fraises à (chaque) étudiant.
- [ ] 1568. Je ne sais pourquoi, mais mes parents dorment (debout).
- [ ] 1569. (Encore) une fois s'il vous plaît.
- [ ] 1570. Remplacer progressivement les sacs plastiques, c'est une tendance (générale).
- [ ] 1571. Je me demande ce que pense la (jeune) génération.
- [ ] 1572. Pendant le voyage, elle est tombée (malade).
- [ ] 1573. Le temps est (nécessaire) pour la compréhension.
  - **派生** nécessité 女 必要、必要性
- [ ] 1574. Si c'est (possible), téléphone-moi toutes les 30 minutes.
  - **派生** possibilité 女 可能性

> si c'est possible の c'est を省略して、単に si possible ともいうよ。また、「○○ごと」は、tous/toutes les + 数 + 時の単位 で表せる。時の単位が男性名詞か女性名詞かで tous/toutes を選ぶよ。minutes は女性名詞だから女性形 toutes。「10 日ごと」なら、jour は男性名詞だから tous les 10 jours になるね。

- [ ] 1575. Namihei a des cheveux (rares).

□ 1576. Vous êtes (sûr[e][s]) que votre girafe ne soit pas cachée dans les toilettes ?

成句 être sûr que 直説法 〜を確信している

確信していない場合、確信しているかたずねる場合、つまり être sûr が否定または疑問形の場合、que の後の動詞は接続法になることが多いよ。➡ つぶやきの仏文法 p.161-162

□ 1577. Il ne faut pas mettre (trop) de fromage !

□ 1578. Pourquoi me parlez-vous (ainsi) ?

□ 1579. On dit que Cléopâtre a été (belle).

□ 1580. Ce pays a négocié avec le gouvernement (chinois).

参考 négociation 女 交渉

□ 1581. (Demain), nous partirons pour Bordeaux.

□ 1582. Takaaki a mangé une baguette (entière).

ier で終わる形容詞の女性形の作りかたに注意してね。étranger → étrangère など、この型のものはいくつかあるよ。➡ つぶやきの仏文法 p.39

□ 1583. Toru ne boit (guère) de lait à la fraise.

成句 ne ... guère ほとんど〜ない ➡ つぶやきの仏文法 p.195

□ 1584. Reste (là) ! Je vais chercher mon chocolat.

□ 1585. Vous n'auriez pas une (meilleure) place ?

□ 1586. La livraison de ma (nouvelle) voiture est en retard.

□ 1587. Keita habitait tout (près), mais maintenant il habite loin.

□ 1588. Beaucoup de jeunes ont résisté pendant la (Seconde) guerre mondiale.

「2番」には second / deuxième という2つのいい方があるけれど、2番目までしかないものには second を使うほうが多いかな。deuxième を使うと、3番目以降がありそうな感じがする。3番目以降もあるのに second を使うのは成句の場合。

□ 1589. Kazuhiro se couche (tard).

反意 tôt 副 早い

□ 1590. Ce professeur est (vieux) avant l'âge.

反意 jeune 形 若い

□ **1591.** J'ai lu les trente (　　　) pages de ce roman.

この小説の最初の 30 ページを読んだ。

□ **1592.** (　　　), on aura un examen de maths.　明日、数学のテストがある。

□ **1593.** C'est (　　　) le livre que je voulais lire !

これがまさに僕が読みたかった本だよ！

□ **1594.** Ne suivez (　　　) quelqu'un que vous ne connaissez pas.

知らない人に決してついていかないでください。

□ **1595.** Le chat-bus est (　　　) sur le pylône.

ねこバスが鉄塔の上に立っている。

□ **1596.** L'île de Kohama est à 25 minutes de l'île d'Ishigaki en bateau (　　　).

小浜島は石垣島から高速船 (←速い船で) で 25 分のところにある。

□ **1597.** Il est (　　　) 17 heures.　もう 17 時だよ。

□ **1598.** Même à 22 heures, il fait encore (　　　).

22 時でもまだ (外は) 明るい。

□ **1599.** Keita chante (　　　) que moi.　恵大は私よりも上手に歌う。

□ **1600.** On partira pour Bruxelles mardi (　　　).

次の火曜日、ブリュッセルへ向けて出発します。

□ **1601.** J'ai eu quatorze sur (　　　) en anglais.

英語で 14/20 点をとった。

□ **1602.** Ce n'est pas un travail (　　　) ! Juste construire un château de cartes en 2 minutes.

難しい仕事じゃないよ！　2 分でトランプタワーを作るだけ。

□ **1603.** (　　　), il y a du monde à Shibuya.　今日は渋谷に人が多い。

□ **1604.** La liberté d'expression n'est pas (　　　).

表現の自由は死んでいない。

□ **1605.** (　　　) est cette viande ?　このお肉、なに (←どのお肉) ？

□ **1606.** C'est (　　　) bon !　これ、めっちゃ美味いな！

□ **1607.** Faites cinquante-six fois le (　　　)-clic pour sauvegarder le fichier.　ファイルを保存するには、56 回ダブルクリックしてください。

☐ **1608. On entend cette expression （　　　）.**

この表現、そこらじゅうで耳にするね。

☐ **1609. Je ne suis toujours pas habitué à la （　　　） orthographe.**

まだ新しいスペル（正書法）には慣れてないわ。

> フランス教育省が 2016 年度から正式採用した新しいつづりについては、『フランス語新つづり字ハンドブック』（常盤僚子、ミシェル・サガズ 著）がくわしいよ。

☐ **1610. Ma fille est rentrée （　　　）.** 娘は帰りが遅かった（←遅く帰った）。

☐ **1611. Azabudai Hills est （　　　） grand que la Tour Eiffel.**

麻布台ヒルズはエッフェル塔と同じくらい高い。

☐ **1612. Il est gaucher mais il écrit de la main （　　　）.**

彼は左利きだが、右手で書く。

☐ **1613. Il te reste encore （　　　） minutes.**

まだ数分（←いくらかの分）残っているよ。

☐ **1614. La police a arrêté l' （　　　） ministre.** 警察は元大臣を逮捕した。

☐ **1615. Tu as offert （　　　） de roses à ta femme ?**

君は奥さんにバラを何本贈ったの？

☐ **1616. Naoko semble （　　　）.** 直子は幸せそうだ。

☐ **1617. Le TGV roule très （　　　）.**

（フランスの新幹線）TGV はとても速く走る。

☐ **1618. （　　　）, la grand-mère allait à la rivière pour se laver.**

昔々、おばあさんは自分の体を洗うために川へ行っていました。

☐ **1619. Tu es encore （　　　）, tu peux recommencer ta vie.**

君はまだ若い。人生をやり直すことができる。

☐ **1620. C'est trop （　　　）.** 手遅れだ（←遅すぎる）。

まとめ問題❾　解答

1591. premières, 1592. Demain, 1593. justement, 1594. jamais, 1595. debout, 1596. rapide, 1597. déjà, 1598. clair, 1599. mieux, 1600. prochain, 1601. vingt, 1602. difficile, 1603. Aujourd'hui, 1604. morte, 1605. Quelle, 1606. très, 1607. double, 1608. partout, 1609. nouvelle, 1610. tard, 1611. aussi, 1612. droite, 1613. quelques, 1614. ancien, 1615. combien, 1616. heureuse, 1617. vite, 1618. Autrefois, 1619. jeune, 1620. tard

Leçon 46　（　　）の中に適切な形容詞か副詞を入れてみましょう。

☐ **1621.** (　　) décision n'a été prise à cette réunion.

この会議では何も決まらなかった（←いかなる決定もとられなかった）。

☐ **1622. À Venise, la mer n'est pas** (　　). ベネチアでは海は青くない。

☐ **1623. Takashi a bien examiné les opinions** (　　).

貴士は反対意見をしっかり検討した。

☐ **1624. Washington a arrêté un espion** (　　).

米国政府は二重スパイを逮捕した。

☐ **1625. Ryoko a une volonté** (　　) **de satisfaire ses clients.**

涼子には客を満足させたいという強い意欲がある。

☐ **1626. Koshiro a joué un rôle très** (　　) **pour le développement de l'organisation.**

孝志郎は、組織の発展のために、とても重要な役割を果たした。

☐ **1627. Naoki est grand et il a de** (　　) **jambes.**

直樹は背が高く脚が長い。

☐ **1628. Masakuni boit** (　　) **que M. Tanaka.**

正邦は田中氏より酒を飲まない。

☐ **1629. Ses parents étaient** (　　). 彼の両親は貧しかった。

☐ **1630. Depuis** (　　) **apprenez-vous le français ?**

いつからフランス語を学んでいるのですか？

☐ **1631. Au Japon, l'école primaire commence à** (　　) **ans et dure** (　　) **ans.** 日本では小学校は6歳で始まり6年間続く。

☐ **1632. Mejiro est un quartier** (　　) **à Tokyo.**

目白は東京にある閑静な地区である。

☐ **1633. Il ne dit pas la** (　　) **raison de sa démission.**

彼は辞任した本当の理由を言わない。

☐ **1634. Je n'ai pas** (　　) **dormi.** 寝たりない（←十分には眠らなかった）。

☐ **1635. Le maître reviendra** (　　). 師匠はまもなく戻ります。

☐ **1636. Il y a** (　　) **de kilomètres d'ici jusqu'à l'aéroport d'Okadama ?**

ここから丘珠空港まで何キロありますか？

☐ **1637. Le** (　　) **train est déjà parti.** 終電はもう行ってしまったよ。

□ **1638.** **Le parc Hibiya est un jardin public de style (　　　).**

日比谷公園は洋式の公園である。

□ **1639.** **Hiroyuki a rendu cette femme (　　　).**

浩幸はこの女性を幸せにした。

□ **1640.** **Il a plusieurs cours aujourd'hui, mais son sac est très**
(　　　). 彼は今日いくつも授業があるのに、バッグはとても軽い。

□ **1641.** **Il y a deux (　　　) ans, le territoire de la France s'appelait**
la Gaule.

今から 2000 年前、(現在の) フランスの領土はガリア (ゴール) と呼ばれていた。

□ **1642.** **Le ballon est entré par une fenêtre (　　　).**

風船が開いている窓から入ってきた。

□ **1643.** **La semaine (　　　), nous partirons en vacances.**

来週、バカンスに出かけます。

□ **1644.** **Shigemi aime travailler (　　　) dans le calme.**

重美は、一人で静かなところで (←静寂の中で) 仕事をするのが好きだ。

□ **1645.** **Takahiko est arrivé plus (　　　) que Minako.**

高彦は美奈子よりも早く到着した。

反意 tard 副 遅く

□ **1646.** **Ryotaro marche (　　　).** 凉太郎は速く歩く。

反意 lentement 副 ゆっくり

□ **1647.** **Ann est (　　　) drôle que son père.**

杏は父親と同じように面白い。

□ **1648.** **Il n'est pas (　　　) que cette information soit (　　　).**

この情報が確かなものかどうかは確かではない。

□ **1649.** **Chose (　　　), il n'y avait pas de lait à la fraise dans le**
frigo de M. Tanaka.

奇妙なことに、田中氏の冷蔵庫にイチゴ牛乳が入っていなかった。

□ **1650.** **La vie n'est pas une longue route toute (　　　).**

人生は、長いまっすぐな道ではない。

☐ 1621. (Aucune) décision n'a été prise à cette réunion.

sion は女性名詞の印、過去分詞 pris も女性形になっているね。

☐ 1622. À Venise, la mer n'est pas (bleue).

☐ 1623. Takashi a bien examiné les opinions (contraires).

☐ 1624. Washington a arrêté un espion (double).

☐ 1625. Ryoko a une volonté (forte) de satisfaire ses clients.

☐ 1626. Koshiro a joué un rôle très (important) pour le développement de l'organisation.

☐ 1627. Naoki est grand et il a de (longues) jambes.

☐ 1628. Masakuni boit (moins) que M. Tanaka.

☐ 1629. Ses parents étaient (pauvres).

反意 riche 形 金持ちな、豊かな

☐ 1630. Depuis (quand) apprenez-vous le français ?

☐ 1631. Au Japon, l'école primaire commence à (six) ans et dure (six) ans.

☐ 1632. Mejiro est un quartier (tranquille) à Tokyo.

☐ 1633. Il ne dit pas la (vraie) raison de sa démission.

☐ 1634. Je n'ai pas (assez) dormi.

☐ 1635. Le maître reviendra (bientôt).

☐ 1636. Il y a (combien) de kilomètres d'ici jusqu'à l'aéroport d'Okadama ?

1キロ、2キロと数えられるので、kilomètres に s が付いているね。

☐ 1637. Le (dernier) train est déjà parti.

☐ 1638. Le parc Hibiya est un jardin public de style (européen).

jardin public には、花壇や芝生があるイメージだよ。

☐ 1639. Hiroyuki a rendu cette femme (heureuse).

反意 malheureux 形 不幸な

☐ 1640. Il a plusieurs cours aujourd'hui, mais son sac est très (léger).

反意 lourd 形 重い

☐ 1641. Il y a deux (mille) ans, le territoire de la France s'appelait la Gaule.

mille は複数でも不変だよ。

☐ 1642. Le ballon est entré par une fenêtre (ouverte).

□ 1643. La semaine (prochaine), nous partirons en vacances.

> la semaine dernière「先週」、la semaine suivante「翌週」、la semaine précédente「前週」

レベル②

□ 1644. Shigemi aime travailler (seul[e]) dans le calme.

□ 1645. Takahiko est arrivé plus (tôt) que Minako. **反意** tard 副 遅く

□ 1646. Ryotaro marche (vite). **反意** lentement 副 ゆっくり

□ 1647. Ann est (aussi) drôle que son père.

□ 1648. Il n'est pas (certain/sûr) que cette information soit (certaine/sûre).

> **成句** il est certain que 直説法 ～は確かだ
>
> **成句** il est sûr que 直説法 ～は確かだ

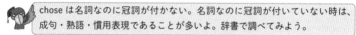

> ここで動詞が接続法になっている理由は、➡ つぶやきの仏文法 p.161-162　certain (certainement) / sûr (sûrement) は 1409. を見て。

□ 1649. Chose (curieuse), il n'y avait pas de lait à la fraise dans le frigo de M. Tanaka.

> **成句** chose curieuse　奇妙なことに

> chose は名詞なのに冠詞が付かない。名詞なのに冠詞が付いていない時は、成句・熟語・慣用表現であることが多いよ。辞書で調べてみよう。

□ 1650. La vie n'est pas une longue route toute (droite).

> toute は droite を強調しているよ。この副詞 tout の使い方については ➡ つぶやきの仏文法 p.65-66

Leçon 47 （　　）の中に適切な形容詞か副詞を入れてみましょう。

□ **1651. Jean Reno est un acteur (　　　　), né au Maroc.**

ジャン・レノはモロッコ生まれのフランス人俳優である。

□ **1652. La Méditerranée est une mer (　　　　).**

地中海は陸地に囲まれた海（＝内海）である。

反意 extérieur 形　外の、外側の

□ **1653. (　　　　), c'est ton tour.**

今度は（←今は）君の番。

□ **1654. La physique est l'une des disciplines les plus fondamentales dans les sciences (　　　　).**

物理学は自然科学分野で最も基本的な専門分野の1つである。

science は女性名詞だよ。

□ **1655. Cet acteur avait les yeux (　　　　) de larmes.**

その俳優は、涙を目にいっぱいためていた（←涙でいっぱいの目を持っていた）。

□ **1656. Depuis (　　　　) jours, il fait froid à Besançon.**

数日前（←何日か前）から、ブザンソンでは寒い。

□ **1657. Un petit chat dormait dans une ruelle (　　　　).**

小さな猫が暗い路地で寝ていた。

□ **1658. M. Tanaka était (　　　　), parce qu'il n'y avait personne dans sa classe.**

田中先生は悲しかった。なぜなら教室に誰もいなかったからだ。

□ **1659. Il te faut (　　　　) arriver à Aoba-Dori à midi.**

君はぜったい正午にはあおば通りに着かなきゃだめ。

□ **1660. (　　　　), Paris s'appelait Lutèce.**

かつて、パリはルテティアと呼ばれていた。

□ **1661. (　　　　) soir, Yuzo boit de la bière.**

毎晩、裕三はビールを飲んでいる。

□ **1662. Mon mari sera (　　　　) toute la journée.**

夫は一日中外出予定よ。

□ **1663. Il habite (　　　　) à Miyakojima.**　彼はまだ都島に住んでいる。

□ **1664. Testez votre culture (　　　　).**

あなたの一般教養（の力）を調べて見ましょう。

☐ **1665. Les (   ) gens tiraient des feux d'artifice.**

若者たちが花火を打ち上げていた。

☐ **1666. Ma femme est (   ) de l'estomac.**

妻は胃の調子が悪い。

☐ **1667. C'est une condition (   ) et suffisante.**

これは必要十分条件です。

☐ **1668. Une erreur est toujours (   ).**

ミスはいつでもありうるよ（←常に可能だよ）。

☐ **1669. Ce zoo a des animaux (   ).**

この動物園には希少動物がいる。

☐ **1670. Ma femme est (   ) de la réussite de notre fils.**

妻は息子の合格を確信している。

☐ **1671. Tu consommes (   ) de sel !**

君、塩分とりすぎ！

☐ **1672. Le lait est (   ) nécessaire pour préparer le lait à la fraise.**　牛乳はイチゴ牛乳を作るのに絶対必要である。

☐ **1673. (   ) dit, tu as du temps.**

言い換えれば（←別の言い方をすると）、君、ヒマやね。

☐ **1674. La Mauritanie est un pays (   ).**

モーリタニアは暑い国だ。

☐ **1675. Pourquoi tu couds (   ) ?**

なんで君は外で縫い物してるの？

☐ **1676. (   ), j'ai compté tous mes cheveux.**

ようやく、髪の毛を全部数えた。

☐ **1677. Le sac en plastique n'est plus (   ).**

レジ袋はもう無料ではありません。

☐ **1678. Ce n'est pas (   ) !**

見苦しい（←それはきれいじゃない）！

☐ **1679. Un événement (   ) s'est produit ce matin.**

今朝、不幸な出来事が発生した。

☐ **1680. Mon grand-père a encore des cheveux (   ).**

祖父はまだ髪の毛が黒い。

☐ 1651. Jean Reno est un acteur (français), né au Maroc.

☐ 1652. La Méditerranée est une mer (intérieure).

☐ 1653. (Maintenant), c'est ton tour.

☐ 1654. La physique est l'une des disciplines les plus fondamentales dans les sciences (naturelles).

☐ 1655. Cet acteur avait les yeux (pleins) de larmes.

☐ 1656. Depuis (quelques) jours, il fait froid à Besançon.

☐ 1657. Un petit chat dormait dans une ruelle (sombre).

> ruelle は rue よりも小さな道で、車は通れないイメージがあるね。

☐ 1658. M. Tanaka était (triste), parce qu'il n'y avait personne dans sa classe.

☐ 1659. Il te faut (absolument) arriver à Aoba-Dori à midi.

☐ 1660. (Autrefois), Paris s'appelait Lutèce.

> ルテティアがパリという名前になったのは西暦 360 年といわれているよ。

☐ 1661. (Chaque) soir, Yuzo boit de la bière.

☐ 1662. Mon mari sera (dehors) toute la journée.

☐ 1663. Il habite (encore) à Miyakojima.

☐ 1664. Testez votre culture (générale).

☐ 1665. Les (jeunes) gens tiraient des feux d'artifice.

☐ 1666. Ma femme est (malade) de l'estomac.

> **成句** être malade de 体の部分を表す名詞　～が悪い、～を病んでいる

☐ 1667. C'est une condition (nécessaire) et suffisante.

☐ 1668. Une erreur est toujours (possible).

☐ 1669. Ce zoo a des animaux (rares).

☐ 1670. Ma femme est (sûre/certaine) de la réussite de notre fils.

> certain (certainement) / sûr (sûrement) は 1409. を見て。

☐ 1671. Tu consommes (trop) de sel !

☐ 1672. Le lait est (absolument) nécessaire pour préparer le lait à la fraise.

☐ 1673. (Autrement) dit, tu as du temps.

> **成句** autrement dit　言い換えれば、つまり

□ 1674. La Mauritanie est un pays (chaud).

反意 froid 形　冷たい、寒い

モーリタニアはアフリカ大陸西側に位置する元フランス植民地。でも、現在の公用語はアラビア語。国土の大部分が砂漠だよ。

□ 1675. Pourquoi tu couds (dehors) ?

参考 couture 女　裁縫

この問題文の語順はくだけている感じがするよ。pourquoi + 主語 + 動詞？の語順は本来は誤用とされているけれど、最近は増えている。文法的には、Pourquoi est-ce que tu couds dehors ?, Pourquoi couds-tu dehors ? が正しいよ。Tu couds dehors pourquoi ? も可能。

□ 1676. (Enfin), j'ai compté tous mes cheveux.

□ 1677. Le sac en plastique n'est plus (gratuit).　**反意** payant 形　有料の

□ 1678. Ce n'est pas (joli) !

これは、成句に近いかな。マナーなどの点において望ましくない状況を Ce n'est pas joli. といったり、皮肉的に C'est joli. といったりすることがあるよ。「美しい」に相当する最も普通の語は beau。beau には完璧な美しさのイメージがある。形や色、バランスなど、あらゆる面で完璧な感じ。joli には完璧さはない。Elle n'est pas belle, mais elle est jolie. とはいえるけど、Elle n'est pas jolie, mais elle est belle. はおかしいかな。mignon には「小さい」イメージが加わる。

□ 1679. Un événement (malheureux) s'est produit ce matin.

反意 heureux 形　幸せな

□ 1680. Mon grand-père a encore des cheveux (noirs).

cheveux noirs 黒髪、cheveux blancs 白髪、cheveux blonds 金髪、cheveux châtains 栗色の毛、cheveux roux 褐色の髪

「髪の毛が長い」「髪の毛が短い」は、avoir les cheveux longs / courts というよ。Yuriko a les cheveux courts.「由利子は髪の毛が短い」のように使う。これは、Les cheveux de Yuriko sont courts. とほとんど同じ意味。

Leçon 48 　（　　）の中に適切な形容詞か副詞を入れてみましょう。

□ **1681.** (　　　　) est-ce que tu as cent perceuses ?
なんで君は電気ドリルを 100 個も持ってるの？

□ **1682. Moto-Azabu est un quartier** (　　　). 元麻布は高級住宅街である。

□ **1683. J'aime bien les îles Nansei,** (　　　) l'île Taketomi.
私は南西諸島、特に竹富島が大好きだ。

□ **1684. En quoi puis-je vous être** (　　　) **?**
何かお役に立てることがありますか（←何において私はあなたにとって役立ちますか）？

□ **1685. J'étais lycéenne** (　　　). 当時、私は高校生でした。

□ **1686. Regarde ! Il y a un** (　　　) **oiseau !** 見て、美しい鳥がいるよ！

> 名詞が母音で始まっていることに注意して。

□ **1687. Ryoko a changé d'adresse il y a** (　　　) **ans.**
5 年前、良子は引っ越した（←住所を変えた）。

□ **1688.** (　　　　), c'est le dernier jour de solde.
明日はセールの最終日です。

□ **1689. La ville tout** (　　　) **était en deuil.** 街全体が喪に服していた。

□ **1690. L'expression « チョベリグ » ne s'emploie plus** (　　　).
「チョベリグ」という表現はもうほとんど使われていないよ。

> 1990 年代後半の流行語だね。反意語はチョベリバ。

□ **1691. Hé ! Je suis** (　　　) **!** おーい！ 僕はここにいるよ！

□ **1692. À demain, à la** (　　　) **heure !** また明日、同じ時間にね！

□ **1693. Toutes les places sont** (　　　).
満席です（←すべての席がふさがっています）。

□ **1694. La gare est tout** (　　　). 駅はすぐ近く。

□ **1695.** (　　　　) **voitures ont été incendiées dans la banlieue parisienne.**
7 台の車がパリ郊外で燃やされた。参考 **incendie** 男 火事

□ **1696. On ne peut pas accepter une** (　　　) **proposition !**
そんな提案は受け入れられない！

□ **1697. Yoshihisa a pêché un poisson** (　　　) **au Lac de Yamanaka.**
良久は山中湖で活きのよい（←生き生きした、活発な）魚を釣った。

☐ **1698. Là, il n'y a (　　　) raison.** そこには何の理由もない。

☐ **1699. Akira est un homme (　　　) mais sérieux.**

形容詞 grand は、形容詞 petit の反対の意味を持っている。

※ 明は物静かだが真面目な男だ。

☐ **1700. L'adjectif «grand» a un sens (　　　) à l'adjectif «petit».**

形容詞 grand は、形容詞 petit の反対の意味を持っている。

品詞を表すフランス語をまとめてみよう。名詞 nom、形容詞 adjectif、疑問形容詞 adjectif interrogatif、指示形容詞 adjectif démonstratif、所有形容詞 adjectif possessif、副詞 adverbe、前置詞 préposition、接続詞 conjonction、代名詞 pronom、関係代名詞 pronom relatif、疑問代名詞 pronom interrogatif、再帰代名詞 pronom réfléchi、指示代名詞 pronom démonstratif、所有代名詞 pronom possessif、中性代名詞 pronom neutre、人称代名詞 pronom personnel、不定代名詞 pronom indéfini、動詞 verbe、過去分詞 participe passé、現在分詞 participe présent、ジェロンディフ gérondif などがあるかな。

☐ **1701. Le grand-père est trop (　　　) avec ses petits-enfants.**

祖父は孫たちに甘すぎる。

☐ **1702. Ce matin, le vent est (　　　) à Inamuragasaki.**

今朝、稲村ヶ崎では風が強い。

☐ **1703. Cette question est très (　　　) pour moi.**

この問題は私にとっては非常に重要です。

☐ **1704. Le tunnel du Seikan est le second plus (　　　) tunnel du monde.** 青函トンネルは世界で2番目に長いトンネルである。

☐ **1705. Il neige (　　　) à Montréal qu'ailleurs au Québec.**

ケベック州の他の場所より、モントリオールのほうが雪が降らない。

☐ **1706. Elle aime (　　　) les animaux.** 彼女はあまり動物が好きではない。

☐ **1707. Ce maître a (　　　) élèves.**

この先生は 40 人の児童を担当している（←持っている）。

☐ **1708. L'étudiante rentrera au Japon dans (　　　) mois.**

学生は 6 か月後に帰国する。

☐ **1709. Avril a (　　　) jours.** 4月は 30 日ある。

☐ **1710. Tu crois (　　　) au tsuchinoko ?**

君は本当にツチノコ（の存在）を信じているの？

☐ 1681. (Pourquoi) est-ce que tu as cent perceuses ?

☐ 1682. Moto-Azabu est un quartier (riche).

☐ 1683. J'aime bien les îles Nansei, (surtout) l'île Taketomi.

☐ 1684. En quoi puis-je vous être (utile) ?

反意 inutile 形 役に立たない、無駄な

☐ 1685. J'étais lycéenne (alors).

☐ 1686. Regarde ! Il y a un (bel) oiseau !

beau にはならないよ。bel は男性第二形だね。➡ つぶやきの仏文法 p.38-39

☐ 1687. Ryoko a changé d'adresse il y a (cinq) ans.

この il y a は過去の時点（〜前）を表しているよ。➡ つぶやきの仏文法 p.240

☐ 1688. (Demain), c'est le dernier jour de solde.

昨日 hier、今日 aujourd'hui、明日 demain だね。

☐ 1689. La ville tout (entière) était en deuil.

tout は entière の強調。tout は副詞だよ。➡ つぶやきの仏文法 p.65-66

☐ 1690. L'expression « チョベリグ » ne s'emploie plus (guère).

成句 ne ... guère ほとんど〜ない ➡ つぶやきの仏文法 p.195

☐ 1691. Hé ! Je suis (là/ici) !

本来、ici「ここ」là「あそこ」だけど、2つの場所を比較したりせず、1か所だけの場合には、ici に代わって là を使うことが多いよ。

☐ 1692. À demain, à la (même) heure !

☐ 1693. Toutes les places sont (occupées).

反意 libre 形 自由な、暇な、空いている

☐ 1694. La gare est tout (près).

près de ... ではない場合、副詞 tout などが付くのが普通だよ。

☐ 1695. (Sept) voitures ont été incendiées dans la banlieue parisienne.

☐ 1696. On ne peut pas accepter une (telle) proposition !

pareil と比べて tel には、何か「とんでもない」点がありそう。また、tel は抽象名詞に付くことが多いよ。

☐ 1697. Yoshihisa a pêché un poisson (vif) au Lac de Yamanaka.

☐ 1698. Là, il n'y a (aucune) raison.

☐ 1699. Akira est un homme (calme/tranquille) mais sérieux.

☐ 1700. L'adjectif «grand» a un sens (contraire) à l'adjectif «petit».

□ 1701. Le grand-père est trop (doux) avec ses petits-enfants.

反意 sévère 形 厳しい

🐦 dur も「厳しい」だけど、sévère よりも人間味がない感じがする。

□ 1702. Ce matin, le vent est (fort) à Inamuragasaki.

□ 1703. Cette question est très (importante) pour moi.

□ 1704. Le tunnel du Seikan est le second plus (long) tunnel du monde.

反意 court 形 短い

🐦 2016 年にスイスのゴッタルドベーストンネルが開通して 2 位になったんだよ。

□ 1705. Il neige (moins) à Montréal qu'ailleurs au Québec.

🐦 この文は比較構文だね。➡ つぶやきの仏文法 p.214-216

□ 1706. Elle aime (peu) les animaux.

□ 1707. Ce maître a (quarante) élèves.

maître は幼稚園や小学校の先生だけでなく、師匠、指導者のような意味にもなるよ。幼稚園、小学校の先生については instituteur とも。中学校以上は professeur。一般的な「教員」に近いのは enseignant（enseigner をする人）。

□ 1708. L'étudiante rentrera au Japon dans (six) mois.

🐦 未来の時点（〜後）を表すもっとも一般的な前置詞は dans だよ。➡ つぶやきの仏文法 p.241

□ 1709. Avril a (trente) jours.

🐦 月の名前は一般的に冠詞を付けないで使うよ。ここでは文頭なので大文字になっているけれど、普通は小文字でいいよ。

□ 1710. Tu crois (vraiment) au tsuchinoko ?

Leçon 49 （　　）の中に適切な前置詞や接続詞を入れるか、適当な**1**語を入れて成句を完成させましょう。

☐ **1711.** (　　　) dix bières, Hiroshi a froid.

ビールを 10 杯飲んで（← 10 杯のビールの後）、広は寒い。

☐ **1712.** (　　　) le verre, on voit des girafes.

グラスの向こうにキリンが見える。

☐ **1713.** On n'a pas confirmé la présence de Japonais (　　　) les **victimes.** 犠牲者の中に日本人の存在は確認できない。

☐ **1714.** Ma femme s'en est allée (　　　) dire un mot.

妻は一言も発せずに（←一言も言わずに）立ち去った。

☐ **1715.** (　　　) je suis rentré, ma femme dormait à l'entrée.

私が帰宅した時、妻は玄関で寝ていた。

☐ **1716.** Fermons les fenêtres (　　　) qu'il a commencé à pleuvoir.

窓を閉めよう、雨が降り始めたから。

☐ **1717.** J'ai (　　　) de voyager à Hawaï. ハワイに旅行したいなぁ。

☐ **1718.** Prions (　　　) que l'express s'arrête à notre gare aussi.

急行が最寄り駅（←私たちの駅）にも停まるように祈ろう。

☐ **1719.** (　　　) à coup, le pneu a éclaté. 突然タイヤがパンクした。

☐ **1720.** Il est interdit de fumer (　　　) la table. テーブルの下は禁煙。

☐ **1721.** Ne va pas au lit (　　　) moi. 俺より先に寝てはいけない。

反意 après 前 ～の後 ➡ つぶやきの仏文法 p.114

☐ **1722.** (　　　) l'aube, nous sommes partis pour Naha.

夜が明けるとすぐ、我々は那覇へ向けて出発した。

☐ **1723.** (　　　) la chaleur, Ryuichi travaille dehors seul.

暑さにもかかわらず、隆一はひとりで外で働いている。

☐ **1724.** (　　　) la gare, il y a un supermarché. 駅前にスーパーがあります。

反意 derrière 前 ～の後に ➡ つぶやきの仏文法 p.117

☐ **1725.** Les soldats ont fui à (　　　) la forêt.

兵士たちは森を横切って逃げた。

☐ **1726.** On dit que presque la moitié des femmes ne savent (　　　) lire (　　　) écrire en Afrique. アフリカでは半数近い女性が読み書きできないといわれている。➡ つぶやきの仏文法 p.197

□ **1727.** Il y a des quartiers pauvres (　　　) de la ville.

町の周囲に貧民街がある。

□ **1728.** Nulle (　　　) ailleurs dans l'univers, il n'y a rien de meilleur que le lait à la fraise.

宇宙の他のどこにも、イチゴ牛乳より美味しいものは何もない。

□ **1729.** Satoshi a une maison (　　　) de la mer.

哲は海の近くに家を持っている。

□ **1730.** Mon mari est sorti tout à l'(　　　).　夫はついさっき出て行ったわ。

□ **1731.** C'est du bœuf pur à 100% ? — Non, pas tout à (　　　).

「これは混じりけなしの 100% 牛肉?」「いや、そうではない (←完全にではない)」

□ **1732.** La plupart a voté (　　　) la proposition de M. Tanaka.

大部分の人は、田中氏の提案に反対票を投じた (←反対の投票をした)。

反意 voter pour 名　～に賛成票を投じる

□ **1733.** Le quartier central de Lyon s'étend (　　　) le Rhône et la Saône.　リヨンの中心街はローヌ川とソーヌ川の間にある(←広がっている)。

□ **1734.** (　　　) le repas, ne regarde pas les vidéos.

食事中に動画を見ちゃだめ。

□ **1735.** (　　　) à moi, je trouve que ce lait à la fraise est très délicieux.

私としましては、このイチゴ牛乳はとても美味しいと思います。

□ **1736.** La compagnie aérienne néo-zélandaise vole (　　　) le Japon.

ニュージーランドの航空会社が日本へ向けて飛ぶ。➡ つぶやきの仏文法 p.247

□ **1737.** Elle ne vient pas aujourd'hui, (　　　) elle est malade.

彼女は今日来ないよ、病気だから。　➡ つぶやきの仏文法 p.209

□ **1738.** Vous avez (　　　) de sucre pour votre lait à la fraise ?

イチゴ牛乳にお砂糖は必要ですか?

□ **1739.** Mon mari est rentré (　　　) que je dormais.

夫は私が眠っている間に帰宅した。

□ **1740.** Mon secrétaire fait la sieste (　　　) 4 heures.

私の秘書は 4 時間前から昼寝している。

☐ 1711. (Après) dix bières, Hiroshi a froid.

☐ 1712. (Derrière) le verre, on voit des girafes.

☐ 1713. On n'a pas confirmé la présence de Japonais (parmi) les victimes.

☐ 1714. Ma femme s'en est allée (sans) dire un mot.

前置詞 sans の反意は avec だけど、「一言いって」を表すために avec dire un mot とはいえない。avec の後に動詞は置けないんだ。Après avoir dit un mot, ma femme s'en est allée.(「一言いった後、妻は立ち去った」)、Ma femme s'en est allée en disant un mot.(「一言いいながら、妻は立ち去った」)など、別の構文を使うよ。➡ つぶやきの仏文法 p.123, 169, 173

☐ 1715. (Quand/Lorsque) je suis rentré, ma femme dormait à l'entrée.

quand と lorsque の違いはとっても微妙。意味の違いはなくて、quand のほうが使用頻度が高いってくらい。ただし、疑問詞(「いつ?」)としては quand しか使えないよ。➡ つぶやきの仏文法 p.108

☐ 1716. Fermons les fenêtres (parce) qu'il a commencé à pleuvoir.

☐ 1717. J'ai (envie) de voyager à Hawaï.

　　成句 avoir envie de 不定詞 ～したい

avoir envie de の構文は vouloir より衝動的な感じがする。

☐ 1718. Prions (pour) que l'express s'arrête à notre gare aussi.

　　成句 pour que 接続法 ～ために

☐ 1719. (Tout) à coup, le pneu a éclaté.　**成句** tout à coup　突然

☐ 1720. Il est interdit de fumer (sous) la table.

☐ 1721. Ne va pas au lit (avant) moi.

☐ 1722. (Dès) l'aube, nous sommes partis pour Naha.

depuis は過去から現在までの継続を表すから、ここには入らないよ。➡ つぶやきの仏文法 p.117

☐ 1723. (Malgré) la chaleur, M. Tanaka travaille dehors seul.

☐ 1724. (Devant) la gare, il y a un supermarché.

☐ 1725. Les soldats ont fui à (travers) la forêt.

　　成句 à travers 名 ～を横切って

fuir と比べると、s'enfuir は、「ある場所から」逃げ出すことに焦点が当たるイメージ、se sauver は「危険から」逃れるイメージがあるよ。また、bois は forêt よりも深くない森のイメージ。

□ 1726. On dit que presque la moitié des femmes ne savent (ni/pas) lire (ni) écrire en Afrique.

□ 1727. Il y a des quartiers pauvres (autour) de la ville.

成句 autour de 名/代　〜の周りに

□ 1728. Nulle (part) ailleurs dans l'univers, il n'y a rien de meilleur que le lait à la fraise.

□ 1729. Satoshi a une maison (près) de la mer.

成句 près de 名　〜の近くに

□ 1730. Mon mari est sorti tout à l'(heure).

成句 tout à l'heure　ついさっき、のちほど

□ 1731. C'est du bœuf pur à 100 % ? — Non, pas tout à (fait).

成句 tout à fait　完全に

tout à fait は、過去分詞か、程度や評価を表す表現と一緒に使うことが多いよ。

□ 1732. La plupart a voté (contre) la proposition de M. Tanaka.

成句 voter contre 名　〜に反対票を投じる

□ 1733. Le quartier central de Lyon s'étend (entre) le Rhône et la Saône.

entre は 2 点の間を表すのが基本だよ。➡ つぶやきの仏文法 p.117

□ 1734. (Pendant) le repas, ne regarde pas les vidéos.

日本語で「中」といっても、dans は入らないよ。

□ 1735. (Quant) à moi, je trouve que ce lait à la fraise est très délicieux.

成句 quant à 名/代　〜としては、〜については

□ 1736. La compagnie aérienne néo-zélandaise vole (vers) le Japon.

➡ つぶやきの仏文法 p.247

□ 1737. Elle ne vient pas aujourd'hui, (car) elle est malade.

➡ つぶやきの仏文法 p.209

□ 1738. Vous avez (besoin) de sucre pour votre lait à la fraise ?

成句 avoir besoin de 名　〜が必要だ

□ 1739. Mon mari est rentré (pendant) que je dormais.

➡ つぶやきの仏文法 p.235

□ 1740. Mon secrétaire fait la sieste (depuis) 4 heures.

depuis 4 heures という表現自体には「4 時間前から」と「4 時から」の 2 つの解釈がありうるよ。➡ つぶやきの仏文法 p.116

Leçon 50 （　　　）の中に適切な前置詞や接続詞を入れるか、適当な**1**語を入れて成句を完成させましょう。

☐ **1741. À tout à l'(　　　　)！** じゃあ、また。

☐ **1742. Ils sont (　　　　) la peine de mort.** 彼らは死刑に反対している。
反意 être pour 名 〜に賛成している

☐ **1743. J'arrive tout de (　　　　).** すぐ行くよ（←すぐ到着するよ）。

☐ **1744. Hier (　　　　) 23 heures, la foudre est tombée près de chez moi.** 昨日 23 時頃、雷が我が家のそばに落ちた。

☐ **1745. (　　　　) les vacances d'été, les cours recommencent le 24 septembre.** 夏休みの後、授業は 9 月 24 日に再開する。
反意 avant 前 〜の前 → つぶやきの仏文法 p.113

☐ **1746. (　　　　) au prix du nouveau modèle, je pense qu'il baissera.**
新モデルの価格については、私は下がるだろうと思う。

☐ **1747. Ma femme a toujours sommeil, parce qu'elle boit (　　　　) cesse.** 妻はいつも眠い。絶えず酒を飲んでいるからだ。

☐ **1748. (　　　　) on est arrivés à la gare, notre train partait.**
駅へ着いた時、僕たちの列車は出発しようとしていた。

☐ **1749. Il a de la fièvre, (　　　　) il ne viendra pas aujourd'hui.**
彼は熱がある。だから、今日は来ないだろう。→ つぶやきの仏文法 p.108

☐ **1750. Je n'ai (　　　　) le temps (　　　　) l'envie de faire du sport.**
私には、スポーツをする時間もやる気もない。→ つぶやきの仏文法 p.197

☐ **1751. J'ajoute du sel, (　　　　) tu le veux.**
塩を足すね。君が望んでいるから。

☐ **1752. Lors de la danse d'Awa, il est impossible de passer à (　　　　) les troupes de danseurs, appelées «ren».**
阿波踊りの際に、「連」と呼ばれる踊り子の集団を横切ることはできない。
成句 il est impossible de 不定詞 〜することは不可能だ

☐ **1753. La ville de Kobe est très connue pour son bœuf (　　　　) que celle de Himeji est célèbre pour son château.**
神戸の街はその牛でとても有名だが、姫路の街はその城で有名だ。

☐ **1754. Il (　　　　) a toujours du bruit chez toi.**
君の家はいつもうるさいなぁ（←君の家にはいつも騒音がある）。

□ **1755.** Tu as (　　　) de faire plus de sport.

君はもっと運動しないとだめだ（←運動しなければならない）。

□ **1756.** Je n'ai aucune (　　　) de travailler avec eux.

あいつらと一緒に働きたいとはまったく思わない。

□ **1757.** On ne trouve cette pizza nulle (　　　) ailleurs.

このピザはこの店以外どこにもない（←他のどこにもない）。

□ **1758.** Shintaro boit un (　　　).　信太郎は少しお酒を飲む。

□ **1759.** Merci ! Je suis tout à (　　　) guéri maintenant.

ありがとう！ いまではすっかりよくなったよ（←完全に治ったよ）。

□ **1760.** Le prix moyen de l'essence a augmenté de 26,4% par (　　　) à 2021.

ガソリンの平均価格は 2021 年と比べて 26.4% 上昇した。

□ **1761.** On doit attendre (　　　) à quand ?

いつまで待たないといけないの？

□ **1762.** Le Tour de France passe (　　　) nos fenêtres.

ツール・ド・フランス（の自転車の列）が、家の下（←窓の下）を通っている。

□ **1763.** Yasuko est aimée de tout le (　　　).

康子はみんなから愛されている。

□ **1764.** Il faut arriver à Tennoji (　　　) midi.

お昼までには天王寺に着かなければ。

反意 après 前　～の後 ➡ つぶやきの仏文法 p.114

□ **1765.** Yoko travaille à l'université (　　　) 9 ans.

葉子は 9 年前から大学で働いている。

□ **1766.** Sachiko s'est assise (　　　) Keiko.　祥子は圭子の後ろに座った。

□ **1767.** Les trains Enoden passent (　　　) chez moi.

江ノ電の電車が我が家の前を通る。

□ **1768.** Le Rhin coule (　　　) la Suisse et l'Allemagne.　C'est une frontière naturelle (　　　) ces deux pays.

ライン川はスイスとドイツの間を流れている。それは 2 国間の自然の国境線だ。

□ **1769.** (　　　) ses parents, il est devenu comédien.

両親に反対を押し切って（←両親にかかわらず）、彼は芸人になった。

□ **1770.** (　　　) la journée, il fait encore environ 30 degrés.

昼間はまだ 30 度くらいである。

□ 1741. À tout à l'(heure) !　成句 tout à l'heure　ついさっき、のちほど

tout à l'heure 自体は、話している時点に近い時点を表すだけなので、直後だけでなく直前を表すこともできるよ。たとえば、Ma femme est sortie tout à l'heure. のように過去時制と一緒に使えば、「妻はついさっき出かけた」になる。

□ 1742. Ils sont (contre) la peine de mort.

　　　　成句 être contre 名　〜に反対している

□ 1743. J'arrive tout de (suite).　成句 tout de suite　すぐ

□ 1744. Hier (vers) 23 heures, la foudre est tombée près de chez moi.

□ 1745. (Après) les vacances d'été, les cours recommencent le 24 septembre.

□ 1746. (Quant) au prix du nouveau modèle, je pense qu'il baissera.

　　　　成句 quant à 名/代　〜としては、〜については

□ 1747. Ma femme a toujours sommeil, parce qu'elle boit (sans) cesse.

　　　　成句 sans cesse　たえず

sans arrêt / sans cesse については 1160. を参照。

□ 1748. (Quand/Lorsqu') on est arrivés à la gare, notre train partait.

□ 1749. Il a de la fièvre, (donc) il ne viendra pas aujourd'hui.

□ 1750. Je n'ai (ni) le temps (ni) l'envie de faire du sport.

□ 1751. J'ajoute du sel, (puisque) tu le veux.

le は中性代名詞。ここでは ajouter du sel の意味だよ。また、puisque は、相手がすでに知っている理由、相手が予想しやすい理由を表す時に使うよ。➡ つぶやきの仏文法 p.209

□ 1752. Lors de la danse d'Awa, il est impossible de passer à (travers) les troupes de danseurs, appelées «ren».

　　　　成句 à travers 名　〜を横切って

□ 1753. La ville de Kobe est très connue pour son bœuf (tandis/alors) que celle de Himeji est célèbre pour son château.

celle de Himeji の celle は la ville の代わりだね (➡ つぶやきの仏文法 p.80)。また、tandis que の代わりに alors que でも大丈夫だよ。➡ つぶやきの仏文法 p.229, 235

□ 1754. Il (y) a toujours du bruit chez toi.　成句 il y a 〜がある、いる

il y a は、何か・誰かがある（いる）ことを初めて述べる構文だよ。➡ つぶやきの仏文法 p.248

□ 1755. Tu as (besoin) de faire plus de sport.

　　　　成句 avoir besoin de 名/不定詞　〜が必要だ

□ 1756. Je n'ai aucune (envie) de travailler avec eux.

　成句 avoir envie de 不定詞　〜したい

□ 1757. On ne trouve cette pizza nulle (part) ailleurs.

　成句 ne ... nulle part　どこにも〜ない

□ 1758. Shintaro boit un (peu).

　peu と un peu はぜんぜん違うよ。peu はどちらかというと否定に近くてほとんどゼロという感じだよ。➡ つぶやきの仏文法 p.60

□ 1759. Merci ! Je suis tout à (fait) guéri maintenant.

　成句 tout à fait　完全に

□ 1760. Le prix moyen de l'essence a augmenté de 26,4 % par (rapport) à 2021.　**成句** par rapport à 名　〜と比べて

□ 1761. On doit attendre (jusqu') à quand ?

　jusque は前置詞だけど、後に à などの前置詞を付けることが多いよ。➡ つぶやきの仏文法 p.118

□ 1762. Le Tour de France passe (sous) nos fenêtres.

　sous は真下とは限らないよ。

□ 1763. Yasuko est aimée de tout le (monde).

　成句 tout le monde　みんな

　tout le monde を主語として使う場合、動詞は3人称単数形になるよ。Tout le monde va bien. みんな調子がいい、みたいに。

□ 1764. Il faut arriver à Tennoji (avant) midi.

　成句 il faut 不定詞　〜しなければならない

□ 1765. Yoko travaille à l'université (depuis) 9 ans.

　depuis 9 ans 自体は、「9年前から」とも「9歳の時から」ともとれるけれど、「働く」という動詞があることによって、「9歳の時から」という解釈にはなりにくいよね。➡ つぶやきの仏文法 p.116

□ 1766. Sachiko s'est assise (derrière) Keiko.

□ 1767. Les trains Enoden passent (devant) chez moi.

□ 1768. Le Rhin coule (entre) la Suisse et l'Allemagne. C'est une frontière naturelle (entre) ces deux pays.

□ 1769. (Malgré) ses parents, il est devenu comédien.

□ 1770. (Pendant) la journée, il fait encore environ 30 degrés.

□ **1771. Je n'ai (　　　) appétit.**　まったく食欲がない。

　　　　　　　　　　　　　　　🐸 appétit は男性名詞だよ。

□ **1772. Mange (　　　) vite !**　もっとゆっくり食べろ！

□ **1773. (　　　) ! Tais-toi !**　もういい（←十分だ）！　黙れ！

□ **1774. Le Brexit va à contresens de l'histoire (　　　).**
　　ブレグジット（イギリスの欧州連合離脱）は、ヨーロッパの歴史に逆行する。

□ **1775. Vingt (　　　) personnes ont manifesté samedi.**
　　2 万人が土曜日、デモを行った。

□ **1776. Sachiko est (　　　) gentille que Sumie.**
　　佐知子は朱美恵と同じくらい親切だ。

□ **1777. La Révolution (　　　) a commencé en 1789.**
　　フランス革命は 1789 年に始まった。

□ **1778. Le repos est (　　　).**　休息は必要なものだ。

□ **1779. Il faut refaire (　　　).**　他のやり方でやり直さなければ。

□ **1780. Merci de nous avoir donné ces informations (　　　) !**
　　有益な情報を（私たちにくれて）ありがとう！

□ **1781. La Covid-19 s'est répandue dans le monde (　　　).**
　　新型コロナウイルスは世界中に広まった。

□ **1782. J'ai des journées (　　　) et je ne peux pas faire grand-chose.**　忙しい毎日を送っていて、たいしたことができないよ。

🐸 日本語の「たいしたこと」と同じように、grand-chose は否定文で使うのが普通だよ。

□ **1783. Tout est allé dans le sens (　　　).**　すべては反対方向へ向かった。

□ **1784. (　　　) vous.**　お先にどうぞ（←あなたの後に）。

□ **1785. Pour Kunio, impensable de déguster des sushis (　　　) wasabi.**
　　邦男には、ワサビなしでお寿司を味わうなんて、考えられない。

□ **1786. (　　　) à coup, mon portable a sonné.**
　　突然、スマホが鳴った。

□ **1787. J'ai mangé un ramen (　　　) d'aller au lit.**
　　寝る前にラーメンを食べちゃいました。

□ **1788.** ( ) **notre école, il y a plusieurs supérettes.**

学校の前に、何軒もコンビニがある。

□ **1789. On avance** ( ) **le courant.** 流れに逆らって進んでいる。

□ **1790. Mettez une préposition** ( ) **parenthèses.**

カッコの中（←カッコとカッコの間）に前置詞を入れてください。

□ **1791. Ce train arrivera à Tokyo** ( ) **midi peut-être.**

この列車は東京におそらくお昼頃、到着いたします。

□ **1792. J'ai** ( ) **de café, j'ai** ( ) **de café !**

コーヒーが必要だ、コーヒーが必要だ！

□ **1793.** ( ) **le début, Yuko est là.** 最初から（今も）、祐子はここにいます。

□ **1794. Il y** ( ) **aussi des gens qui n'aiment pas les oiseaux.**

鳥が好きではない人たちもいる。

□ **1795. Toute la ville est** ( ) **la neige.**

街全体が雪に覆われている（←雪の下だ）。

□ **1796. Nobuyasu porte des lunettes** ( ).

伸保は（度の）強いめがねをかけている。

□ **1797. Le ministre répond toujours la** ( ) **chose.**

大臣はいつも同じことを答えている。

□ **1798. Le village possède de** ( ) **arbres.** 村には美しい木々があった。

□ **1799. Le verre de Mie est encore** ( ).

美恵のグラスはまだいっぱいだな。

□ **1800. C'est le** ( ) **exercice.**

これが最後の問題です。

まとめ問題❿ 解答

1771. aucun, 1772. moins, 1773. Assez, 1774. européenne, 1775. mille, 1776. aussi, 1777. française, 1778. nécessaire, 1779. autrement, 1780. utiles, 1781. entier, 1782. occupées, 1783. contraire, 1784. Après, 1785. sans, 1786. Tout, 1787. avant, 1788. Devant, 1789. contre, 1790. entre, 1791. vers, 1792. besoin, besoin, 1793. Depuis, 1794. a, 1795. sous, 1796. fortes, 1797. même, 1798. beaux, 1799. plein, 1800. dernier

著者紹介

田中善英（たなか・よしひで）

獨協大学外国語学部フランス語学科教授。専門は、フランス語の文法、コンピュータ等を用いた外国語教育、社会言語学（特に話者の少ない言語の維持政策）。イチゴ牛乳と鳥好き。特にハシビロコウが好きで、ぬいぐるみからLINEのスタンプまで、ハシビロコウグッズを集めることが趣味。

著書『みんなの疑問に答える　つぶやきのフランス語文法』『1日5題文法ドリル　つぶやきのフランス語』（いずれも白水社）

つぶやきのフランス語　基本語ドリル

2024 年 5 月 15 日　印刷
2024 年 6 月 10 日　発行

著　者 © 田　中　善　英
発行者　岩　堀　雅　己
印刷所　株式会社　精興社

101-0052 東京都千代田区神田小川町 3 の 24
発行所　電話 03-3291-7811（営業部）, 7821（編集部）　株式会社　白水社
www.hakusuisha.co.jp

乱丁・落丁本は送料小社負担にてお取り替えいたします。

振替 00190-5-33228　　　　Printed in Japan　　　　加瀬製本

ISBN978-4-560-09969-8